실무자를 위한 파이썬 100제

Python

오승환 지음

정보문화사
Information Publishing Group

실무자를 위한

Python 100제

초판 1쇄 발행 | 2020년 02월 25일
초판 2쇄 발행 | 2021년 02월 25일

지 은 이 | 오승환
발 행 인 | 이상만
발 행 처 | 정보문화사

편집진행 | 노미라

주 소 | 서울시 종로구 동숭길 113 정보빌딩
전 화 | (02)3673-0037(편집부) / (02)3673-0114(代)
팩 스 | (02)3673-0260
등 록 | 1990년 2월 14일 제1-1013호
홈페이지 | www.infopub.co.kr

I S B N | 978-89-5674-849-8

머리말

필자는 IT 전공자도 아닌 평범한 사무직 직장인이다. 파이썬을 배운다는 것은 어떤 의미일까? 데이터 분석에 대한 호기심으로 2년 남짓 파이썬을 독학하면서 스스로에게 여러 번 물었던 질문이다.

파이썬 기초 문법을 익히고 나서 처음 관심을 가졌던 분야는 웹 크롤링(스크래핑)이었다. 우리가 매일 사용하는 구글, 네이버 등 검색엔진은 기본적으로 웹 크롤링을 통해 웹 페이지 정보를 수집하고 색인으로 정리해주는 서비스이다. 부동산, 주식, 환율 등 투자 관련 데이터를 웹 크롤링으로 수집하면서 파이썬의 편리함을 크게 느꼈다. 금융감독원 전자공시시스템에서 기업공시자료를 다운로드하고, 구글 검색 트렌드를 분석하는 방법 등 다양한 API 활용 방법에도 파이썬을 이용했다.

이후 데이터를 수집하고 정리하는 데 필수적인 판다스(pandas), 데이터 시각화에 사용되는 맷플롯립(matplotlib), 통계처리 및 머신러닝을 지원하는 사이킷런(sklearn) 등 파이썬 라이브러리를 하나씩 찾아 공부하면서 데이터 분석과 머신러닝 분야로 응용 범위를 넓힐 수 있었다.

한편 사무직 직장인으로서 반복적인 작업을 자동화한다거나 복잡한 프로세스를 단순화할 수 있는 방법에도 관심을 가졌다. 팩스 발송 업무를 자동화하거나, 대량 이메일 발송이나 받은 편지함을 확인하는 작업을 처리하고, 문서(워드, 엑셀, PDF 등) 작업을 효율적으로 하는 데에도 파이썬을 활용할 수 있었다. 텔레그램 메신저로 단체 메시지를 발송할 수 있고, flask 웹 서버를 이용하여 간단한 웹 사이트도 만들어볼 수 있었다. 이처럼 응용 분야가 다양하다는 점에서 파이썬을 배우는 의미가 있다고 생각한다.

이 책은 파이썬 문법을 익힌 실무자를 대상으로 실생활에 응용할 수 있는 파이썬 기반의 다양한 라이브러리를 소개한다. 직접 코드를 실행해보고 스스로 체득할 수 있도록 충분한 가이드를 하려고 노력했다.

마지막으로, 파이썬 응용에 대한 아이디어를 이해하고 새로운 책을 집필할 기회를 주신 정보문화사에 감사의 말씀을 드린다. 그리고 주말에도 함께 시간을 보내지 못하면서도 묵묵히 응원해주는 와이프와 아이들에게 미안함과 더불어 감사의 뜻을 전한다.

저자 오승환

차례

PART 1 중급 웹 스크래핑(Web Scraping)

PART 2 고급 데이터 정리 및 그래프 시각화

차례

PART 3 활용 다양한 API 활용

PART 4  실무 오피스 업무 자동화

차례

이 책의 구성

❶ 예제 제목

해당 예제의 번호와 제목을 가장 핵심적인 내용으로 나타냅니다.

❷ 학습 내용

해당 예제에서 배울 내용을 핵심적으로 나타냅니다.

❸ 힌트 내용

예제에 대한 힌트나 시간을 절약할 수 있는 방법, 앞에서 설명한 내용과 관련된 또 다른 과정, 일반적으로 알려진 기본 방법 이외에 숨겨진 기능을 설명해줍니다.

❹ 예제 소스

해당 단락에서 배울 내용의 전체 예제(소스)를 나타냅니다.

❶ **판다스 데이터프레임 활용 ❸ 테이블 변경하기**

❷ • **학습 내용 :** 판다스 데이터프레임을 변경하여 데이터베이스 테이블에 변경사항을 업데이트한다.

❸ • **힌트 내용 :** to_sql() 메소드의 if_exists 옵션을 'replace'로 지정하면 테이블을 새로 만들지 않고 기존 테이블의 내용을 변경한다.

❹ 소스 : 093.py

```
1: import sqlite3
2: import pandas as pd
3:
4: # DB 연결
5: conn = sqlite3.connect('./output/sample.db')
6:
7: # SQL 쿼리를 이용하여 데이터프레임으로 저장
8: sql = 'SELECT * from User'
9: df = pd.read_sql_query(sql, conn, index_col='id')
10: print(df, '\n')
11:
12: # 행 추가
13: df.loc[3] = ('Adam', 'M', 30)
14: print(df)
15:
16: # DB에 변경사항 저장
17: df.to_sql('User', conn, if_exists='replace')
18:
19: # DB 연결 종료
20: conn.close( )
```

1~2 ◆ 라이브러리를 불러온다.

5 ◆ 'sample.db' 데이터베이스에 연결 객체(conn)를 생성한다.

8 ◆ 예제 092에서 추가한 User 테이블의 모든 데이터를 가져오는 SQL 쿼리를 정의한다.

9 ◆ 판다스 read_sql_query( ) 함수에 8번 라인에서 정의한 SQL 쿼리를 입력하여 실행한다. index_col 옵션을 적용하면 데이터프레임의 행 인덱스로 사용할 데이터베이스 필드를 지정할 수 있다. 예제에서는 'id' 필드의 값들이 행 인덱스로 지정되도록 정의했다.

330

이 책은 파이썬을 배우는 데 집중할 수 있도록
다음과 같은 몇 가지 특징으로 구성되어 있습니다.

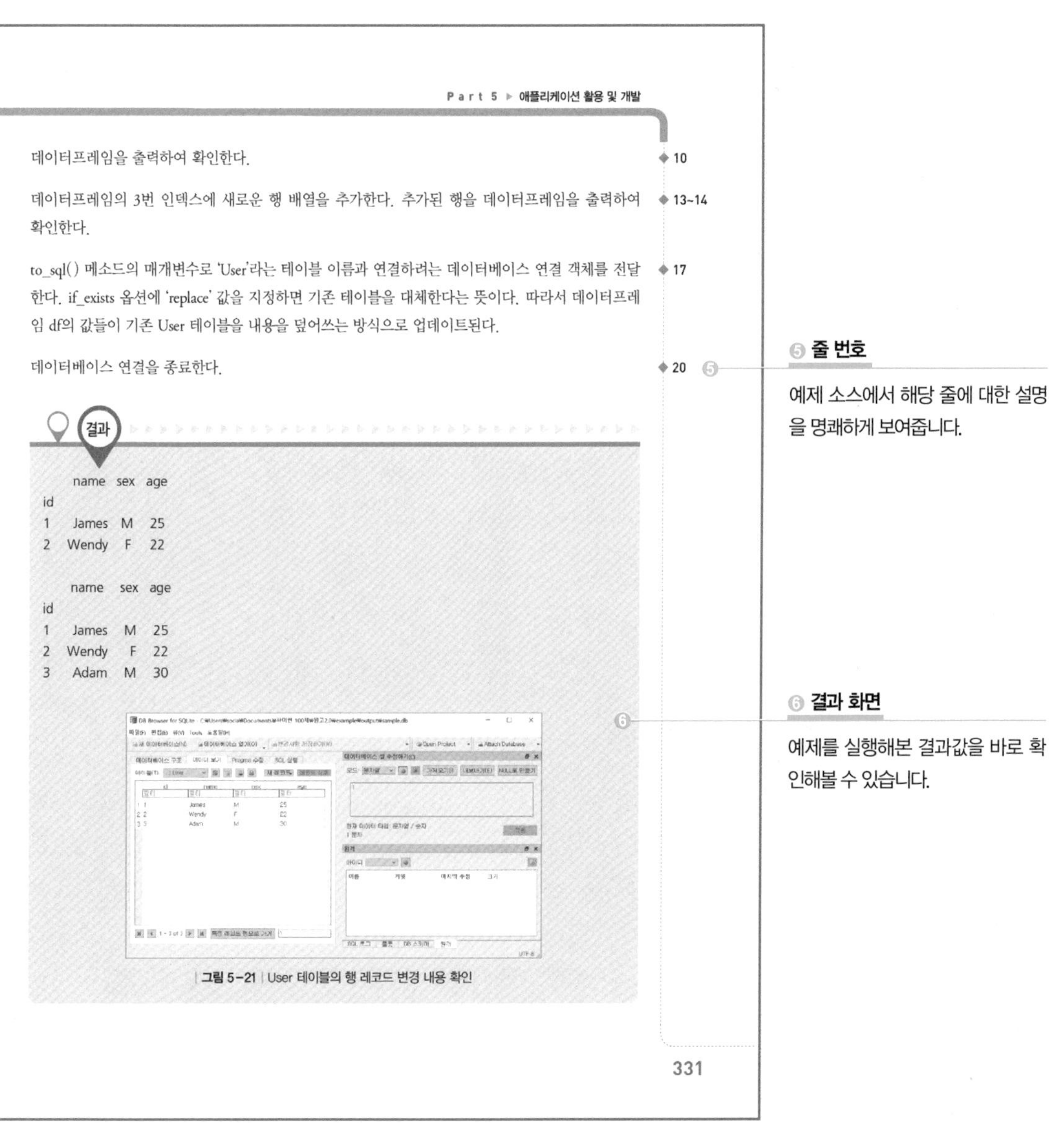

데이터프레임을 출력하여 확인한다. ◆ 10

데이터프레임의 3번 인덱스에 새로운 행 배열을 추가한다. 추가된 행을 데이터프레임을 출력하여 확인한다. ◆ 13~14

to_sql() 메소드의 매개변수로 'User'라는 테이블 이름과 연결하려는 데이터베이스 연결 객체를 전달한다. if_exists 옵션에 'replace' 값을 지정하면 기존 테이블을 대체한다는 뜻이다. 따라서 데이터프레임 df의 값들이 기존 User 테이블을 내용을 덮어쓰는 방식으로 업데이트된다. ◆ 17

데이터베이스 연결을 종료한다. ◆ 20 ⑤

결과

```
    name  sex  age
id
1   James   M   25
2   Wendy   F   22

    name  sex  age
id
1   James   M   25
2   Wendy   F   22
3   Adam    M   30
```

⑥

| 그림 5-21 | User 테이블의 행 레코드 변경 내용 확인

⑤ 줄 번호

예제 소스에서 해당 줄에 대한 설명을 명쾌하게 보여줍니다.

⑥ 결과 화면

예제를 실행해본 결과값을 바로 확인해볼 수 있습니다.

개발 환경 준비하기

아나콘다(Anaconda) 배포판 설치

이 책은 Python 3를 기준으로 설명한다. 파이썬은 공식 홈페이지(https://www.python.org/)에서 직접 다운로드하여 설치할 수 있지만, 가능하면 아나콘다와 같은 배포판 사용을 추천한다. 자주 사용되는 라이브러리 패키지를 묶어서 제공하기 때문에 설치가 쉽고 버전 관리가 용이하다. 또한 아나콘다 내비게이터라는 GUI 환경을 지원하기 때문에 사용하기 편리하다.

1. 아나콘다 홈페이지 접속

웹 브라우저 주소창에 다운로드 URL(https://www.anaconda.com/download/)을 입력한다. 또는 구글, 네이버 등 검색엔진을 활용하여 '아나콘다 배포판 다운로드'를 검색하여 접속한다.

2. 설치 파일 다운로드

윈도우, 맥OS, 리눅스 중에서 사용 중인 PC(노트북)에 맞는 운영체제를 선택하고, 파이썬 버전을 지정하여 설치파일을 다운로드한다. 이 책은 Python 3 버전을 기준으로 하기 때문에, 'Python 3.* version' 문구가 있는 [Download] 버튼을 클릭한다. 운영체제에 맞춰 32비트/64비트 설치파일을 구분하여 다운로드할 수도 있다.

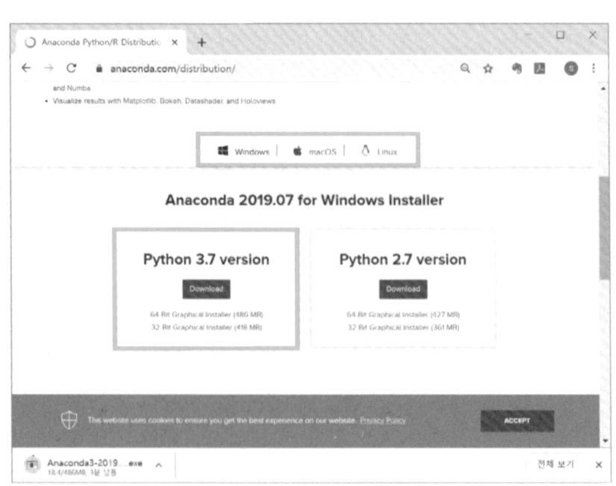

| 그림 0-1 | 아나콘다 다운로드 사이트
(https://www.anaconda.com/download/)

3. 설치 진행

설치 파일을 실행하면 다음과 같이 설치 시작을 안내하는 화면이 나타난다. 순서대로 [Next] 버튼을 클릭하면 설치가 완료된다.

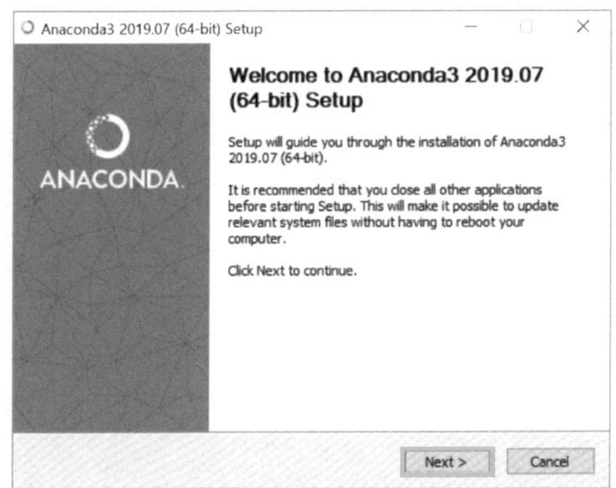

| 그림 0-2 | 설치 시작

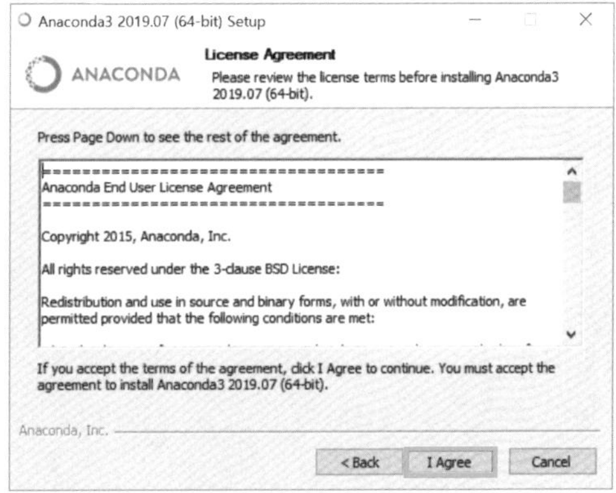

| 그림 0-3 | 이용약관 동의

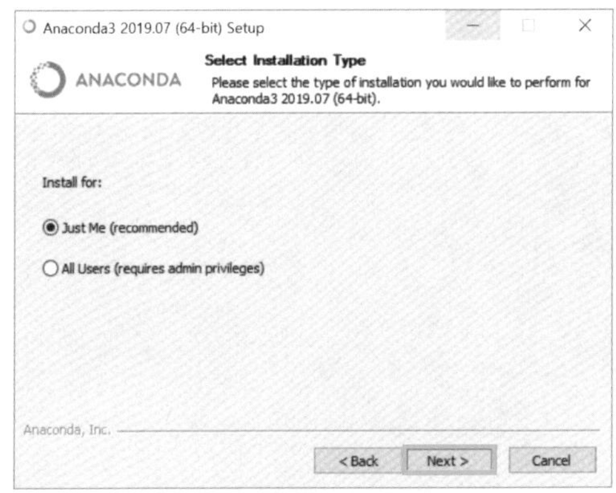

| 그림 0-4 | 사용자 지정

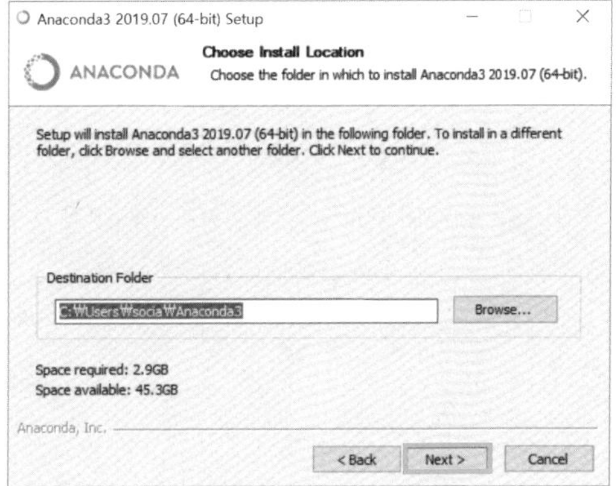

| 그림 0-5 | 설치 경로 지정

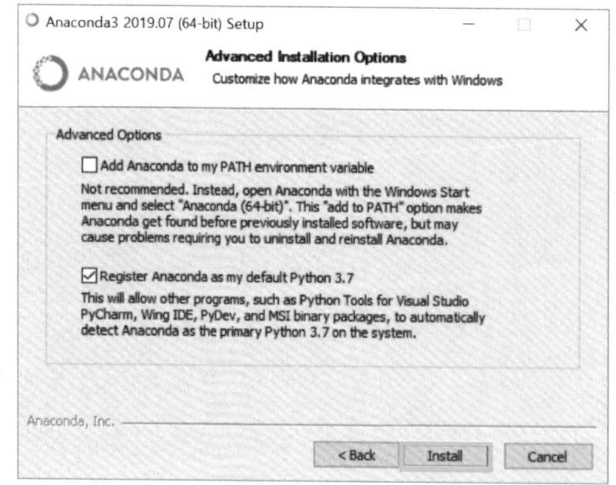

| **그림 0-6** | 시스템 환경 설정

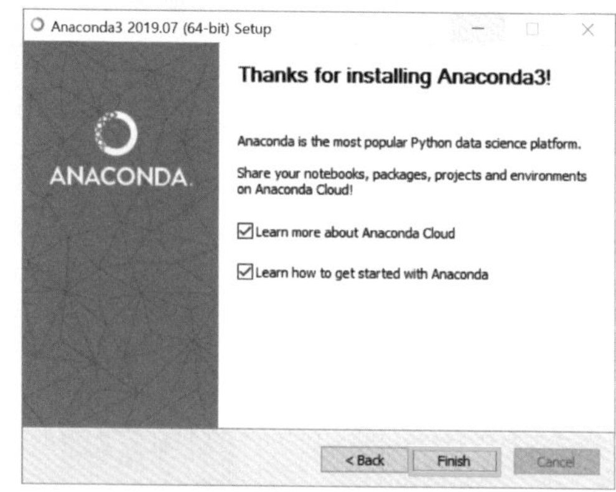

| **그림 0-7** | 설치 완료

가상환경(virtualenv) 만들기

❶ 아나콘다 배포판을 설치하면 윈도우 시작 메뉴에 Anaconda3 폴더가 만들어진다. 여기서 아나콘다 내비게이터(Anaconda Navigator)를 찾아서 실행하면 다음과 같이 Home 화면이 나타난다.

| **그림 0-8** | 아나콘다 내비게이터 Home 화면

❷ 화면 좌측의 Environments 메뉴를 클릭하면 디폴트 가상환경인 base(root)에 대한 정보가 표시된다. 화면 우측에 모두 273개의 패키지가 설치된 것을 볼 수 있다. 새로운 가상환경을 추가하려면 화면 가운데 아래의 [Create(+)] 버튼을 클릭한다.

| **그림 0-9** | Environments 메뉴

③ 추가하려는 가상환경의 이름, 사용 언어(Python 또는 R), 버전을 선택하고 [Create] 버튼을 누른다. 이 책은 py100이라는 가상환경을 Python 3.6 버전으로 생성하는 것을 가정한다.

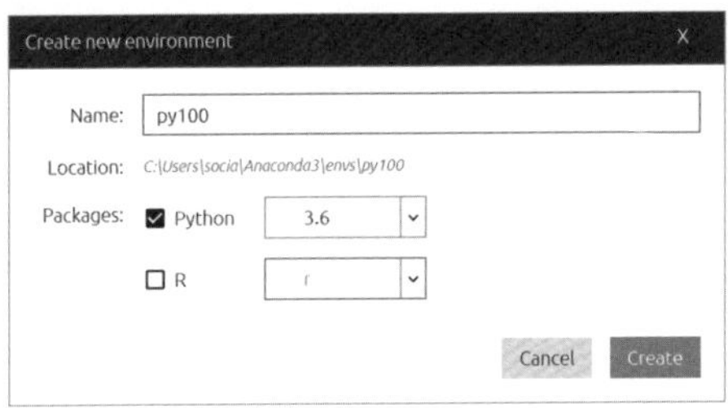

| 그림 0-10 | 가상환경 추가

④ 새로운 가상환경(py100)이 만들어진 것을 확인할 수 있다. 디폴트 환경과 달리 9개의 패키지만 설치되고 파이썬 버전은 3.6.9임을 알 수 있다. 각자 필요한 패키지를 선택하여 추가 설치함으로써 최적화된 환경을 구성할 수 있다. 새로운 패키지를 추가할 때는 화면 가운데 위의 Installed라고 표시된 선택 박스에서 Not installed를 선택하고 오른쪽의 검색창에 추가하려는 패키지 이름을 입력하여 검색한다.

| 그림 0-11 | 패키지 설치

⑤ 다시 화면 왼쪽의 Home 버튼을 클릭하면 py100이라는 가상환경이 선택된 것을 볼 수 있다. 디폴트 환경으로 전환하려면 박스에서 선택하면 된다.

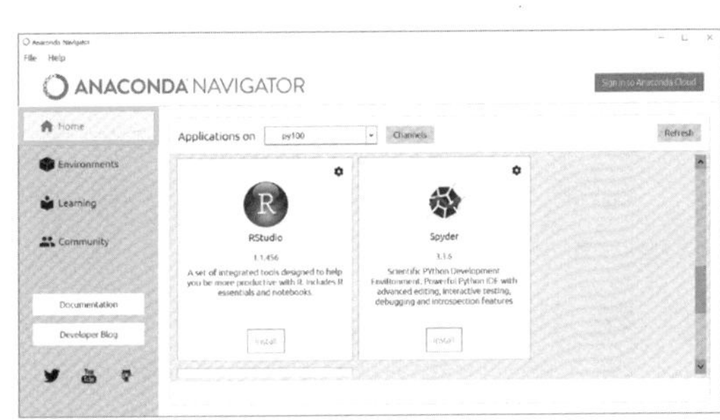

| 그림 0-12 | 가상환경 전환

⑥ IDE를 가상환경에 추가하려면 Spyder 영역의 [Install] 버튼을 클릭하여 설치한다. 이 책은 Spyder IDE를 기준으로 설명할 예정이다.

| 그림 0-13 | IDE 설치

⑦ Spyder의 설치가 완료된 모습이다. 실행하려면 [Launch] 버튼을 클릭한다.

| 그림 0-14 | IDE 실행

스파이더(Spyder) IDE 활용

스파이더 IDE의 디폴트 화면 구성을 설명한다. ❶은 주요 메뉴, 명령 버튼, 현재 파일 경로 등이 있는 부분이다. ❷는 파이썬 실행코드를 입력하는 에디터 창이다. 에디터 창 윗부분에 현재 편집 중인 파일명을 확인할 수 있다. ❸은 현재 파이썬 환경에서 사용중인 변수(variable)와 저장하고 있는 데이터에 대한 정보를 제공한다. 파일 폴더를 검색하는 탭과 도움말을 검색할 수 있는 탭도 있다.

마지막으로 ❹는 IPython 콘솔(Console) 화면이다. ❷의 에디터 창에서 입력한 코드를 실행하면 이 부분에 결과가 출력된다. 콘솔에는 명령을 입력할 수 있는 프롬프트가 있어서 파이썬 명령을 직접 입력하여 결과를 확인할 수도 있다. 이 책에서는 에디터 모드와 콘솔 모드를 필요에 따라 선택적으로 활용한다.

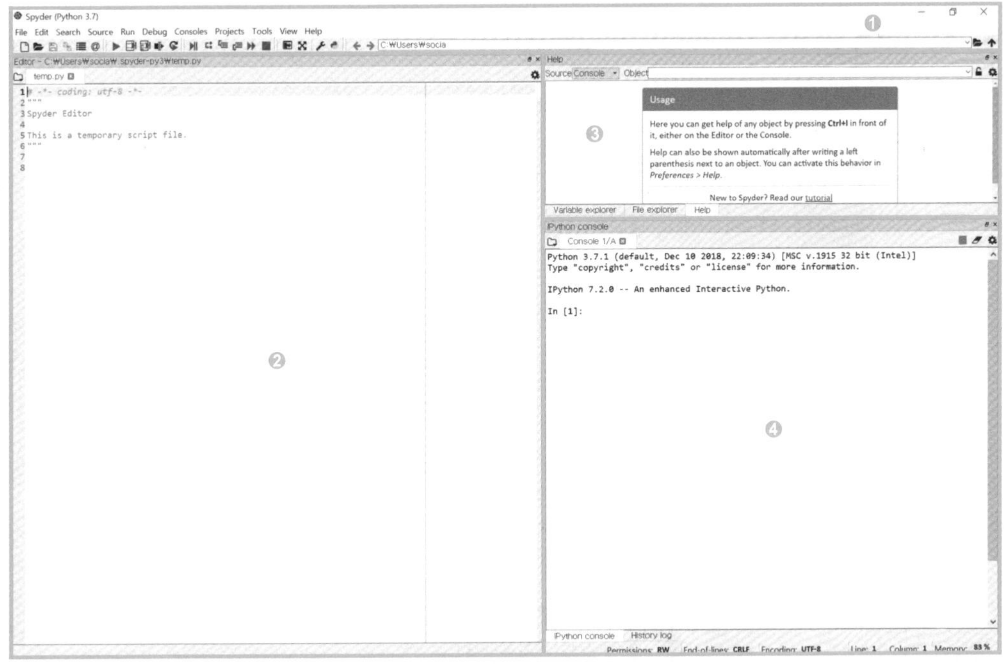

| **그림 0-15** | 스파이더 초기 화면

에디터 창에서 입력하고 폴더에 저장한 예제 코드('sample.py')를 한 번에 전부 실행하려면, 상단 메뉴의 전부 실행 버튼(▶)을 클릭하거나 단축키 F5를 누른다.

에디터 창에 입력한 코드를 일부분만 블록으로 선택하여 해당 부분만 별도로 실행할 수 있다. 이 책에서 '부분 실행'이라고 안내하는 방식이다. 실행하려는 코드를 다음 그림과 같이 블록으로 선택하고, 상단 메뉴의 부분 실행 버튼(▮▶)을 클릭하거나 단축키 F9를 누른다. 오른쪽 밑의 IPython 콘솔 화면에는 선택한 블록인 8~9번 라인만 실행되어 5가 출력된다(11~12번 라인은 실행되지 않는다).

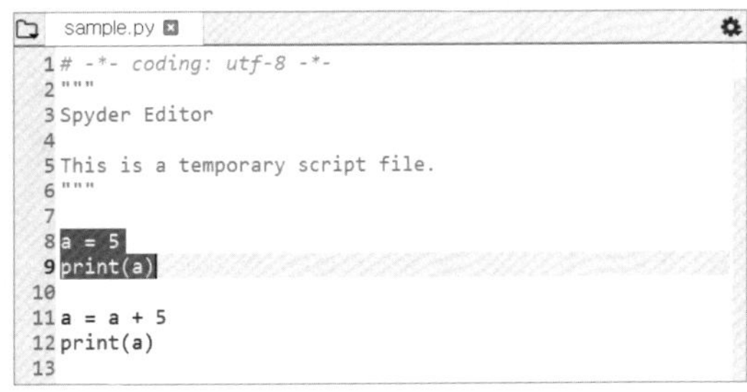

| **그림 0-16** | 부분 실행(코드 블록으로 선택하기)

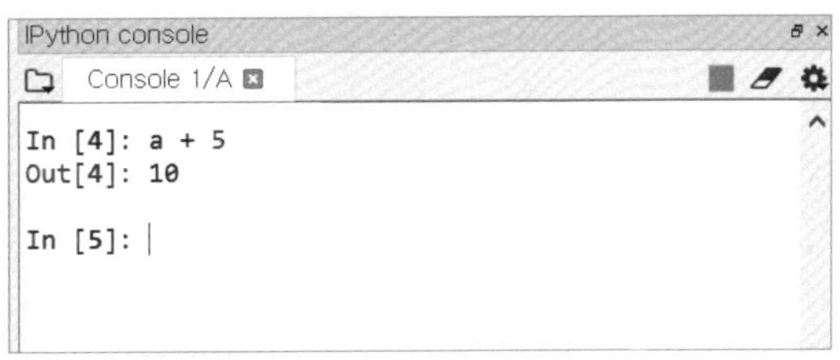

| **그림 0-17** | 부분 실행(콘솔 화면 실행 결과)

1

PART

중급

웹 스크래핑 (Web Scraping)

웹 서버에 요청하고 응답받기

- **학습 내용 :** 웹 서버에 접속하여 웹 페이지 정보를 요청하고 서버로부터 응답 객체를 받는 과정을 이해한다.
- **힌트 내용 :** requests 모듈의 get() 함수에 접속하려는 웹 페이지의 주소(URL)를 입력한다.

인터넷 익스플로러, 크롬, 파이어폭스 등의 웹 브라우저에 웹 페이지 주소를 입력하면, 웹 서버에 웹 페이지 정보를 보내 달라고 요청(request)한다. 이때 웹 서버가 웹 브라우저의 요청을 받아 웹 페이지 정보를 보내는 과정을 응답(response)한다고 말한다.

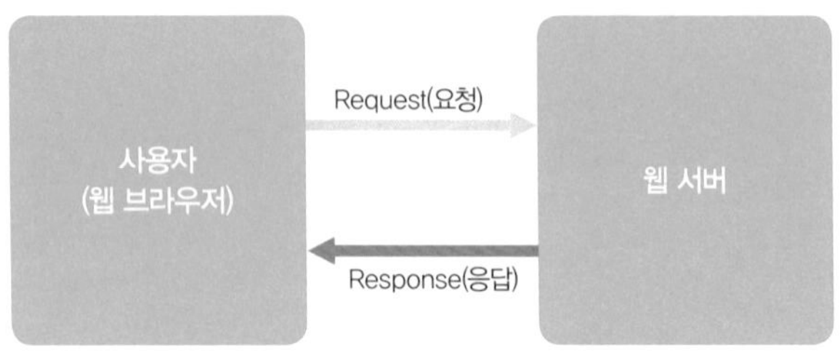

| **그림 1-1** | 웹 서버-클라이언트 작동 방식

requests 설치

웹 서버에 요청하고 응답 받는 과정을 처리하는 파이썬 라이브러리인 requests 모듈을 설치해야 한다. 아나콘다 배포판에는 기본으로 설치되어 있기 때문에 별도로 설치하지 않아도 된다. 설치가 필요한 경우에는 pip 설치 명령인 'pip install requests'을 윈도우 명령 프롬프트(⊞+R를 눌러 cmd 명령 실행)에 입력하여 설치한다. 또는 아나콘다 프롬프트(Anaconda Prompt)를 실행하고, pip 또는 conda 명령으로 requests 모듈을 설치하는 방법도 있다. 아나콘다 프롬프트에 'pip install requests' 또는 'conda install -c anaconda requests' 명령을 입력한다. 아나콘다 프롬프트는 관리자 권한으로 실행할 것을 권장한다.

requests 실행

아나콘다 홈 화면에서 스파이더 IDE를 실행하고, 다음과 같이 코드를 실행하여 requests 모듈이 잘 작동하는지 확인한다.

소스 : 001.py

```
1: import requests
2:
3: url = "https://www.python.org/"
4: resp = requests.get(url)
5: print(resp)
6:
7: url2 = "https://www.python.org/1"
8: resp2 = requests.get(url2)
9: print(resp2)
```

requests 모듈을 파이썬 실행환경으로 불러온다. ◆ 1

파이썬 공식 홈페이지의 URL(https://www.python.org/)을 변수 url에 할당한다. ◆ 3

requests 모듈의 get() 함수를 사용하여 웹 서버에 GET 요청을 보낸다. 앞서 파이썬 공식 홈페이지 ◆ 4
URL을 저장한 변수(url)를 함수의 매개변수로 전달한다. 웹 서버가 응답한 내용을 변수 resp에 저장한다.

resp 변수가 저장하고 있는 웹 서버의 응답 결과를 print() 함수를 사용하여 출력한다. 실행 결과가 ◆ 5
〈Response [200]〉과 같이 출력되면 정상적으로 통신이 이루어진 것이다. Response는 웹 서버가 보내준 응답 객체를 뜻하고, [200]이라는 숫자는 '정상'을 뜻하는 응답 코드이다.

유효하지 않는(또는 존재하지 않는) 웹 페이지 주소를 만들고, url2라는 변수에 저장한다. 앞서 실행 ◆ 7~9
한 바와 같이 get() 함수에 전달하고, 웹 서버의 응답 결과를 출력해본다. 다음 실행결과의 [404] 응답 코드는 '해당 페이지를 찾을 수 없다'는 에러 코드를 뜻한다.

결과

```
<Response [200]>
<Response [404]>
```

웹 페이지 소스코드 확인하기

- **학습 내용 :** 웹 서버가 보내주는 응답 객체의 여러 속성 중에서 HTML 소스코드를 구분할 수 있다.
- **힌트 내용 :** 응답 객체의 text 속성을 print() 함수로 출력해본다.

requests 모듈의 get() 함수는 웹 서버에 GET 요청을 보내고, 웹 서버가 보내주는 응답 객체를 받는다. HTML 소스 코드의 경우 응답 객체의 text 속성에 저장되어 있다.

소스 : 002.py

```
1: import requests
2:
3: url = "https://www.python.org/"
4: resp = requests.get(url)
5:
6: html = resp.text
7: print(html)
```

1 requests 모듈을 불러온다.

3 접속하려는 웹 페이지의 주소(https://www.python.org/)를 변수 url에 할당한다.

4 웹 서버에 GET 요청을 보내고, 웹 서버가 응답한 내용을 변수 resp에 저장한다.

6 웹 서버의 응답 객체는 headers, cookies, text 등 여러 가지 속성을 갖는다. HTML 소스코드를 확인하려면 text 속성을 지정하고, html이라는 변수에 저장한다.

7 html 변수에 저장되어 있는 HTML 소스코드를 출력한다. 정상적으로 응답 객체를 받았다면, 실행 결과와 같이 HTML 소스코드가 출력되는 것을 볼 수 있다.

```
'<!doctype html>\n<!--[if lt IE 7]>   <html class="no-js ie6 lt-ie7 lt-ie8 lt-ie9">   <![endif]-->\n<!--[if IE 7]>      <html class="no-js ie7 lt-ie8 lt-ie9">          <![endif]-->\n<!--[if IE 8]>
<html class="no-js ie8 lt-ie9">                 <![endif]-->\n<!--[if gt IE 8]><!--><html
class="no-js" lang="en" dir="ltr">  <!--<![endif]-->\n\n<head>\n    <meta charset="utf-8">\n


<<...중략...>>


<!--[if lte IE 8]>
    <script type="text/javascript" src="/static/js/plugins/getComputedStyle-min.c3860be1d290.js"
charset="utf-8"></script>


    <![endif]-->


</body>
</html>
```

로봇 배제 표준(robots.txt)

• **학습 내용 :** 웹 사이트의 크롤링 로봇에 대한 접근 제한 기준인 로봇 배제 표준을 이해한다.
• **힌트 내용 :** 웹 사이트의 루트(/) 디렉터리의 robots.txt 파일에 로봇 배제 표준이 기술된다.

위키피디아(https://ko.wikipedia.org/wiki/)에 따르면 로봇 배제 표준에 대하여 '웹 사이트에 로봇이 접근하는 것을 방지하기 위한 규약으로, 일반적으로 접근 제한에 대한 설명을 robots.txt에 기술한다'고 설명하고 있다. 대부분의 사이트들이 웹 크롤링 로봇의 접근 권한에 대하여 설정하고 있기 때문에, 웹 페이지에 접근하기 전에 반드시 로봇 배제 표준을 확인하고 가이드라인을 준수할 필요가 있다.

예시	설명
User-agent: * Allow: /	모든(*) 로봇(User-agent)에게 루트 디렉터리(/) 이하 모든 문서에 대한 접근을 허락(Allow)한다.
User-agent: * Disallow: /	모든(*) 로봇(User-agent)에게 루트 디렉터리(/) 이하 모든 문서에 대한 접근을 차단(Disallow)한다.
User-agent: * Disallow: /temp/	모든(*) 로봇(User-agent)에게 특정 디렉터리(/temp/)에 대한 접근을 차단(Disallow)한다.
User-agent: googlebot Disallow: /	특정한 로봇(googlebot)에게 모든 문서에 대한 접근을 차단(Disallow)한다.

| **표 1-1** | 로봇 배제 표준의 종류

또한, 로봇에 의한 접근이 허용되는 경우라도 웹 서버에 무리가 갈 만큼 반복적으로 웹 페이지를 요청하는 것과 같이 서비스 안정성을 해칠 수 있는 행위를 하지 않아야 한다.

마지막으로, 크롤링(또는 스크래핑)으로 취득한 자료를 임의로 배포하거나 변경하는 등의 행위는 저작권을 침해할 수 있으므로 저작권 규정을 준수해야 한다.

robots.txt 파일은 루트 디렉터리에 위치하므로, 웹 페이지의 URL에 결합하여 웹 브라우저의 주소창에 입력하는 방식으로 확인할 수 있다. 다음 그림과 같이 파이썬 공식 홈페이지의 경우 'https://www.python.org/robots.txt'와 같이 입력한다.

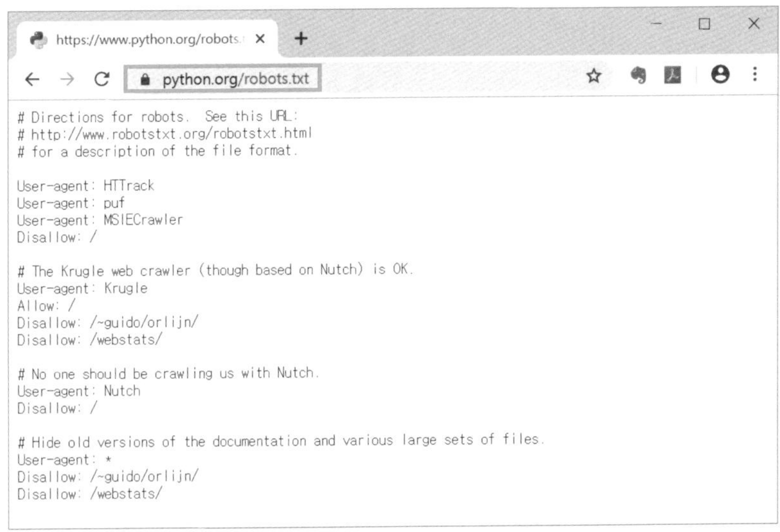


```
# Directions for robots.  See this URL:
# http://www.robotstxt.org/robotstxt.html
# for a description of the file format.

User-agent: HTTrack
User-agent: puf
User-agent: MSIECrawler
Disallow: /

# The Krugle web crawler (though based on Nutch) is OK.
User-agent: Krugle
Allow: /
Disallow: /~guido/orlijn/
Disallow: /webstats/

# No one should be crawling us with Nutch.
User-agent: Nutch
Disallow: /

# Hide old versions of the documentation and various large sets of files.
User-agent: *
Disallow: /~guido/orlijn/
Disallow: /webstats/
```

| **그림 1-2** | 로봇 배제 표준의 종류

HTML 소스코드를 확인하는 예제 002의 코드를 이용하여 로봇 배제 표준을 확인하는 방법도 가능하다.

소스 : 003.py

```
 1: import requests
 2:
 3: urls = ["https://www.naver.com/", "https://www.python.org/"]
 4: filename= "robots.txt"
 5:
 6: for url in urls:
 7:     file_path = url + filename
 8:     print(file_path)
 9:     resp = requests.get(file_path)
10:     print(resp.text)
11:     print("\n")
```

requests 모듈을 불러온다. ◆1

2개의 URL(네이버, 파이썬 공식 홈페이지)을 리스트에 담고, 변수 urls에 할당한다. ◆3

로봇 배제 표준을 담고 있는 파일명("robots.txt")을 변수 filename에 할당한다. ◆4

6 ◆ 변수 urls에 들어 있는 URL들을 대상으로 for 반복문을 정의한다.

7~8 ◆ robots.txt 파일의 이름을 각 웹 사이트의 루트 URL과 결합하고, 결합한 파일 경로를 변수 file_path에 저장한다. 네이버의 경우 "https://www.naver.com/robots.txt"와 같은 형태로 저장된다.

9 ◆ 웹 서버에 GET 요청을 보내고 웹 서버가 응답한 내용을 변수 resp에 저장한다.

10 ◆ 웹 서버 응답 객체 text 속성은 HTML 소스를 저장하고 있다. print( ) 함수로 출력하면 각 사이트의 로봇 배제 표준의 내용을 볼 수 있다. 네이버를 예로 들면, 모든 로봇(User-agent: *)에 대하여 모든 디렉터리에 접근을 금지(Disallow: /)하고 있다. 다만 "Allow : /$"와 같이 "/"로 끝나는 디렉터리(여기서는 루트 디렉터리)에 한하여 허용하고 있다. 여기서 "$"는 마지막 부분이라는 뜻이다. 즉, 루트 디렉터리(https://www.naver.com/)에 한하여 로봇의 접근을 허용하는 것으로 해석할 수 있다.

파이썬 공식 홈페이지는 일부 로봇(HTTrack, puf, MSIECrawler)의 접근을 금지하고 있는 반면, 대부분의 로봇에 대해서는 일부 디렉터리(/~guido/orlijn/와 /webstats/)를 제외하고 접근을 허락하고 있다(이 책이 출판된 이후 각 웹 사이트의 로봇 배제 표준이 변경될 수도 있다).

11 ◆ "\n"은 줄 바꿈을 뜻하는 특수문자이다.

```
https://www.naver.com/robots.txt
User-agent: *
Disallow: /
Allow : /$



https://www.python.org/robots.txt
# Directions for robots.  See this URL:
# http://www.robotstxt.org/robotstxt.html
# for a description of the file format.

User-agent: HTTrack
User-agent: puf
User-agent: MSIECrawler
Disallow: /

# The Krugle web crawler (though based on Nutch) is OK.
User-agent: Krugle
Allow: /
Disallow: /~guido/orlijn/
Disallow: /webstats/

# No one should be crawling us with Nutch.
User-agent: Nutch
Disallow: /

# Hide old versions of the documentation and various large sets of files.
User-agent: *
Disallow: /~guido/orlijn/
Disallow: /webstats/
```

BeautifulSoup 객체 만들기

- **학습 내용 :** BeautifulSoup 라이브러리를 이용하여 정적 웹 페이지에서 정보를 추출한다.
- **힌트 내용 :** HTML 소스코드를 해석하기 위한 파서(해석기)로는 'html.parser', 'lxml' 등이 있다.

웹 서버로부터 HTML 소스코드를 가져온 다음에는 HTML 태그 구조를 해석하기 위한 과정이 필요하다. HMTL 소스코드를 해석하는 것을 파싱(parsing)이라고 부른다. HTML 문서에서 정보를 추출하기 위해 BeautifulSoup 라이브러리를 사용한다.

아나콘다 배포판의 base(root) 환경에 기본 설치되어 있다. 설치가 필요한 경우라면, 윈도우 명령 프롬프트를 실행하고 'pip install beautifulsoup4'를 입력한다. 아나콘다 배포판에서 가상환경을 만든 경우에는 [그림 1-3]과 같이 아나콘다 내비게이터의 Environments 메뉴에서 설치할 것을 권장한다. 검색 조건을 'Not Installed'로 선택하고 'beautifulsoup4'를 검색한다. 라이브러리를 선택하고 오른쪽 하단의 [Apply] 버튼을 클릭하여 진행한다.

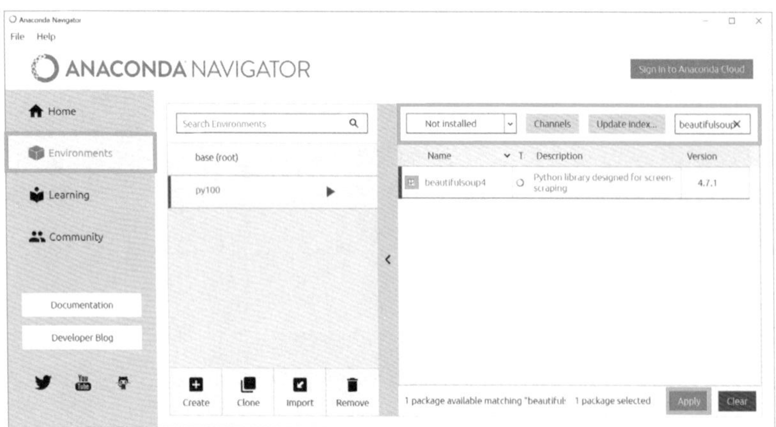

| **그림 1-3** | BeautifulSoup 설치 아나콘다 내비게이터

위키피디아(https://en.wikipedia.org/)에서 'Seoul Subway'를 검색하면 다음과 같이 서울 지하철 노선에 대한 정보를 담고 있는 웹 페이지(https://en.wikipedia.org/wiki/Seoul_Metropolitan_Subway)가 웹 브라우저에 표시된다. 예제를 통해 이 웹 페이지를 BeautifulSoup 라이브러리로 파싱하는 과정을 살펴본다.

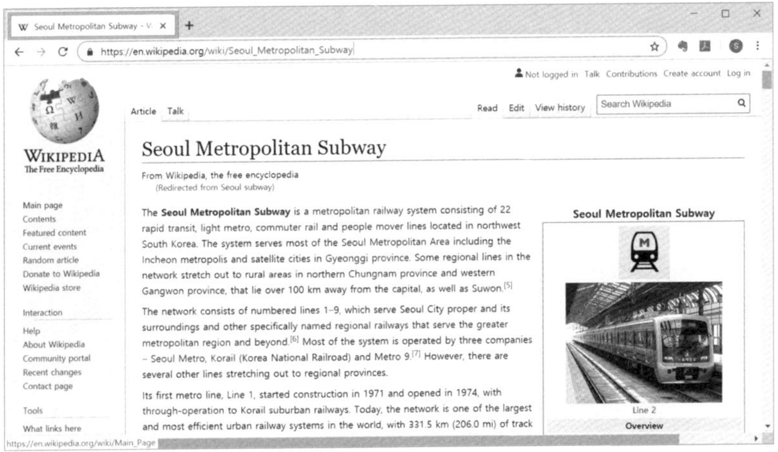

| **그림 1-4** | 서울 지하철 정보-위키피디아 검색 결과 웹 페이지

본격적인 스크래핑 작업에 앞서, 위키피디아의 로봇 배제 표준(https://en.wikipedia.org/robots.txt)을 확인한다. 다음과 같이 '호의적이고 속도가 느린 로봇이 게시글 페이지에 접근하는 것을 환영하지만, 동적으로 생성된 페이지에 접근하는 것은 환영하지 않는다(Friendly, low-speed bots are welcome viewing article pages, but not dynamically-generated pages please)'라고 안내하고 있다. 자바스크립트 등으로 만들어지는 동적 웹 페이지에 대한 로봇의 접근은 허용하지 않지만, 서버 트래픽에 부담을 주지 않는 수준에서 일반적인 정적 웹 페이지에 대한 접근은 허용된다고 볼 수 있다.

```
... <<생략>>...

# Friendly, low-speed bots are welcome viewing article pages, but not
# dynamically-generated pages please.
#
... <<생략>>...
```

NOTE

이 책에서는 실제 웹 사이트를 대상으로 설명하는 예제를 사용했다. 추후 웹 사이트가 일부 개편이 되더라도 예제에서 사용한 방법을 활용하면 필요한 내용을 스크랩하는 데 어려움은 없을 것으로 예상된다. 다만, 웹 사이트 개편 등으로 적용하기 어려운 부분이 있다면 저자 블로그의 Q&A 게시판으로 문의하기 바란다.

소스 : 004.py

```
 1: import requests
 2: from bs4 import BeautifulSoup
 3:
 4: url = "https://en.wikipedia.org/wiki/Seoul_Metropolitan_Subway"
 5: resp = requests.get(url)
 6: html_src = resp.text
 7:
 8: soup = BeautifulSoup(html_src, 'html.parser')
 9: print(type(soup))
10: print("\n")
11:
12: print(soup.head)
13: print("\n")
14: print(soup.body)
15: print("\n")
16:
17: print('title 태그 요소: ', soup.title)
18: print('title 태그 이름: ', soup.title.name)
19: print('title 태그 문자열: ', soup.title.string)
```

1~2 ◆ 먼저 requests 모듈을 불러온다. 그리고 bs4(beautifulsoup4) 라이브러리에서 BeautifulSoup 클래스를 불러온다.

4 ◆ 위키피디아 웹 페이지 주소 URL을 변수 url에 할당한다.

5~6 ◆ 웹 서버에 GET 요청을 보내고, 웹 서버가 응답한 객체를 변수 resp에 저장한다. 응답 객체의 text 속성에서 HTML 소스코드를 추출하여 변수 html_src에 할당한다.

8 ◆ BeautifulSoup 함수는 매개변수로 전달받은 HTML 소스코드를 해석하여 BeautifulSoup 객체를 생성한다. 이때, HTML을 파싱(해석)하는 적절한 구문 해석기(파서, parser)를 함께 입력해야 한다. 예제에서는 **'html.parser'** 파서를 사용한다.

9 ◆ 변수 soup이 저장하고 있는 BeautifulSoup 객체의 자료형을 출력한다. bs4 라이브러리에서 불러온 BeautifulSoup 클래스라는 것을 확인할 수 있다.

12 ◆ HTML 웹 문서의 "head" 태그(〈head〉 … 〈/head〉 부분)에 해당하는 내용이 출력된다.

HTML 웹 문서의 “body” 태그(〈body〉 … 〈/body〉 부분)에 해당하는 내용이 출력된다. 14

HTML 웹 문서의 “title” 태그 내용을 출력한다. [그림 1-4] 웹 브라우저 탭에 표시되는 부분(“Seoul Metropolitan Subway – Wikipedia”)이다. 〈title〉 태그는 웹 문서의 제목을 표시하고, 〈head〉 태그 안에 위치한다. 17

name 속성을 지정하여 HTML 태그의 이름을 따로 추출한다. 18

string 속성을 지정하여 HTML 태그를 제외하고 태그 안에 표시되는 문자열(텍스트)만 따로 추출한다. 19

```
<class 'bs4.BeautifulSoup'>


<head>
<meta charset="utf-8"/>
<title>Seoul Metropolitan Subway - Wikipedia</title>
... <<생략>>...
<link href="//meta.wikimedia.org" rel="dns-prefetch"/>
<!--[if lt IE 9]><script src="/w/load.php?modules=html5shiv&amp;only=scripts&amp;raw=1&amp;
sync=1"></script><![endif]-->
</head>


<body>
... <<생략>>...
<script>(RLQ=window.RLQ||[ ]).push(function( ){mw.config.set({"wgBackendResponseTime":1931,"
wgHostname":"mw1331"});});</script>
</body>


title 태그 요소:  <title>Seoul Metropolitan Subway - Wikipedia</title>
title 태그 이름:  title
title 태그 문자열:  Seoul Metropolitan Subway - Wikipedia
```

크롬 개발자 도구

- **학습 내용 :** 크롬 개발자 도구를 활용하여 HTML 태그 요소를 확인하는 방법을 이해한다.
- **힌트 내용 :** 크롬 개발자 도구를 다운로드하여 먼저 설치해야 한다.

크롬, 파이어폭스 등 웹 브라우저는 개발자 도구를 지원한다. 여기서는 크롬 개발자 도구를 기준으로 설명한다. 크롬 웹 브라우저에서 Ctrl+Shift+I를 동시에 누르면 [그림 1–5]와 같이 개발자 도구가 박스처럼 활성화된다. 이곳에 HTML을 구성하는 요소가 표시된다.

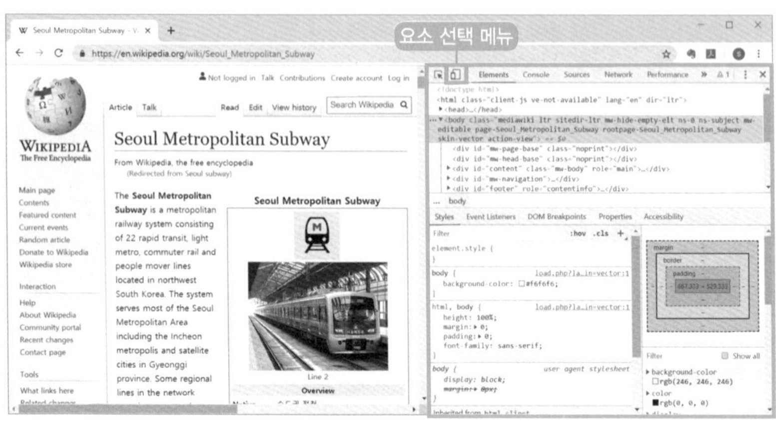

| **그림 1–5** | 크롬 개발자 도구 – 실행 화면

왼쪽 위의 요소 선택 메뉴를 클릭한 상태에서 웹 페이지상에서 확인하고 싶은 요소(글자, 그림 등)를 선택하면 해당 요소의 HTML 태그를 확인할 수 있다. [그림 1–6]과 같이 화살표 표시를 클릭한 상태에서 지하철 차량 사진 이미지 위에 커서를 갖다 대면 회색 음영으로 처리된 영역이 나타난다. 이때 영역을 선택하면 오른쪽 개발자 도구에 〈img〉 태그 부분이 음영으로 표시되는 것을 확인할 수 있다. 이 부분이 방금 선택한 이미지를 웹 문서에 표시하는 HTML 구문이다.

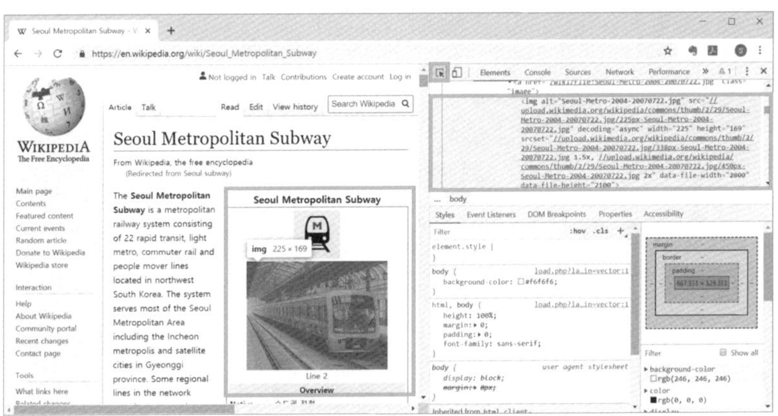

| **그림 1-6** | 크롬 개발자 도구–HTML 요소 선택

BeautifulSoup 클래스의 find( ) 메소드에 HTML 태그 이름('img')을 전달하면 해당하는 태그 요소를 찾을 수 있다. find( ) 함수는 HTML 문서에서 가장 처음으로 만나는 태그를 한 개 찾는다. 따라서 지하철 2호선 차량 사진을 표시하는 〈img〉 태그를 선택하려면, 웹 페이지에 존재하는 여러 개의 〈img〉 태그 중에서 해당 태그만 갖는 고유의 속성을 이용한다. 크롬 개발자 도구를 보면, alt 속성값으로 **'Seoul-Metro-2004-20070722.jpg'**을 갖는다. 이 속성을 find( ) 메소드의 attrs 매개변수에 입력한다.

소스 : 005.py

```
import requests
from bs4 import BeautifulSoup

url = "https://en.wikipedia.org/wiki/Seoul_Metropolitan_Subway"
resp = requests.get(url)
html_src = resp.text

soup = BeautifulSoup(html_src, 'html.parser')

first_img = soup.find(name='img')
print(first_img)
print("\n")

target_img = soup.find(name='img', attrs={'alt':'Seoul-Metro-2004-20070722.jpg'})
print(target_img)
```

1~2 ◆ 필요한 라이브러리를 불러온다.

4~6 ◆ 응답 객체의 text 속성에서 HTML 소스코드를 추출하여 변수 html_src에 할당한다.

8 ◆ HTML 소스코드를 파싱하여 BeautifulSoup 객체를 생성하고 변수 soup에 할당한다.

10~11 ◆ BeautifulSoup 클래스의 find( ) 메소드에 찾고자 하는 태그 이름('img')을 name 매개변수에 지정한다. 가장 처음으로 나타나는 〈img〉 태그 부분을 찾아서 출력한다.

14~15 ◆ find( ) 메소드의 attrs 매개변수에 {'속성 이름' : '속성값'}의 딕셔너리 구조로 태그가 갖는 고유의 속성값을 지정한다. 지정한 속성값을 갖는 태그 중에서 가장 처음 나오는 태그를 찾는다. 우리가 찾는 〈img〉 태그의 'alt' 속성은 'Seoul–Metro–2004–20070722.jpg'을 값으로 갖는다. 한편 attrs 매개변수에 'alt' 속성 이외에 다른 속성을 지정할 수도 있다.

결과

```
<img alt="South Korea subway logo.svg" data-file-height="450" data-file-width="450" decoding="async" height="75" src="//upload.wikimedia.org/wikipedia/commons/thumb/1/12/South_Korea_subway_logo.svg/75px-South_Korea_subway_logo.svg.png" srcset="//upload.wikimedia.org/wikipedia/commons/thumb/1/12/South_Korea_subway_logo.svg/113px-South_Korea_subway_logo.svg.png 1.5x, //upload.wikimedia.org/wikipedia/commons/thumb/1/12/South_Korea_subway_logo.svg/150px-South_Korea_subway_logo.svg.png 2x" width="75"/>

<img alt="Seoul-Metro-2004-20070722.jpg" data-file-height="2100" data-file-width="2800" decoding="async" height="225" src="//upload.wikimedia.org/wikipedia/commons/thumb/2/29/Seoul-Metro-2004-20070722.jpg/300px-Seoul-Metro-2004-20070722.jpg" srcset="//upload.wikimedia.org/wikipedia/commons/thumb/2/29/Seoul-Metro-2004-20070722.jpg/450px-Seoul-Metro-2004-20070722.jpg 1.5x, //upload.wikimedia.org/wikipedia/commons/thumb/2/29/Seoul-Metro-2004-20070722.jpg/600px-Seoul-Metro-2004-20070722.jpg 2x" width="300"/>
```

웹 문서의 그림 이미지 파일을 PC에 저장하기

중급

006

- **학습 내용 :** 웹 문서에서 그림 이미지를 선택하여 사용자 PC에 저장한다.
- **힌트 내용 :** requests 모듈의 get( ) 함수에 이미지 파일의 경로를 전달하면, 응답 객체의 content 속성에 이미지 파일 데이터가 저장된다.

앞에서 서울 지하철 2호선 차량 사진을 표시하는 〈img〉 태그의 **'src'** 속성을 들여다보면 그림 이미지 파일이 저장되어 있는 소스파일 URL을 볼 수 있다. 이 URL을 이용하여 사용자 PC의 폴더에 그림 이미지 파일을 직접 다운로드하는 방법을 살펴본다.

소스 : 006.py

```
import requests
from bs4 import BeautifulSoup

url = "https://en.wikipedia.org/wiki/Seoul_Metropolitan_Subway"
resp = requests.get(url)
html_src = resp.text

soup = BeautifulSoup(html_src, 'html.parser')

target_img = soup.find(name='img', attrs={'alt':'Seoul-Metro-2004-20070722.jpg'})
print('HTML 요소: ', target_img)
print("\n")

target_img_src = target_img.get('src')
print('이미지 파일 경로: ', target_img_src)
print("\n")

target_img_resp = requests.get('http:' + target_img_src)
out_file_path = "./output/download_image.jpg"

with open(out_file_path, 'wb') as out_file:
    out_file.write(target_img_resp.content)
    print("이미지 파일로 저장하였습니다.")
```

1~2 라이브러리를 불러온다.

4~11 웹 페이지 문서의 HTML 소스코드를 추출, 파싱하여 BeautifulSoup 객체(soup)를 생성한다. 이 객체에 find() 메소드를 적용하여 지하철 차량 사진을 나타내는 〈img〉 태그 부분을 찾아 변수 target_img에 저장한다.

14~15 〈img〉 태그 정보를 갖고 있는 target_img 변수에 get('속성 이름') 메소드를 적용하면 속성이 갖는 값을 추출할 수 있다. 속성 이름에 'src'를 전달하면, 'src' 속성값을 추출한다. 이미지 파일의 저장 경로 URL인 "//upload.wikimedia.org/wikipedia/commons/thumb/2/29/Seoul-Metro-2004-20070722.jpg/300px-Seoul-Metro-2004-20070722.jpg"을 따로 추출하여 target_img_src 변수에 저장한다.

18 앞에서 추출한 이미지 파일 경로에 'http:'를 보완하고, requests 모듈의 get() 함수를 적용한다. 이미지 파일 경로에 GET 요청을 보내면, 이미지 파일을 담은 응답 객체를 target_img_resp 변수에 저장한다.

19 이미지 파일을 저장할 PC의 폴더 경로와 파일 이름을 out_file_path 변수에 지정한다(예제는 현재 폴더의 하위 폴더인 output 폴더에 저장하는 것으로 가정했다).

21~23 target_img_resp 변수에 저장된 requests 응답 객체의 content 속성에는 이미지 파일이 바이너리(binary) 형태로 저장되어 있다. write() 명령으로 저장 위치를 지정하여 외부 파일로 저장할 수 있다.

```
HTML 요소: <img alt="Seoul-Metro-2004-20070722.jpg" data-file-height="2100" data-file-width="2800" decoding="async" height="225" src="//upload.wikimedia.org/wikipedia/commons/thumb/2/29/Seoul-Metro-2004-20070722.jpg/300px-Seoul-Metro-2004-20070722.jpg" srcset="//upload.wikimedia.org/wikipedia/commons/thumb/2/29/Seoul-Metro-2004-20070722.jpg/450px-Seoul-Metro-2004-20070722.jpg 1.5x, //upload.wikimedia.org/wikipedia/commons/thumb/2/29/Seoul-Metro-2004-20070722.jpg/600px-Seoul-Metro-2004-20070722.jpg 2x" width="300"/>

이미지 파일 경로: //upload.wikimedia.org/wikipedia/commons/thumb/2/29/Seoul-Metro-2004-20070722.jpg/300px-Seoul-Metro-2004-20070722.jpg

이미지 파일로 저장하였습니다.
```

웹 문서에 포함된 모든 하이퍼링크 추출하기

중급 **007**

- **학습 내용 :** 웹 문서에 포함되어 있는 모든 하이퍼링크를 찾아서 추출한다.
- **힌트 내용 :** 하이퍼링크는 <a> 태그에 포함되어 있다.

앞에서 BeautifulSoup 클래스의 find() 메소드를 사용하여 웹 문서에서 한 개의 태그를 찾는 방법을 살펴보았다. 같은 조건을 만족하는 모든 태그를 찾을 때는 find_all() 메소드를 사용한다. 다음 예제를 통해 웹 페이지에 들어 있는 모든 하이퍼링크를 찾아서 출력하는 과정을 살펴본다.

소스 : 007.py

```
import requests, re
from bs4 import BeautifulSoup

url = "https://en.wikipedia.org/wiki/Seoul_Metropolitan_Subway"
resp = requests.get(url)
html_src = resp.text
soup = BeautifulSoup(html_src, 'html.parser')

links = soup.find_all("a")
print("하이퍼링크의 개수: ", len(links))
print("\n")
print("첫 3개의 원소: ", links[:3])
print("\n")

wiki_links = soup.find_all(name="a", href=re.compile("/wiki/"), limit=3)
print("/wiki/ 문자열이 포함된 하이퍼링크: ", wiki_links)
print("\n")

external_links = soup.find_all(name="a", attrs={"class":"external text"}, limit=3)
print("class 속성으로 추출한 하이퍼링크: ", external_links)
```

1~2 ◆ 라이브러리를 불러온다. 정규식 표현을 사용하기 위해 re 모듈을 추가한다.

4~7 ◆ 웹 페이지 문서의 HTML 소스코드를 추출, 파싱하여 BeautifulSoup 객체를 생성한다. 변수 soup에 저장한다.

9~13 ◆ BeautifulSoup의 find_all() 명령에 찾고자 하는 태그 이름을 매개변수로 전달하면, 웹 문서에서 해당하는 모든 태그를 찾아서 리스트 형태로 리턴한다. 따라서 soup 객체에 들어 있는 모든 〈a〉 태그를 찾고 변수 links에 저장한다. len() 함수로 확인하면 links 변수의 원소 개수는 모두 947개이다. 웹 문서 안에 〈a〉 태그가 947개 있다는 뜻이다(위키피디아 웹 페이지는 업데이트가 빈번한 편이기 때문에, 숫자와 추출된 링크의 내용은 변경될 가능성이 높다). 12번 라인은 첫 3개의 원소를 리스트 슬라이싱으로 선택하는 내용이다.

15~16 ◆ 〈a〉 태그의 href 속성이 포함하는 문자열을 따로 지정하면, 해당 문자열이 포함된 〈a〉 태그만을 찾는다. 예제에서는 출력 길이를 제한하기 위하여 limit 매개변수를 3으로 설정한다. 따라서 "/wiki/" 문자열이 링크에 포함되어 있는 〈a〉 태그를 3개 찾아서 변수 wiki_links에 저장한다.

19~20 ◆ find_all() 메소드의 attrs 매개변수에 {'속성 이름' : '속성값'}의 딕셔너리 형태로 찾으려는 태그가 갖는 속성값을 지정할 수 있다. class 속성값이 "external text"인 〈a〉 태그를 모두 찾아서 리스트 형태로 리턴한다. limit 매개변수를 3으로 설정하여 3개까지 추출한다.

결과

하이퍼링크의 개수: 947

첫 3개의 원소: [<a id="top"></a>, <a class="mw-jump-link" href="#mw-head">Jump to navigation</a>, <a class="mw-jump-link" href="#searchInput">Jump to search</a>]

/wiki/ 문자열이 포함된 하이퍼링크: [<a class="image" href="/wiki/File:South_Korea_subway_logo.svg"><img alt="South Korea subway logo.svg" data-file-height="450" data-file-width="450" decoding="async" height="75" src="//upload.wikimedia.org/wikipedia/commons/thumb/1/12/South_Korea_subway_logo.svg/75px-South_Korea_subway_logo.svg.png" srcset="//upload.wikimedia.org/wikipedia/commons/thumb/1/12/South_Korea_subway_logo.svg/113px-South_Korea_subway_logo.svg.png 1.5x, //upload.wikimedia.org/wikipedia/commons/thumb/1/12/South_Korea_subway_logo.svg/150px-South_Korea_subway_logo.svg.png 2x" width="75"/></a>, <a class="image" href="/wiki/File:Seoul-Metro-2004-20070722.jpg"><img alt="Seoul-Metro-2004-20070722.jpg" data-file-height="2100" data-file-width="2800" decoding="async" height="225" src="//upload.wikimedia.org/wikipedia/commons/thumb/2/29/Seoul-Metro-2004-20070722.jpg/300px-Seoul-Metro-2004-20070722.jpg" srcset="//upload.wikimedia.org/wikipedia/commons/thumb/2/29/Seoul-Metro-2004-20070722.jpg/450px-Seoul-Metro-2004-20070722.jpg 1.5x, //upload.wikimedia.org/wikipedia/commons/thumb/2/29/Seoul-Metro-2004-20070722.jpg/600px-Seoul-Metro-2004-20070722.jpg 2x" width="300"/></a>, <a href="/wiki/Government_of_South_Korea" title="Government of South Korea">Government of South Korea</a>]

class 속성으로 추출한 하이퍼링크: [<a class="external text" href="http://www.seoulmetro.co.kr/kr/board.do?menuIdx=548" rel="nofollow">"자료실 : 알림마당>자료실>자료실"</a>, <a class="external text" href="http://www.korail.com/file/statistics/2012/2012-04.pdf" rel="nofollow">2012 Korail Statistics</a>, <a class="external text" href="https://web.archive.org/web/20140227072212/http://www.korail.com/file/statistics/2012/2012-04.pdf" rel="nofollow">Archived</a>]

CSS Selector 활용하기 ❶

- **학습 내용 :** CSS 스타일 서식을 이용하여 HTML 요소를 찾는 방법을 배운다.
- **힌트 내용 :** select( ) 함수에 CSS 요소를 입력하면, 해당되는 모든 태그 요소를 찾아서 리스트로 정리한다.

CSS(Cascading Style Sheets)는 HTML과 같은 마크업 언어의 디자인을 꾸미기 위해 사용하는 스타일 지정 도구이다. 최근의 웹 문서들은 CSS 스타일시트를 즐겨 사용하므로, CSS 속성을 이용하여 HTML 요소에 접근하는 것이 유용할 때가 많다. BeautifulSoup에서는 select( ) 메소드에 CSS 선택자(CSS Selector)를 매개변수로 전달하는 방법을 사용한다. select( ) 메소드는 해당하는 태그를 모두 찾아서 리스트로 리턴한다.

[그림 1-7]과 같이 크롬 개발자 도구의 음영으로 선택된 부분에서 마우스 오른쪽 버튼을 클릭하면, CSS selector를 복사할 수 있는 팝업 메뉴가 나타난다. ❶ Copy – ❷ Copy selector 순서로 선택하고 메모장 또는 IDE 등에 Ctrl + V 로 붙여넣기하면 "#mw–content–text 〉 div 〉 table:nth–child(3) 〉 tbody 〉 tr:nth–child(2) 〉 td 〉 a 〉 img"와 같은 CSS 선택자를 확인할 수 있다. 이 내용을 select( ) 메소드의 매개변수로 전달하면 해당 태그 요소를 찾는다.

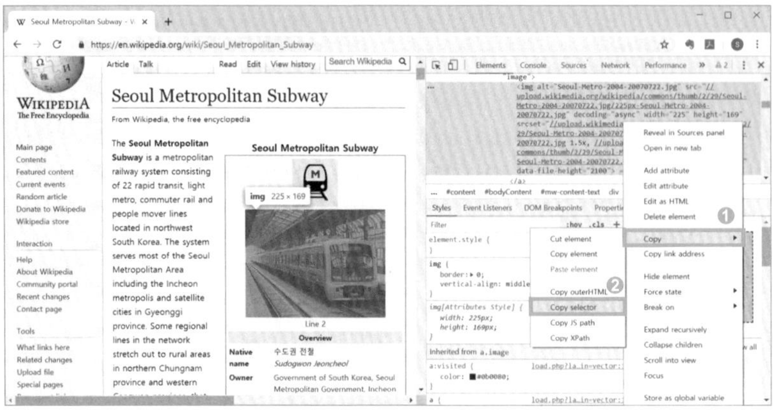

| **그림 1–7** | CSS Selector로 HTML 요소 선택

소스 : 008.py

```
1: import requests
2: from bs4 import BeautifulSoup
3:
4: url = "https://en.wikipedia.org/wiki/Seoul_Metropolitan_Subway"
5: resp = requests.get(url)
6: html_src = resp.text
7: soup = BeautifulSoup(html_src, 'html.parser')
8:
9: subway_image = soup.select('#mw-content-text > div > table:nth-child(3) > \
10: tbody > tr:nth-child(2) > td > a > img')
11: print(subway_image)
12: print("\n")
13: print(subway_image[0])
14: print("\n")
15:
16: subway_image2 = soup.select('tr > td > a > img')
17: print(subway_image2[1])
```

라이브러리를 불러온다. ◆ 1~2

웹 페이지 문서의 HTML 소스코드를 추출, 파싱하여 BeautifulSoup 객체를 생성한다. 변수 soup에 저장한다. ◆ 4~7

크롬 개발자 도구에서 Copy한 CSS 선택자를 select() 메소드에 전달한다. select() 메소드가 리턴하는 객체를 변수 subway_image에 저장한다. ◆ 9~10

select() 메소드가 리턴하는 객체는 파이썬 리스트이다. subway_image 변수를 print() 함수를 사용하여 출력해 보면 원소 1개(〈img〉 태그)를 갖는다. 이 웹 페이지에는 select() 메소드에 전달한 CSS 선택자가 가리키는 태그가 1개만 존재한다는 것을 알 수 있다. ◆ 11

HTML 요소(〈img〉 태그) 부분만을 따로 추출하려면 파이썬 리스트의 원소 인덱싱을 사용한다. 첫 번째 원소이므로 subway_image[0]과 같이 입력한다. ◆ 13

앞서 사용한 "#mw-content-text 〉 div 〉 table:nth-child(3) 〉 tbody 〉 tr:nth-child(2) 〉 td 〉 a 〉 img"라는 CSS 선택자를 이용하여 같은 레벨에 있는 다른 태그까지 한꺼번에 선택할 수 있다. 'tr 〉 td 〉 a 〉 img'와 같이 원본 CSS 선택자에서 태그 이름만 남겨서 select() 메소드에 입력한다. ◆ 16

select() 메소드가 리턴하는 객체를 변수 subway_image2에 저장한다. 참고로 "tr 〉 td"에서 "〉" 표시는 자식 선택자를 나타낸다. tr 태그 안에 바로 이어지는 td 하위 태그를 가리킨다. 반면, tr 태그 안에 들어 있는 모든 td 하위 태그를 선택할 때는 "tr td"와 같이 후손 선택자를 사용한다. 반드시 tr 태그에 이어서 td 태그가 연결될 필요는 없다.

NOTE

CSS 선택자에 관한 자세한 정보는 다음의 링크를 참조한다(https://www.w3schools.com/cssref/css_selectors.asp).

17 select() 메소드가 리턴하는 객체는 파이썬 리스트 구조이다. 앞에서 선택한 서울 지하철 차량 이미지는 리스트의 2번째 원소이다. 따라서 2번째 순서를 나타내는 인덱스를 사용하여 subway_image2[1]과 같이 입력한다. 원소 인덱스는 0부터 시작하기 때문에 2번째 원소의 인덱스가 1이 된다.

결과

```
[<img alt="Seoul-Metro-2004-20070722.jpg" data-file-height="2100" data-file-width="2800"
decoding="async" height="225"
… <<생략>>…
//upload.wikimedia.org/wikipedia/commons/thumb/2/29/Seoul-Metro-2004-20070722.jpg/450px-
Seoul-Metro-2004-20070722.jpg 2x" width="300"/>]


<img alt="Seoul-Metro-2004-20070722.jpg" data-file-height="2100" data-file-width="2800"
decoding="async" height="225"
… <<생략>>…
//upload.wikimedia.org/wikipedia/commons/thumb/2/29/Seoul-Metro-2004-20070722.jpg/450px-
Seoul-Metro-2004-20070722.jpg 2x" width="300"/>]


<img alt="Seoul-Metro-2004-20070722.jpg" data-file-height="2100" data-file-width="2800"
decoding="async" height="225"
… <<생략>>…
//upload.wikimedia.org/wikipedia/commons/thumb/2/29/Seoul-Metro-2004-20070722.jpg/450px-
Seoul-Metro-2004-20070722.jpg 2x" width="300"/>]
```

CSS Selector 활용하기 ❷

- **학습 내용 :** CSS 선택자 중에서 클래스 선택자와 id 선택자를 사용하는 방법을 이해한다.
- **힌트 내용 :** 클래스 선택자는 '.' 식별자로 나타내고, id 선택자는 '#' 식별자를 이용한다.

소스 : 009.py

```
import requests
from bs4 import BeautifulSoup

url = "https://en.wikipedia.org/wiki/Seoul_Metropolitan_Subway"
resp = requests.get(url)
html_src = resp.text
soup = BeautifulSoup(html_src, 'html.parser')

links = soup.select('a')
print(len(links))
print("\n")

print(links[:3])
print("\n")

external_links = soup.select('a[class="external text"]')
print(external_links[:3])
print("\n")

id_selector = soup.select('#siteNotice')
print(id_selector)
print("\n")

id_selector2 = soup.select('div#siteNotice')
print(id_selector2)
print("\n")

id_selector3 = soup.select('p#siteNotice')
print(id_selector3)
```

```
30: print("\n")
31:
32: class_selector = soup.select('.mw-headline')
33: print(class_selector)
34: print("\n")
35:
36: class_selector2 = soup.select('span.mw-headline')
37: print(class_selector2)
```

1~2 ◆ 라이브러리를 불러온다.

4~7 ◆ 웹 페이지 문서의 HTML 소스코드를 파싱하여 BeautifulSoup 객체를 생성한다. 변수 soup에 저장한다.

9~10 ◆ BeautifulSoup의 select( ) 메소드는 예제 007에서 설명한 find_all( ) 메소드와 비슷하다. 찾으려는 태그 이름을 매개변수로 전달하면, 웹 문서에서 해당하는 모든 태그를 찾아서 리스트 형태로 리턴하기 때문이다. 여기서는 〈a〉 태그를 모두 찾아서 변수 links에 저장한다. len( ) 함수로 확인하면, links 변수에는 961개의 원소가 들어 있다. 〈a〉 태그의 개수가 947개라는 뜻이다.

13 ◆ 앞에서 3개의 원소를 리스트 슬라이싱 기법으로 선택하고 출력해본다.

16~17 ◆ 〈a〉 태그 중에서 class 속성을 갖고 그 값이 "external text"인 태그들을 찾아서 리스트로 리턴한다. 리스트 슬라이싱으로 앞에서 3개의 원소만을 선택적으로 출력한다.

20~21 ◆ CSS의 id 선택자를 활용하는 방법이다. CSS 스타일 시트에서 id는 고유한 값을 갖기 때문에 select( ) 메소드에 id 선택자를 사용하면 오직 한 개의 태그만을 찾는다. id 선택자는 "#id속성값"으로 표현한다. 예제의 '#siteNotice'는 id 속성값이 "siteNotice"인 태그를 가리킨다.

24~25 ◆ CSS의 id 선택자를 사용할 때, 특정 태그 안에서만 id 선택자를 찾는 방법이다. 'div#siteNotice'는 div 태그 중에서 id 속성값이 "siteNotice"인 div 태그를 뜻한다. 결과는 앞의 20~21 라인과 같다.

28~29 ◆ 'p#siteNotice'는 p 태그 중에서 id 속성값이 "siteNotice"인 p 태그를 말한다. 현재 웹 문서에서 id 속성값이 "siteNotice"인 태그는 앞서 확인한 div 태그가 유일하다. 따라서 원소가 없는 빈 리스트가 출력된다.

CSS의 클래스 선택자를 활용하는 방법이다. 일반적으로 CSS 스타일 시트에서 서로 다른 요소 ◆ 32~33
에 동일한 스타일을 지정할 때 클래스 선택자를 사용하는데, 클래스 선택자를 사용하면 같은 클래스를 갖는 여러 태그를 동시에 찾을 수 있다. 클래스 선택자는 ".class속성값"으로 표현하는데, '.mw-headline'은 class 속성값이 "mw-headline"에 해당하는 모든 태그를 뜻한다.

클래스 선택자의 경우에도 특정 태그에 한정하여 적용할 수 있다. **'span.mw-headline'**은 〈span〉 태 ◆ 36~37
그 중에서 class 속성값이 "mw-headline"에 해당하는 태그를 뜻한다.

```
947

[<a id="top"></a>, <a class="mw-jump-link" href="#mw-head">Jump to navigation</a>, <a class="mw-jump-link" href="#p-search">Jump to search</a>]

[<a class="external text" href="http://www.seoulmetro.co.kr/kr/board.do?menuIdx=548" rel="nofollow">"자료실 : 알림마당&gt;자료실&gt;자료실"</a>, <a class="external text" href="http://www.korail.com/file/statistics/2012/2012-04.pdf" rel="nofollow">2012 Korail Statistics</a>, <a class="external text" href="https://web.archive.org/web/20140227072212/http://www.korail.com/file/statistics/2012/2012-04.pdf" rel="nofollow">Archived</a>]

[<div class="mw-body-content" id="siteNotice"><!-- CentralNotice --></div>]

[<div class="mw-body-content" id="siteNotice"><!-- CentralNotice --></div>]

[]

[<span class="mw-headline" id="Overview">Overview</span>, <span class="mw-headline" id="History">History</span>, <span class="mw-headline" id="Lines_and_branches">Lines and branches</span>, <span class="mw-headline" id="Rolling_stock">Rolling stock</span>, <span class="mw-headline" id="Fares_and_ticketing">Fares and ticketing</span>, <span class="mw-headline" id="Current_construction">Current construction</span>, <span class="mw-headline"
... <<생략>>...
```

id="Opening_2024">Opening 2024</span>, <span class="mw-headline" id="Under_planning">Under planning</span>, <span class="mw-headline" id="Seoul_City">Seoul City</span>, <span class="mw-headline" id="Incheon_City">Incheon City</span>, <span class="mw-headline" id="See_also">See also</span>, <span class="mw-headline" id="Notes">Notes</span>, <span class="mw-headline" id="References">References</span>, <span class="mw-headline" id="External_links">External links</span>]

[<span class="mw-headline" id="Overview">Overview</span>, <span class="mw-headline" id="History">History</span>, <span class="mw-headline" id="Lines_and_branches">Lines and branches</span>, <span class="mw-headline" id="Rolling_stock">Rolling stock</span>, <span class="mw-headline" id="Fares_and_ticketing">Fares and ticketing</span>, <span class="mw-headline" id="Current_construction">Current construction</span>, <span class="mw-headline"
… <<생략>>…
id="Opening_2024">Opening 2024</span>, <span class="mw-headline" id="Under_planning">Under planning</span>, <span class="mw-headline" id="Seoul_City">Seoul City</span>, <span class="mw-headline" id="Incheon_City">Incheon City</span>, <span class="mw-headline" id="See_also">See also</span>, <span class="mw-headline" id="Notes">Notes</span>, <span class="mw-headline" id="References">References</span>, <span class="mw-headline" id="External_links">External links</span>]

구글 뉴스 클리핑하기 ❶

중급 010

- **학습 내용 :** 지금까지 배운 내용을 종합하여 구글 뉴스 검색 결과를 스크래핑하는 프로그램을 만든다.
- **힌트 내용 :** 검색 결과 목록에서 개별 뉴스 아이템을 표시하는 태그를 모두 찾고, for 반복문을 사용하여 개별 뉴스 아이템에서 필요한 정보를 추출하는 과정을 반복 처리한다.

requests와 BeautifulSoup을 이용하여 구글 뉴스(https://news.google.com/)에서 뉴스를 검색하고 각 뉴스의 하이퍼링크를 수집하는 '뉴스 클리핑' 프로그램을 만들어본다.

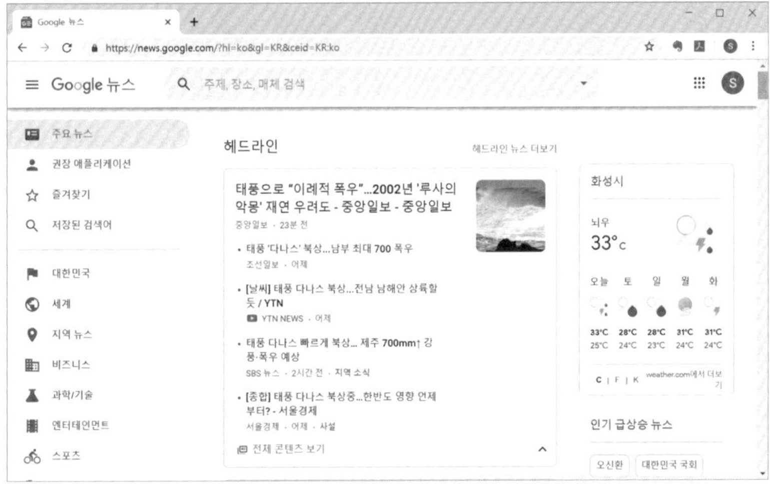

| **그림 1-8** | 구글 뉴스 웹 페이지

로봇 배제 표준 확인

구글 뉴스 웹 사이트의 로봇 배제 표준(robots.txt)에는 '/search?'와 같이 검색 결과로 보이는 디렉터리에 대한 접근을 허용하고 있다. 구글 뉴스의 검색창에 '파이썬'이라는 검색어를 입력하고 Enter 를 누르면, 웹 브라우저의 주소창에 'https://news.google.com/search?q=파이썬&hl=ko&gl=KR&ceid=KR%3Ako'와 같이 주소가 표시된다. '/search?' 부분을 확인했다면, 로봇의 접근을 허용하고 있다는 뜻이므로 다음 단계로 진행한다.

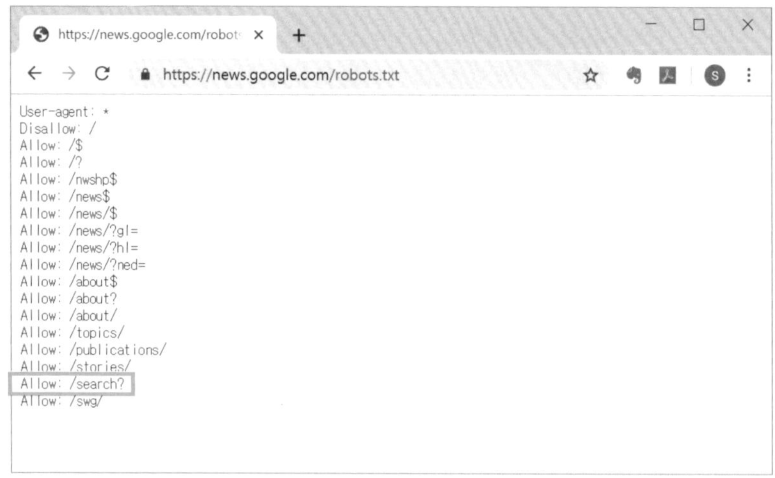

| **그림 1-9** | 구글 뉴스 웹 사이트의 로봇 배제 표준(robots.txt)

개발자 도구 실행

크롬 개발자 도구(Ctrl+Shift+Enter)를 실행하고, 화살표 모양의 선택 버튼을 클릭하여 활성화한 뒤에 뉴스 콘텐츠 영역을 클릭한다. 화면 오른쪽 개발자 도구에 HTML 구문이 표시된다. 뉴스 링크, 제목, 내용, 출처, 등록 일시 등 필요한 정보를 파싱하여 추출한다.

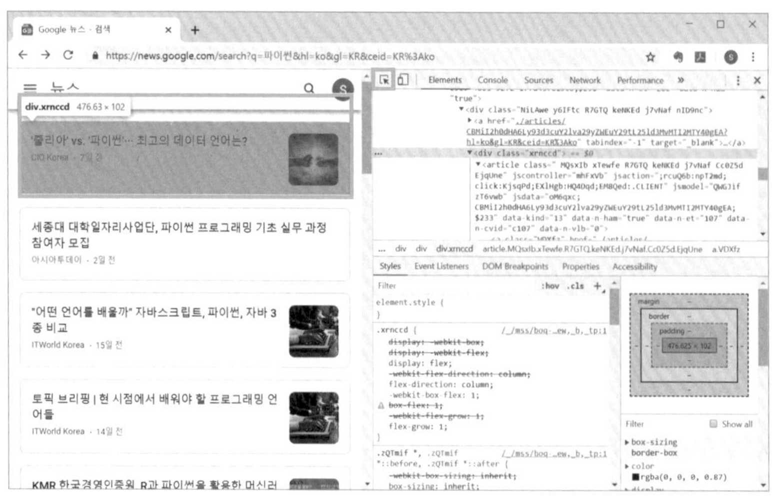

| **그림 1-10** | 크롬 개발자 도구-뉴스 아이템 영역의 HTML 소스 확인

소스 : 010.py

```
import requests
from bs4 import BeautifulSoup

# 구글 뉴스 검색(검색어: 파이썬)
base_url = "https://news.google.com"
search_url = base_url + "/search?q=%ED%8C%8C%EC%9D%B4%EC%8D%AC&h
l=ko&gl=KR&ceid=KR%3Ako"
resp = requests.get(search_url)
html_src = resp.text
soup = BeautifulSoup(html_src, 'html.parser')

# 뉴스 아이템 블록을 선택
news_items = soup.select('div[class="xrnccd"]')
print(len(news_items))
print(news_items[0])
print("\n")

# 각 뉴스 아이템에서 "링크, 제목, 내용, 출처, 등록일시" 데이터를 파싱(BeautifulSoup)
for item in news_items[:3]:
    link = item.find('a', attrs={'class':'VDXfz'}).get('href')
    news_link = base_url + link[1:]
    print(news_link)

    news_title = item.find('a', attrs={'class':'DY5T1d'}).getText( )
    print(news_title)

    news_content = item.find('span', attrs={'class':'xBbh9'}).text
    print(news_content)

    news_agency = item.find('a', attrs={'class':'wEwyrc AVN2gc uQIVzc Sksgp'}).text
    print(news_agency)

    news_reporting = item.find('time', attrs={'class':'WW6dff uQIVzc Sksgp'})
    news_reporting_datetime = news_reporting.get('datetime').split('T')
    news_reporting_date = news_reporting_datetime[0]
    news_reporting_time = news_reporting_datetime[1][:-1]
    print(news_reporting_date, news_reporting_time)
    print("\n")

```

```
# 앞의 코드를 이용하여 구글 뉴스 클리핑 함수 정의
def google_news_clipping(url, limit=5):

    resp = requests.get(url)
    html_src = resp.text
    soup = BeautifulSoup(html_src, 'html.parser')

    news_items = soup.select('div[class="xrnccd"]')

    links=[ ]; titles=[ ]; contents=[ ]; agencies=[ ]; reporting_dates=[ ]; reporting_times=[ ];

    for item in news_items[:limit]:
        link = item.find('a', attrs={'class':'VDXfz'}).get('href')
        news_link = base_url + link[1:]
        links.append(news_link)

        news_title = item.find('a', attrs={'class':'DY5T1d'}).getText( )
        titles.append(news_title)

        news_content = item.find('span', attrs={'class':'xBbh9'}).text
        contents.append(news_content)

        news_agency = item.find('a', attrs={'class':'wEwyrc AVN2gc uQIVzc Sksgp'}).text
        agencies.append(news_agency)

        news_reporting = item.find('time', attrs={'class':'WW6dff uQIVzc Sksgp'})
        news_reporting_datetime = news_reporting.get('datetime').split('T')
        news_reporting_date = news_reporting_datetime[0]
        news_reporting_time = news_reporting_datetime[1][:-1]
        reporting_dates.append(news_reporting_date)
        reporting_times.append(news_reporting_time)

    result = {'link':links, 'title':titles, 'contents':contents, 'agency':agencies, \
              'date':reporting_dates, 'time':reporting_times}
    return result

# 함수를 실행하여 뉴스 목록 정리
news = google_news_clipping(search_url, 2)
print(news)
```

라이브러리를 불러온다. 1~2

구글 뉴스 웹 페이지의 루트 디렉터리 URL을 base_url에 저장한다. 5

웹 브라우저 주소창에서 검색어 "파이썬"에 대한 검색 결과 페이지의 웹 주소를 확인한다. 웹 주소 (https://news.google.com/search?q=파이썬&hl=ko&gl=KR&ceid=KR%3Ako)를 스파이더 IDE로 복사한다. 이때 한글('파이썬')은 "%ED%8C%8C%EC%9D%B4%EC%8D%AC"와 같은 형식으로 표시된다. 실제 웹 브라우저에서는 한글을 표시하는 유니코드를 URL 코드 형식으로 인코딩하여 사용하기 때문이다. base_url을 뒤에서 사용하기 위해 편의상 웹 주소에서 "/search?" 이하 부분을 구분하여 정리한다. 6~7

웹 서버로부터 응답 받은 웹 페이지 객체의 text 속성에서 HTML 소스코드를 추출한다. Beautiful Soup 함수에 "html.parser" 파서를 적용하여 HTML을 파싱하고, 변수 soup에 저장한다. 8~10

웹 페이지에서 뉴스 콘텐츠 요소를 검색하기 위해, soup 객체에 select() 메소드를 적용한다. 〈div〉 태그 중에서 class 속성이 "xrnccd"인 태그를 모두 찾아서 리스트에 담는다. news_items라는 변수에 저장하고, 원소의 개수를 len() 함수로 확인하면 100개이다. 첫 번째 원소에 들어 있는 〈div〉 태그의 내용을 출력하여 확인한다. 13~15

news_items에 들어 있는 100개의 〈div〉 태그를 하나씩 파싱하기 위하여 for 반복문을 이용한다. 출력량을 제한하기 위하여 앞에서부터 3개의 원소만을 대상으로 반복문을 적용해본다. 19

개별 뉴스의 링크는 class 속성이 "VDXfz"인 〈a〉 태그에 들어 있다. 〈a〉 태그의 'href' 속성을 따로 추출하기 위해 get() 메소드를 이용한다. 20

base_url과 결합하여 출력 내용을 확인한다. link 변수의 문자열은 "./articles/~~~"과 같이 "."으로 시작하기 때문에, 첫 번째 문자(".")을 제거하기 위해 link[1:] 형식으로 문자열의 두 번째 문자부터 슬라이싱하여 선택한다. 21

개별 뉴스의 제목은 〈a〉 태그 중에서 class 속성이 "DY5T1d"인 경우에 들어 있다. find() 명령으로 찾은 〈a〉 태그 요소에 getText() 메소드를 적용하여 텍스트 부분을 추출한다. 24~25

개별 뉴스의 요약내용은 〈span〉 태그 중에서 class 속성이 "xBbh9"인 경우에 들어 있다. find() 명령으로 찾은 〈span〉 태그 요소의 text 속성을 이용하여 텍스트 부분을 추출한다. 27~28

30~31 ◆ 개별 뉴스의 출처(언론사)는 〈a〉 태그 중에서 class 속성이 "wEwyrc AVN2gc uQIVzc Sksgp"인 경우에 들어 있다. find() 명령으로 찾은 〈a〉 태그 요소의 text 속성을 이용하여 텍스트 부분을 추출한다.

33~37 ◆ 개별 뉴스를 등록한 시간을 추출한다. 〈time〉 태그 중에서 class 속성이 "WW6dff uQIVzc Sksgp"인 경우를 찾고, get() 함수로 datetime 속성값을 확인한다. split() 메소드로 문자열의 날짜와 시간 부분을 나눈다.

41~75 ◆ 앞 부분(19~38번 라인)의 코드를 이용하여 google_news_clipping() 함수를 정의한다. 검색 결과 페이지 주소(url)과 추출할 뉴스 콘텐츠의 개수(limit)를 매개변수로 입력받는다.

49 ◆ 51~70번 라인에서 추출할 뉴스 링크, 제목, 내용, 출처, 등록일, 등록시간 정보를 담을 비어 있는 리스트 객체를 정의한다.

51~70 ◆ for 반복문을 정의하여 개별 뉴스 콘텐츠의 링크, 제목, 내용, 출처, 등록일, 등록시간 정보를 추출하고, 49번 라인에서 정의한 리스트 객체에 append() 명령으로 추가한다.

72~73 ◆ 뉴스 링크, 제목, 내용, 출처, 등록일, 등록시간 정보를 담은 리스트를 값으로 갖는 딕셔너리를 정의하고, result 변수에 저장한다.

74 ◆ 이 함수는 result 변수에 저장되는 딕셔너리 객체를 리턴한다.

77~78 ◆ 6~7번 라인에서 정리한 search_url 변수의 값('파이썬'을 검색한 결과 페이지의 웹 주소)을 google_news_clipping() 함수에 전달하고, 그 결과를 출력한다. limit 매개변수 값으로 2를 입력하여, 검색은 최대 2개까지만 수행한다(뉴스가 계속 업데이트되므로 표시되는 뉴스 내용은 달라지는 점을 참고한다).

```
100
<div class="xrnccd"><article class="MQsxIb xTewfe R7GTQ keNKEd j7vNaf Cc0Z5d EjqUne"
data-kind="2" data-n-cvid="i4" data-n-et="107" data-n-ham="true" data-n-vlb="0"
jsaction=";rcuQ6b:npT2md; click:KjsqPd;EXlHgb:HQ4Dqd" jscontroller="mhFxVb"

...<<생략>>...

class="XI1L0d" jsname="ksKsZd"></div><span aria-hidden="true" class="DPvwYc ChwdAb
```

Xd067b fAk9Qc" jsname="BC5job">more_vert</span></div></span></menu></div></article></div>

https://news.google.com/articles/CAIiEDeaZoldr8Opr94WVvxTkVoqGQgEKhAIACoHCAow0fvvCjDH0M8CMOPpmgM?hl=ko&gl=KR&ceid=KR%3Ako
글로벌 칼럼 | 파이썬이 기업을 지배하게 될 8가지 이유와 그렇지 않을 8가지 이유
분명 파이썬(Python)이 소프트웨어 개발자들 사이에서 큰 인기를 끌고 있으며 그 인기는 지속적으로 높아질 것이다. 매월 프로그래밍 언어의 인기도를 공개하는 ...
ITWorld Korea
2021-01-29 00:12:15

https://news.google.com/articles/CBMiK2h0dHBzOi8vemRuZXQuY28ua3Ivdmlldy8_bm89MjAyMTAxMjYxNTI0MzXSAQA?hl=ko&gl=KR&ceid=KR%3Ako
파이썬, 역시 최고인기 프로그래밍 언어
인공지능(AI)에 대한 관심이 늘면서 파이썬이 프로그래밍 언어 중 가장 많은 사랑을 받은 것으로 자나타났다. 자바와 C++ 역시 많은 인기를 누렸다. 오라일리 미디어는 ...
ZD넷 코리아
2021-01-26 07:34:00

https://news.google.com/articles/CBMiMWh0dHBzOi8vd3d3LmNvZGluZ3dvcmxkbmV3cy5jb20vYXJ0aWNsZS92aWV3LzIxNTPSAQA?hl=ko&gl=KR&ceid=KR%3Ako
파이썬 라이브러리를 담고 있는 '소켓 프로그래밍', 정확한 개념은 무엇인가
파이썬은 웹 서버와 인공지능, IoT 등 다양한 분야에 사용할 수 있어, 날이 갈수록 그 인기가 증가하고 있다. 웹 개발 전문 매체 디존(DZone)의 보도에 따르면, 현재 14 ...
코딩월드뉴스
2021-01-29 06:43:00

{'link': ['https://news.google.com/articles/CAIiEDeaZoldr8Opr94WVvxTkVoqGQgEKhAIACoHCAow0fvvCjDH0M8CMOPpmgM?hl=ko&gl=KR&ceid=KR%3Ako', 'https://news.google.com/articles/CBMiK2h0dHBzOi8vemRuZXQuY28ua3Ivdmlldy8_bm89MjAyMTAxMjYxNTI0MzXSAQA?hl=ko&gl=KR&ceid=KR%3Ako'], 'title': ['글로벌 칼럼 | 파이썬이 기업을 지배하게 될 8가지 이유와 그렇지 않을 8가지 이유', '파이썬, 역시 최고인기 프로그래밍 언어'], 'contents': ['분명 파이썬(Python)이 소프트웨어 개발자들 사이에서 큰 인기를 끌고 있으며 그 인기는 지속적으로 높아질 것이다. 매월 프로그래밍 언어의 인기도를 공개하는 ...', '인공지능(AI)에 대한 관심이 늘면서 파이썬이 프로그래밍 언어 중 가장 많은 사랑을 받은 것으로 자나타났다. 자바와 C++ 역시 많은 인기를 누렸다. 오라일리 미디어는 ...'], 'agency': ['ITWorld Korea', 'ZD넷 코리아'], 'date': ['2021-01-29', '2021-01-26'], 'time': ['00:12:15', '07:34:00']}

중급

011 구글 뉴스 클리핑하기 ❷

- **학습 내용 :** 검색어를 입력하면 구글 뉴스 검색 결과를 정리하는 함수를 정의한다.
- **힌트 내용 :** urllib 라이브러리의 parse 모듈을 사용하여, 한글 검색어를 URL 코드 형식으로 변환한다.

예제 010에서는 검색 결과 페이지의 웹 주소를 입력받고, 뉴스 제목과 링크 등을 추출했다. 이번에는 함수의 매개변수로 웹 주소 대신 검색어를 직접 입력하는 뉴스 클리핑 함수를 만들어본다.

소스 : 011.py

```
import requests
from bs4 import BeautifulSoup
import urllib

# 구글 뉴스 검색어를 URL 코드 형식으로 인코딩
keyword_input = '파이썬'
keyword = urllib.parse.quote(keyword_input)
print('파이썬 문자열을 URL 코드로 변환: ', keyword)

base_url = "https://news.google.com"
search_url = base_url + "/search?q=" + keyword + "&hl=ko&gl=KR&ceid=KR%3Ako"
print('검색어와 조합한 URL: ', search_url)


# 예제 010을 참조하여 구글 뉴스 클리핑 함수 정의
def google_news_clipping_keyword(keyword_input, limit=5):

    keyword = urllib.parse.quote(keyword_input)

    url = base_url + "/search?q=" + keyword + "&hl=ko&gl=KR&ceid=KR%3Ako"

    resp = requests.get(url)
    html_src = resp.text
    soup = BeautifulSoup(html_src, ' html.parser ')

    news_items = soup.select('div[class="xrnccd"]')
```

```
27:
28:     links=[ ]; titles=[ ]; contents=[ ]; agencies=[ ]; reporting_dates=[ ]; reporting_times=[ ];
29:
30:     for item in news_items[:limit]:
31:         link = item.find('a', attrs={'class':'VDXfz'}).get('href')
32:         news_link = base_url + link[1:]
33:         links.append(news_link)
34:
35:         news_title = item.find('a', attrs={'class':'DY5T1d'}).getText( )
36:         titles.append(news_title)
37:
38:         news_content = item.find('span', attrs={'class':'xBbh9'}).text
39:         contents.append(news_content)
40:
41:         news_agency = item.find('a', attrs={'class':'wEwyrc AVN2gc uQIVzc Sksgp'}).text
42:         agencies.append(news_agency)
43:
44:         news_reporting = item.find('time', attrs={'class':'WW6dff uQIVzc Sksgp'})
45:         news_reporting_datetime = news_reporting.get('datetime').split('T')
46:         news_reporting_date = news_reporting_datetime[0]
47:         news_reporting_time = news_reporting_datetime[1][:-1]
48:         reporting_dates.append(news_reporting_date)
49:         reporting_times.append(news_reporting_time)
50:
51:     result = {'link':links, 'title':titles, 'contents':contents, 'agency':agencies, \
52:               'date':reporting_dates, 'time':reporting_times}
53:
54:     return result
55:
56: # 함수를 실행하여 뉴스 목록 정리
57: search_word = input("검색어를 입력하세요: ")
58: news = google_news_clipping_keyword(search_word, 2)
59: print(news['link'])
60: print(news['agency'])
```

라이브러리를 불러온다. ◆ 1~3

urllib.parse 모듈의 quote( ) 메소드를 이용하면, 문자열을 URL 주소 형식에 맞도록 인코딩할 수 있다. '파이썬'이라는 한글 문자열을 URL 주소 형식으로 변환한 값을 변수 keyword에 저장한다. ◆ 6~8

10~12 구글 뉴스 웹 페이지의 루트 디렉터리(https://news.google.com)를 base_url에 저장한다. 예제 010의 6~7번 라인의 주소(https://news.google.com/search?q=파이썬&hl=ko&gl=KR&ceid=KR%3Ako)에서 '파이썬' 문자열을 URL 주소 형식으로 바꾼 것과 같이 한글 검색어를 포함한 검색 결과 페이지의 URL을 조합하여 정의한다.

16~54 예제 010의 코드와 앞서 다룬 1~12번 라인의 한글 검색어를 URL 주소로 변환하는 코드를 사용하여, 구글 뉴스 검색어(keyword_input)를 입력받아 그 결과를 리턴하는 함수를 정의한다.

18 함수의 매개변수로 입력되는 문자열(keyword_input)을 URL 주소 형식에 맞도록 변환한다.

20 검색 결과 페이지의 URL을 조합하여 완성한다.

22~54 예제 010의 코드 43~74번 라인과 동일하다.

57 input() 함수를 이용하여 검색어를 키보드로 입력받는다(이 책의 실행 결과는 검색어를 "파이썬"으로 입력한 결과를 보여준다).

58 키보드로 입력받는 검색어(search_word)와 검색하려는 뉴스의 최대 개수를 2로 설정한다.

59~60 뉴스 링크와 출처를 출력한다. 각각 원소 2개를 갖는 리스트 형태로 확인된다.

결과

```
파이썬 문자열을 URL 코드로 변환:  %ED%8C%8C%EC%9D%B4%EC%8D%AC
검색어와 조합한 URL:  https://news.google.com/search?q=%ED%8C%8C%EC%9D%B4%EC%8D
%AC&hl=ko&gl=KR&ceid=KR%3Ako

검색어를 입력하세요: 파이썬
['https://news.google.com/articles/CAIiEDeaZoIdr8Opr94WVvxTkVoqGQgEKhAIACoHCAow0fvvCjD
H0M8CMOPpmgM?hl=ko&gl=KR&ceid=KR%3Ako', 'https://news.google.com/articles/CBMiK2h0d
HBzOi8vemRuZXQuY28ua3Ivdmlldy8_bm89MjAyMTAxMjYxNTI0MzXSAQA?hl=ko&gl=KR&ceid=KR
%3Ako']
['ITWorld Korea', 'ZD넷 코리아']
```

동적 웹 페이지 ❶ 다나와 자동 로그인

중급 012

- **학습 내용 :** 웹 브라우저 제어 도구를 사용하여 웹 사이트에 ID, PW를 입력하여 로그인하는 과정을 이해한다.
- **힌트 내용 :** 셀레니움(selenium)을 이용하여 텍스트 입력, 버튼 누르기 등의 동작을 직접 제어할 수 있다.

크롬 웹드라이버 설치

웹 브라우저에서 지원하는 웹드라이버를 설치해야 한다. 이 책은 크롬(버전 75) 기준으로 설명한다.

❶ 사용 중인 크롬 웹 브라우저의 버전을 확인한다. 그림과 같이 크롬 도구설정 제어판에서 [도움말 – Chrome 정보] 순서로 메뉴를 클릭하면 된다.

| 그림 1-11 | 크롬 웹 브라우저 버전 확인

❷ 크롬 웹드라이버를 공식 홈페이지(https://chromedriver.chromium.org/downloads)에서 다운로드한다. 이때 사용하고 있는 크롬 웹 브라우저의 버전에 맞게 선택한다.

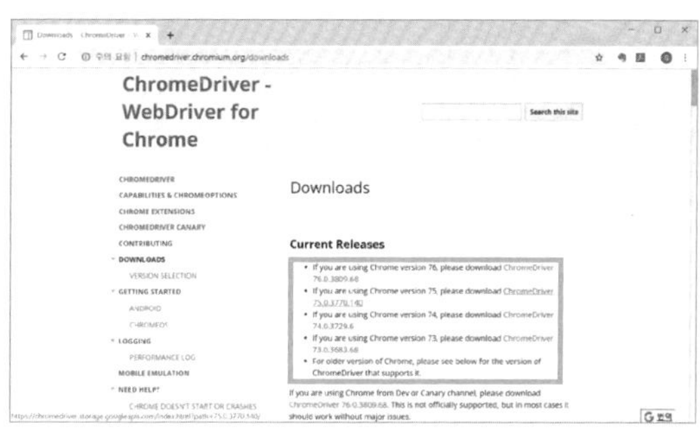

| 그림 1-12 | 크롬 웹드라이버 다운로드

❸ 설치 파일 중에서 각자의 OS에 맞는 웹드라이버를 선택한다(이 책은 윈도우 기준으로 설명한다).

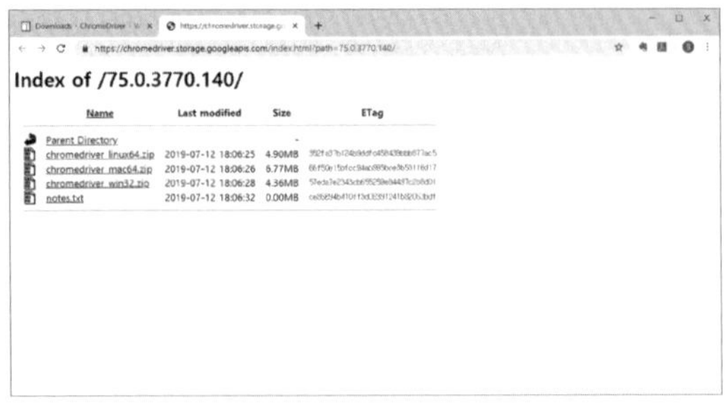

| 그림 1-13 | 크롬 웹드라이버 다운로드 파일

❹ 다운로드 파일의 압축을 풀고 원하는 폴더에 저장한다. 여기서는 파이썬 실행 파일이 있는 폴더의 하위 폴더(./Selenium)에 저장하는 것으로 가정한다.

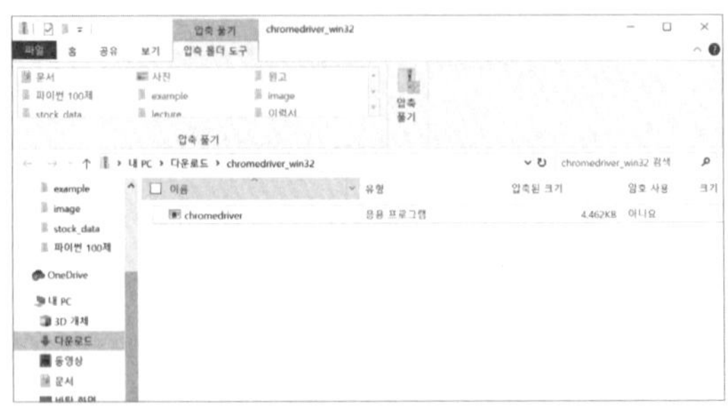

| 그림 1-14 | 크롬 웹드라이버 다운로드 파일 압축 풀기

셀레니움 설치

❶ 아나콘다 내비게이터를 실행한다. Environments 메뉴에서 검색 조건을 'Not Installed'로 선택하고 'selenium'을 검색한다.

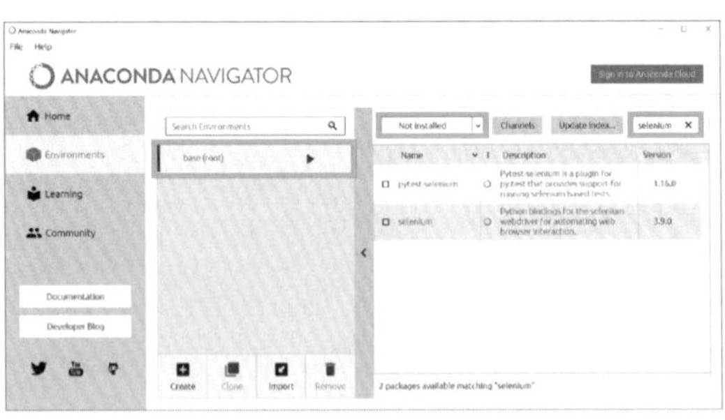

| 그림 1-15 | 셀레니움 검색

❷ 'selenium'에 체크한 후 오른쪽 하단의 [Apply] 버튼을 클릭하면 설치가 시작된다.

| 그림 1-16 | 셀레니움 설치

❸ 필요한 패키지 구조를 분석한다.

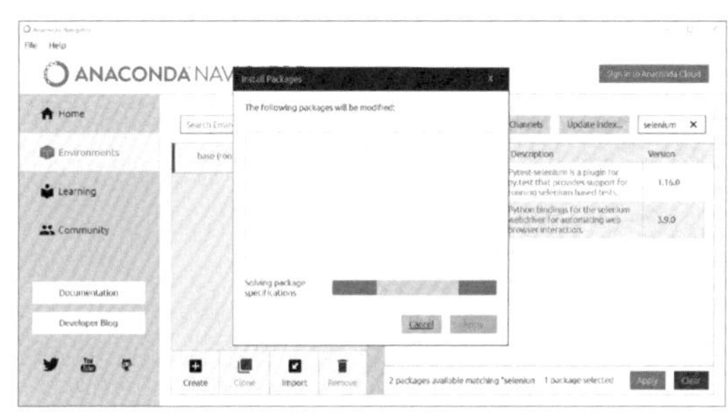

| 그림 1-17 | 패키지 구조 분석

❹ 필요한 패키지를 모두 설치한다. [Apply] 버튼을 누르면 설치가 진행된다.

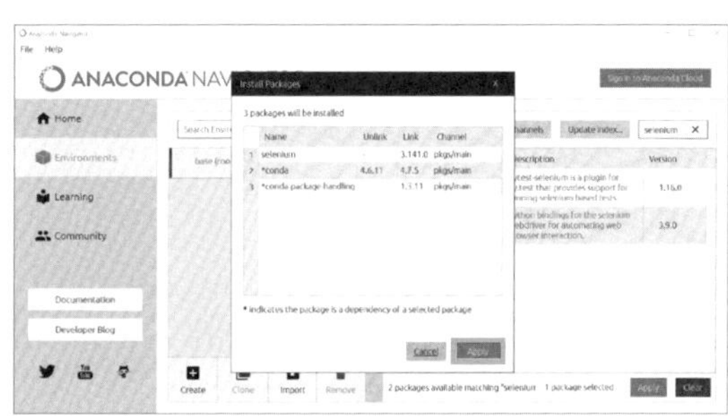

| 그림 1-18 | 패키지 설치

로봇 배제 표준 확인

셀레니움 설치가 끝나면 다나와 웹 사이트의 로봇 배제 표준인 robots.txt 내용을 확인한다. 모든 로봇(*)에게 특정 디렉터리(/user_report/)에 대한 접근을 제한하고 있지만 나머지 디렉터리는 허용하고 있는 것으로 보인다. 다만 HMSE_Robot 로봇에 대해서는 접근을 금지하고 있고, 일부 특정 로봇들에 대해서는 속도를 제한하고 있다.

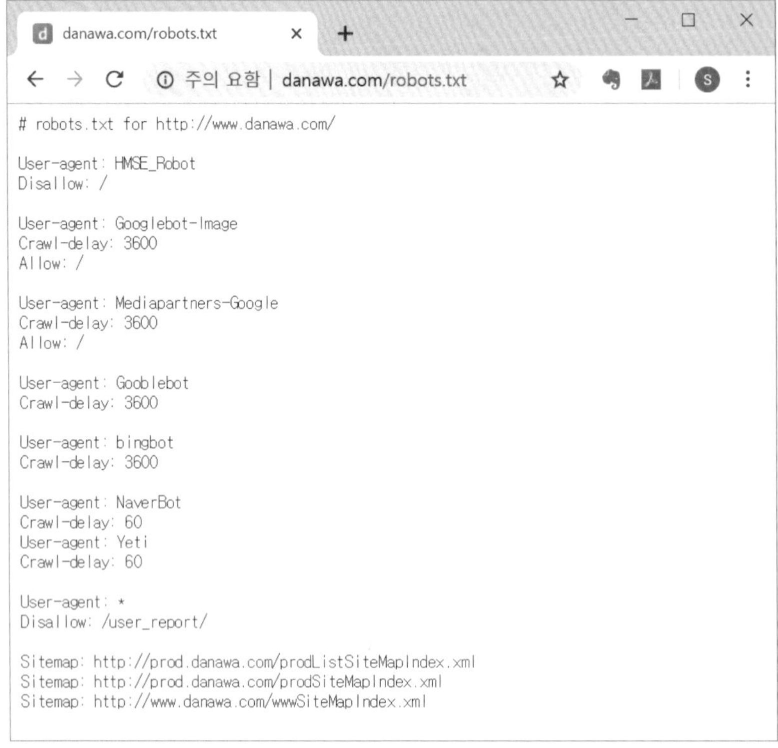

danawa.com/robots.txt
주의 요함 | danawa.com/robots.txt
robots.txt for http://www.danawa.com/
User-agent: HMSE_Robot
Disallow: /
User-agent: Googlebot-Image
Crawl-delay: 3600
Allow: /
User-agent: Mediapartners-Google
Crawl-delay: 3600
Allow: /
User-agent: Gooblebot
Crawl-delay: 3600
User-agent: bingbot
Crawl-delay: 3600
User-agent: NaverBot
Crawl-delay: 60
User-agent: Yeti
Crawl-delay: 60
User-agent: *
Disallow: /user_report/
Sitemap: http://prod.danawa.com/prodListSiteMapIndex.xml
Sitemap: http://prod.danawa.com/prodSiteMapIndex.xml
Sitemap: http://www.danawa.com/wwwSiteMapIndex.xml

그림 1-19 다나와 로봇 배제 표준

소스 : 012.py

```
from selenium import webdriver

driver = webdriver.Chrome("./Selenium/chromedriver")
driver.implicitly_wait(3)
driver.get("https://www.danawa.com/")

# 다나와 메인화면의 로그인 버튼을 누르는 작업 실행
login = driver.find_element_by_css_selector('li.my_page_service > a')
print("HTML 요소: ", login)
print("태그 이름: ", login.tag_name)
print("문자열: ", login.text)
print("href 속성: ", login.get_attribute('href'))

```

```
14: login.click( )
15: driver.implicitly_wait(3)
16:
17: # 아이디/비밀번호를 입력하고 로그인하기 버튼을 누르는 작업 실행
18: my_id = "----본인 아이디 입력하세요----"
19: my_pw = "----본인 패스워드 입력하세요----"
20:
21: driver.find_element_by_id('danawa-member-login-input-id').send_keys(my_id)
22: driver.implicitly_wait(2)
23: driver.find_element_by_name('password').send_keys(my_pw)
24: driver.implicitly_wait(2)
25: driver.find_element_by_css_selector('button.btn_login').click( )
```

라이브러리를 불러온다. ◆ 1

webdriver 모듈의 Chrome 함수를 사용하여 크롬 웹드라이버를 실행하고 변수 driver에 저장한다. ◆ 3

크롬 웹드라이버를 로딩하기 위해 3초간 대기한다. ◆ 4

get( ) 메소드를 이용하여 크롬 웹드라이버에서 다나와 웹 사이트를 실행한다. ◆ 5

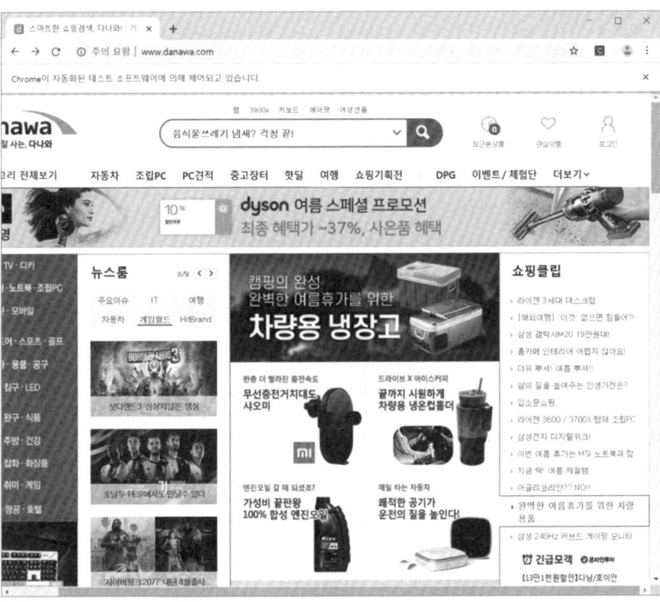

| 그림 1-20 | 크롬 웹드라이버 실행

8 앞에서 실행한 크롬 웹드라이버 창을 그대로 두고 새로운 윈도우 창을 열어 다나와 웹 사이트에 접속한다. 크롬 개발자 도구(Ctrl+Shift+Enter)를 실행하고, 로그인 메뉴 버튼의 CSS 속성을 확인한다. 로그인 버튼은 class 속성값이 'my_page_service'인 〈li〉 태그의 자식 요소인 〈a〉 태그라는 것을 알 수 있다. 크롬 웹드라이버 객체에 find_element_by_css_selector() 메소드를 적용하여 해당하는 HTML 요소를 찾아서 변수 login에 저장한다.

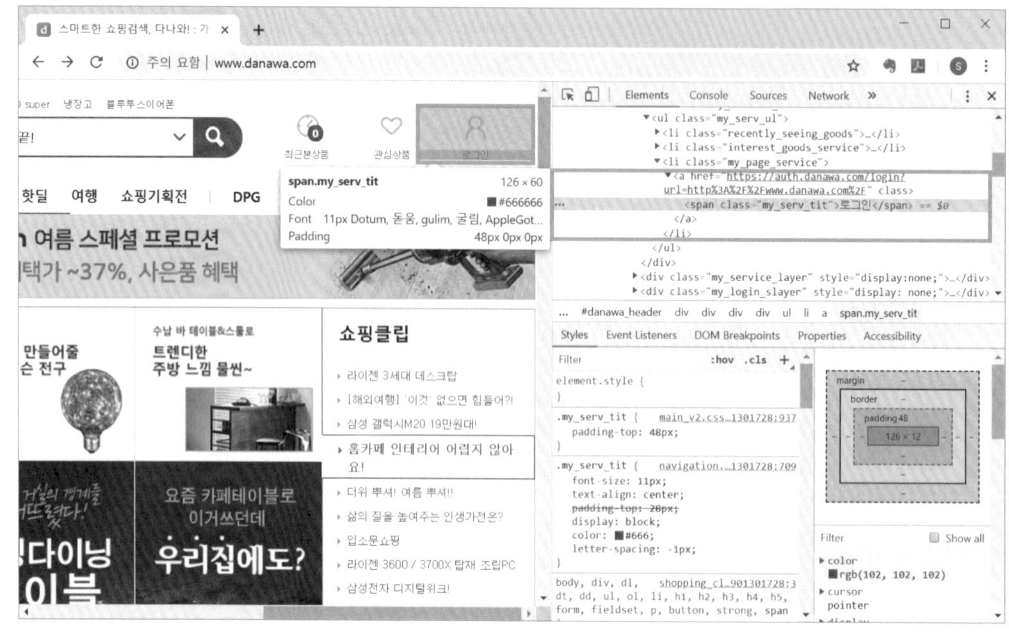

| 그림 1-21 | 크롬 웹 브라우저에서 실행

9~12 변수 login이 가리키는 객체, 태그명(tag_name 속성), 문자열(text 속성), href 속성값(get_attribute 메소드)을 순차적으로 출력한다.

14 login 객체에 click() 메소드를 적용하면, 웹 페이지의 로그인 메뉴 버튼을 마우스로 클릭하는 동작을 테스트(자동화)한다. 따라서, 크롬 웹드라이버 창에서 로그인 버튼을 클릭하게 된다.

15 새로운 웹 페이지가 로딩되는 시간을 위해 3초간 대기한다.

18~19 다나와 웹 사이트에 회원가입하고 발급받은 아이디, 패스워드를 따옴표 부분에 입력한다.

21 find_element_by_id() 메소드는 매개변수에 전달되는 id 속성값을 갖는 첫 번째 HTML 태그를 찾는다. id 속성값이 'danawa-member-login-input-id'인 아이디 입력 필드에 해당하는 HTML 요소를

찾고, 18번 라인에서 입력한 아이디 값을 send_keys() 메소드의 매개변수로 전달한다. 웹 페이지의 아이디 입력 필드에 아이디 값이 자동으로 입력된다.

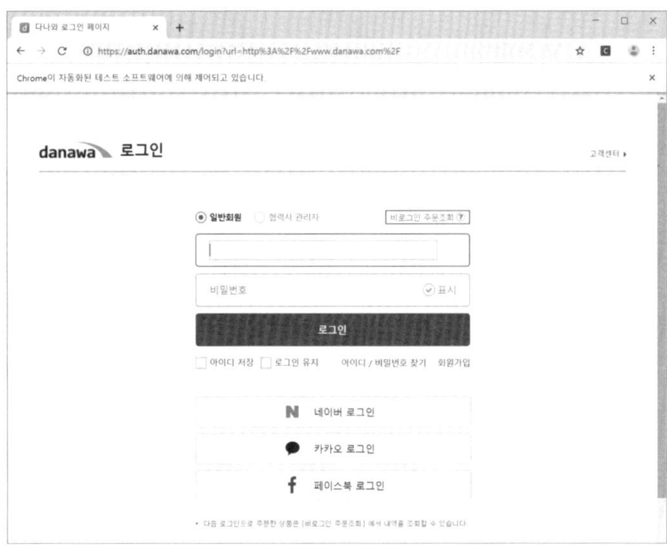

| 그림 1-22 | 크롬 웹드라이버-아이디 입력 필드 확인

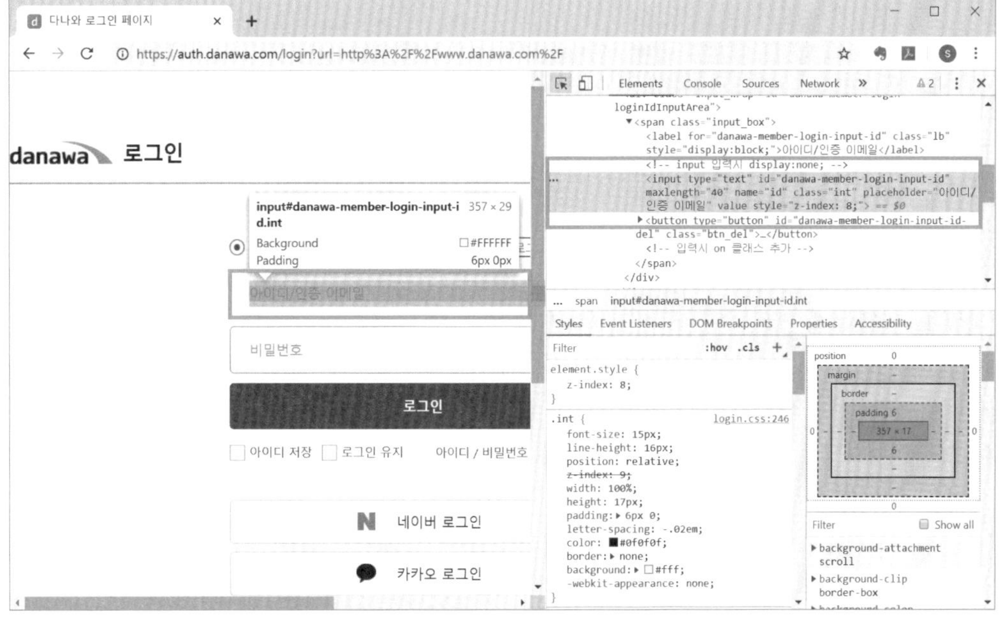

| 그림 1-23 | 크롬 개발자 도구-아이디 입력 필드 선택

22 ◆ 아이디가 입력되는 시간을 주기 위해 2초간 대기한다.

23 ◆ find_element_by_name() 메소드는 매개변수로 전달된 name 속성값을 갖는 첫 번째 HTML 태그를 찾는다. 이를 활용하여 패스워드 입력 필드에 해당하는 HTML 요소(name 속성의 값이 'password'인 태그)를 찾고, 19번 라인에서 입력한 패스워드를 send_keys() 메소드에 달한다. 패스워드 입력 필드에 자동으로 입력된다.

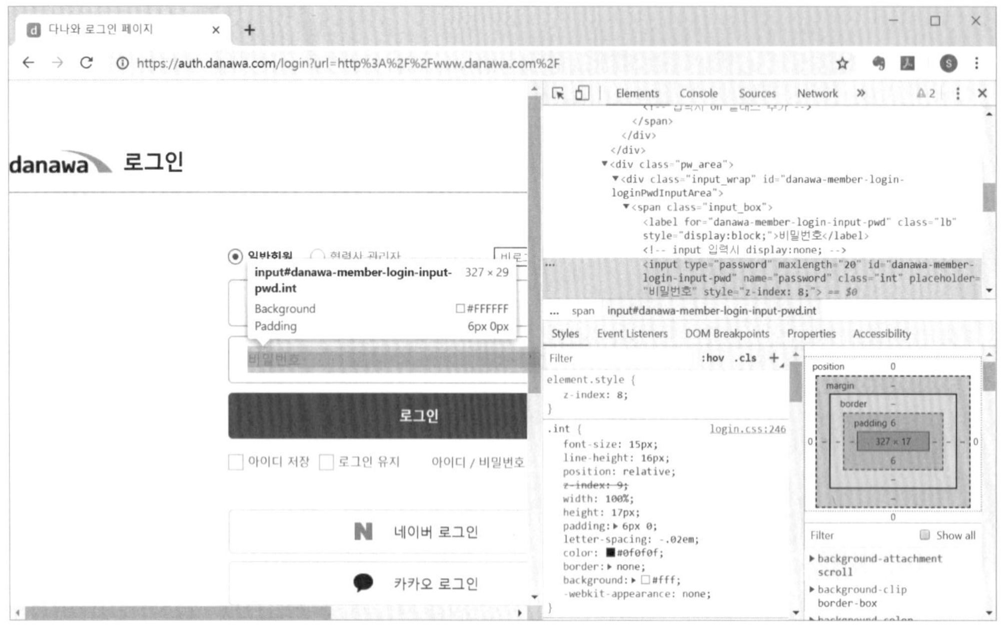

| **그림 1-24** | 개발자 도구-비밀번호 입력 요소 선택

24 ◆ 패스워드가 입력되는 시간을 주기 위해 2초간 대기한다.

25 ◆ [그림 1-25]에서 [로그인] 버튼에 해당하는 태그를 CSS 속성을 이용하여 먼저 찾는다. class 속성값이 'btn_login'인 〈button〉 태그이다. 이 객체에 click() 메소드를 적용하면 버튼을 클릭하는 동작을 자동으로 처리한다. [그림 1-26]과 같이 크롬 웹드라이버 창에서 다나와 사이트에 로그인되는 것을 확인할 수 있다.

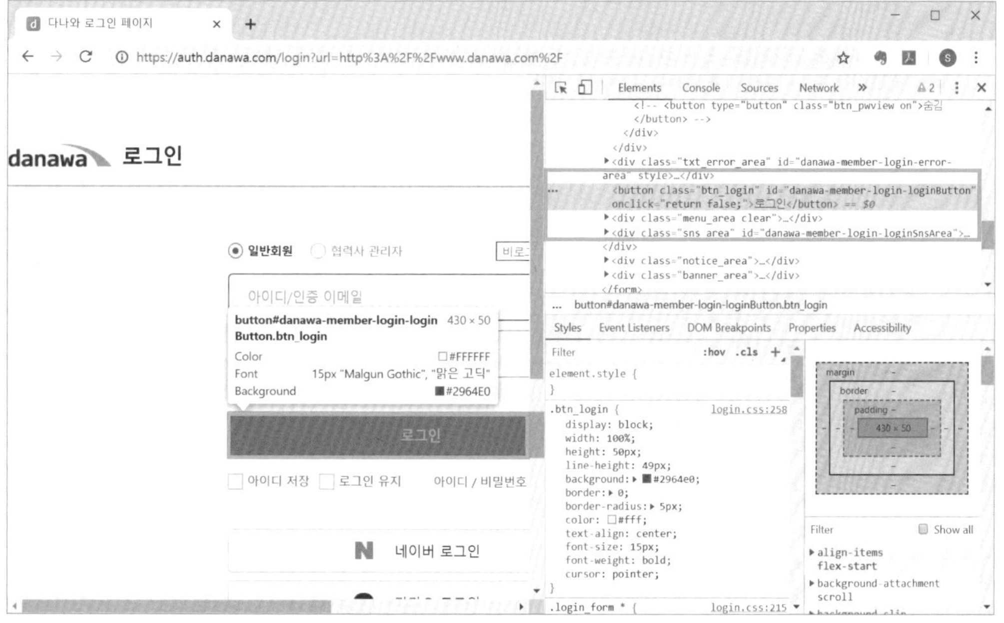

그림 1-25 | 개발자 도구 - 로그인 버튼 요소 선택

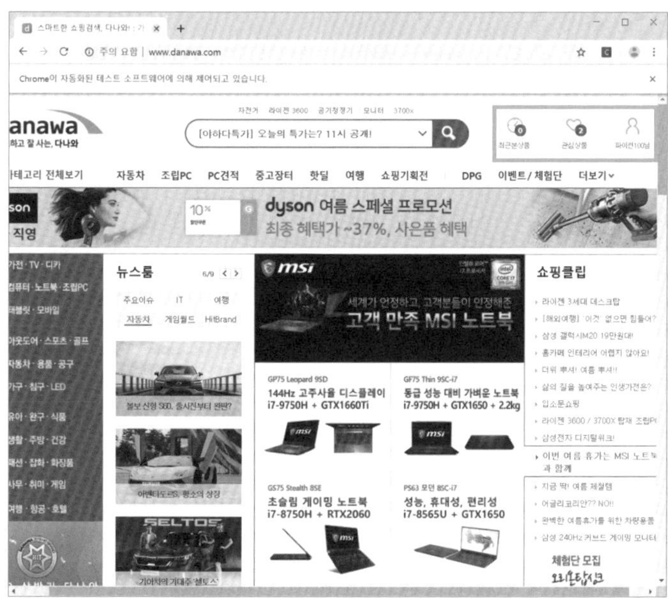

그림 1-26 | 다나와 자동 로그인 실행 결과

HTML 요소: <selenium.webdriver.remote.webelement.WebElement (session="fd3959dea77404578c9e788e91bbefed", element="f86d5a35-6fdb-4be8-91d6-0d95eba87f6a")>
태그 이름: a
문자열: 로그인
href 속성: https://auth.danawa.com/login?url=http%3A%2F%2Fwww.danawa.com%2F

동적 웹 페이지 ❷ 다나와 관심목록 가져오기

중급 013

• **학습 내용 :** 자바스크립트로 구현되는 동적 웹 페이지 정보를 가져오는 방법을 배운다.
• **힌트 내용 :** 웹드라이버를 이용하면, 최종적으로 변경된 동적 HTML 문서를 해석할 수 있다.

동적 웹 페이지

자바스크립트를 이용하여 동적으로 작동하는 웹 페이지는 HTML 소스 보기를 해도 태그 구조를 파악할 수 없는 경우가 많다. 다시 말해, HTML이 동적으로 변화하고 난 뒤의 최종 문서 구조(DOM)를 제대로 보여주지 않는다. 앞에서 다룬 requests와 BeautifulSoup을 이용하는 방식으로는 스크래핑이 불가능하다.

이때 selenium과 같은 웹 브라우저 제어 도구를 사용하면 동적으로 변화하는 최종 DOM 구조를 확인할 수 있다. 속도가 느리다는 단점이 있지만 페이지 소스 보기를 통해 HTML 태그를 직접 확인할 수 있고, BeautifulSoup이나 selenium의 선택 도구를 이용하여 정보를 추출할 수 있다.

예제를 실행하기에 앞서, 다나와 웹 사이트에 로그인한 후 관심목록에 다음과 같이 2개의 상품을 미리 등록하는 것으로 가정한다.

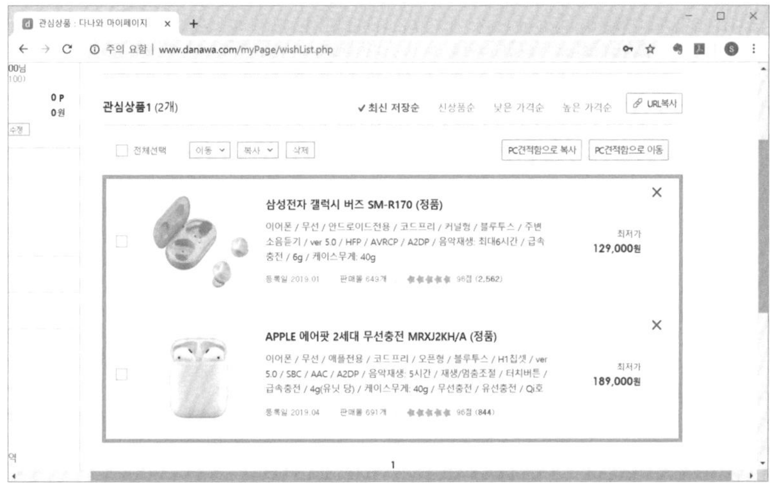

| 그림 1-27 | 다나와 관심 상품 목록

소스 : 013.py

```
from selenium import webdriver

driver = webdriver.Chrome("./Selenium/chromedriver")
driver.implicitly_wait(3)
driver.get("https://www.danawa.com/")

# 다나와 메인화면의 로그인 버튼을 누르는 작업 실행
login = driver.find_element_by_css_selector('li.my_page_service > a')
login.click( )
driver.implicitly_wait(3)

# 아이디/비밀번호를 입력하고 로그인하기 버튼을 누르는 작업 실행
my_id = "----본인 아이디 입력하세요----"
my_pw = "----본인 패스워드 입력하세요----"

driver.find_element_by_id('danawa-member-login-input-id').send_keys(my_id)
driver.implicitly_wait(2)
driver.find_element_by_name('password').send_keys(my_pw)
driver.implicitly_wait(2)
driver.find_element_by_css_selector('button.btn_login').click( )
driver.implicitly_wait(2)

# 관심상품 목록 HTML 페이지 가져오기
wishlist = driver.find_element_by_css_selector('li.interest_goods_service > a').click( )
driver.implicitly_wait(2)
html_src = driver.page_source
driver.close( )
print(html_src[:500])
print("\n")

# 관심상품 목록 HTML 페이지를 BeautifulSoup으로 파싱하기
from bs4 import BeautifulSoup
import re
soup = BeautifulSoup(html_src, 'html.parser')

wish_table = soup.select('table[class="tbl wish_tbl"]')[0]
wish_items = wish_table.select('tbody tr')

```

```
39: for item in wish_items:
40:     title = item.find('div', {'class':'tit'}).text
41:     price = item.find('span', {'class':'price'}).text
42:     link = item.find('a', href=re.compile('prod.danawa.com/info/')).get('href')
43:     print(title)
44:     print(price)
45:     print(link)
46:     print("\n")
```

다나와 웹 사이트에 아이디, 패스워드를 입력하고 자동 로그인하는 과정을 수행한다(예제 012 참조). ◆ 1~21

click() 메소드로 관심상품 목록 메뉴를 클릭하는 동작을 처리한다. CSS 선택자를 이용하여 class 속성값이 'interest_goods_service'인 〈li〉 태그의 자식 요소 〈a〉 태그를 찾을 수 있다. [그림 1-28]에서는 〈a〉 태그의 하위 요소인 〈span〉 태그가 표시되는데, 이 태그의 상위 태그인 〈a〉 태그를 선택한다. ◆ 24

| 그림 1-28 | 개발자 도구-관심상품 목록 요소 선택

25 웹 페이지가 로딩하는 시간을 주기 위해 2초간 대기한다.

26 동적으로 변화된 최종 HTML 문서의 소스코드를 driver 객체의 pager_source 속성에서 가져온다. 변수 html_src에 저장한다.

27 크롬 웹드라이버를 종료한다(크롬 웹드라이버 창이 닫힌다).

28 변수 html_src에 저장되는 HTML 소스코드는 문자열이다. 첫 500개의 글자를 출력해본다.

32~33 HTML 소스코드를 해석하기 위하여 BeautifulSoup과 정규식 패턴을 처리하기 위한 re 모듈을 불러온다.

34 html_src에 저장되어 있는 HTML 소스코드를 'html.parser' 파서를 적용하여 해석하고, 그 결과를 변수 soup에 저장한다.

36 관심 상품 목록이 나타내는 DOM 요소를 선택하면, class 속성값이 "tbl wish_tbl"인 〈table〉 태그인 것을 알 수 있다. select() 메소드로 검색한 〈table〉 태그 중에서 첫 번째 요소이다.

| 그림 1-29 | 개발자 도구-관심상품 목록 〈table〉 요소 선택

36번 라인에서 찾은 〈table〉에서 〈tbody〉의 하위 태그인 〈tr〉 태그에 관심상품의 정보가 각각 들어 있다. ◆ 37

관심상품 목록에 들어 있는 개별 상품의 정보를 추출한다. class 속성값이 "tit"인 〈div〉 태그에 상품명이 들어 있다. text 속성으로 추출할 수 있다. 그리고, class 속성값이 "price"인 〈span〉 태그에 가격 정보가 들어 있다. 상세정보로 연결되는 하이퍼링크는 〈a〉 태그에 들어 있는데 href 속성값을 get() 메소드로 추출한다. ◆ 39~45

결과

```
<html xmlns="http://www.w3.org/1999/xhtml" xml:lang="ko" lang="ko"><head>
<title>관심상품 : 다나와 마이페이지</title>
<!-- <meta http-equiv="Content-Type" content="text/html; charset=utf-8"/> -->
<meta http-equiv="Content-Type" content="text/html; charset=utf-8"><meta http-equiv="X-UA-Compatible" content="IE=edge"><meta name="Title" content="관심상품 : 다나와 마이페이지"><meta name="Description" content="다나와는 온라인 전제품에 대한 가격비교 사이트입니다. 안전구매시스템(전자보증,Escrow)을 갖춘 쇼핑몰의 최저 가격 정보를 보여드리며, 다양한 각도의 상품 사진, 상세 설명, 소비자 의견 등을 한곳에서 볼


삼성전자 갤럭시 버즈 SM-R170 (정품)
159,500원
http://prod.danawa.com/info/?pcode=7133293


APPLE 에어팟 2세대 무선충전 MRXJ2KH/A (정품)
184,040원
http://prod.danawa.com/info/?pcode=7658086
```

한국은행 경제통계시스템 통계지표 활용하기 ①

- **학습 내용 :** 셀레니움을 활용하여 웹 페이지에서 파일 다운로드를 실행한다.
- **힌트 내용 :** 웹 페이지에서 파일 다운로드 버튼에 해당하는 태그 요소를 click( ) 메소드로 클릭 처리한다.

한국은행 경제통계시스템(https://ecos.bok.or.kr/)에서는 '100대 통계지표'를 엑셀 파일로 다운로드하는 서비스를 제공한다. 셀레니움을 통해서 파일 다운로드 버튼을 누르는 동작을 직접 제어하는 방식으로 다운로드할 수 있다.

스크래핑을 진행하기 전에 한국은행 사이트의 로봇 배제 표준인 robots.txt 내용을 확인한다. 이 책을 쓰는 현시점에서는 로봇의 접근에 별다른 제한을 두지 않고 있다. 단, 3개 디렉터리에 대한 접근은 차단하고 있다.

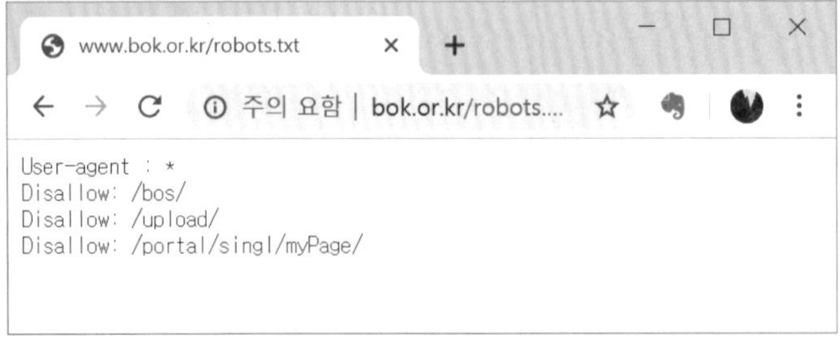

| **그림 1-30** | 한국은행 로봇 배제 표준

소스 : 014.py

```
from selenium import webdriver
import time

# 100대 통계지표 엑셀 다운로드
def download_bok_statistics( ):

    driver = webdriver.Chrome("./Selenium/chromedriver")
    driver.implicitly_wait(3)
    driver.get("http://ecos.bok.or.kr/jsp/vis/keystat/#/key")
```

```
10:
11:
12:        excel_download = driver.find_element_by_css_selector('img[alt="download"]')
13:        driver.implicitly_wait(3)
14:
15:        excel_download.click( )
16:        time.sleep(5)
17:
18:        driver.close( )
19:        print("파일 다운로드 실행...")
20:
21:        return None
22:
23:
24:   # 함수 실행 - 100대 통계지표 엑셀 다운로드
25:   download_bok_statistics( )
```

라이브러리를 불러온다. 1~2

100대 통계지표를 엑셀 파일로 다운로드하는 함수를 정의한다. 5~21

크롬 웹드라이버를 실행하고 한국은행 경제통계시스템 웹 페이지를 불러온다. 7~9

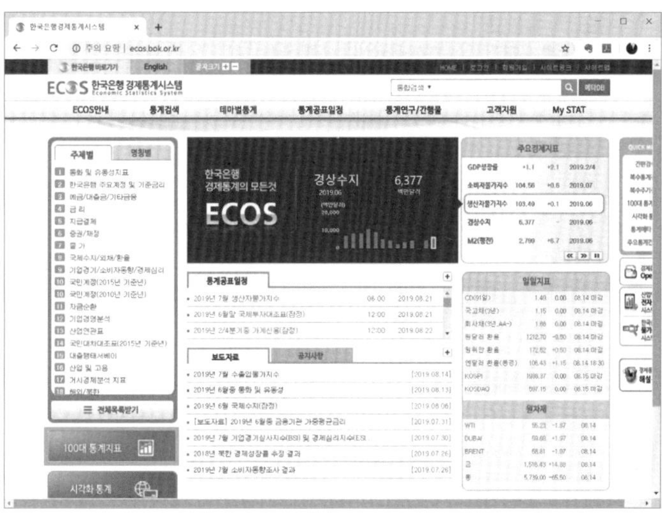

| 그림 1-31 | 한국은행 경제통계시스템

12 크롬 웹 브라우저를 새로운 윈도우 창에 별도로 실행하고, Ctrl + Shift + Enter 를 클릭하여 크롬 개발자 도구를 실행한다. 파일 다운로드 버튼의 CSS 속성을 확인한다. alt 속성값이 "download"인 〈img〉 태그이므로, find_element_by_css_selector( ) 메소드를 이용하여 찾는다. 변수 excel_download에 저장한다.

| **그림 1-32** | 한국은행 경제통계시스템-100대 통계지표

15 excel_download 객체에 click( ) 메소드를 적용하면 크롬 웹드라이버 실행 창에서 다운로드 버튼을 클릭하는 동작을 처리한다.

18 크롬 웹드라이버를 종료한다(크롬 윈도우가 닫힌다).

21 이 함수는 리턴 값을 갖지 않는 것으로 설정한다.

25 함수를 실행하여 엑셀 파일을 다운로드 받는다. 다운로드 폴더에 저장된 파일을 열면 [그림 1-33]과 같다.

파일 다운로드 실행...

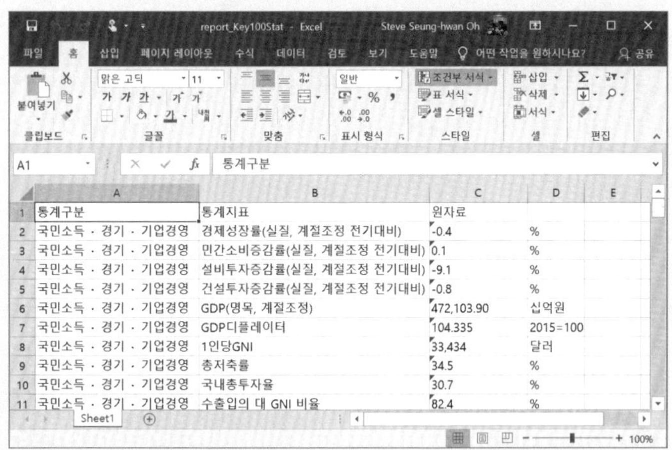

	A	B	C	D	E
1	통계구분	통계지표	원자료		
2	국민소득 · 경기 · 기업경영	경제성장률(실질, 계절조정 전기대비)	-0.4	%	
3	국민소득 · 경기 · 기업경영	민간소비증감률(실질, 계절조정 전기대비)	0.1	%	
4	국민소득 · 경기 · 기업경영	설비투자증감률(실질, 계절조정 전기대비)	-9.1	%	
5	국민소득 · 경기 · 기업경영	건설투자증감률(실질, 계절조정 전기대비)	-0.8	%	
6	국민소득 · 경기 · 기업경영	GDP(명목, 계절조정)	472,103.90	십억원	
7	국민소득 · 경기 · 기업경영	GDP디플레이터	104.335	2015=100	
8	국민소득 · 경기 · 기업경영	1인당GNI	33,434	달러	
9	국민소득 · 경기 · 기업경영	총저축률	34.5	%	
10	국민소득 · 경기 · 기업경영	국내총투자율	30.7	%	
11	국민소득 · 경기 · 기업경영	수출입의 대 GNI 비율	82.4	%	

| **그림 1-33** | Excel 파일(data/report_Key100Stat.xls)

한국은행 경제통계시스템 통계지표 활용하기 ❷

- **학습 내용 :** 한국은행 경제통계시스템의 100대 통계지표 중 하나의 통계지표를 검색하여 상세화면 정보를 스크래핑하는 과정을 살펴본다.
- **힌트 내용 :** 100대 통계지표를 나타내는 HTML 태그에 CSS 스타일 속성이 조금씩 다르게 적용되어 있다.

소스 : 015.py

```
from selenium import webdriver
from bs4 import BeautifulSoup
import time

# 통계지표 검색어를 입력하여, CSV 파일로 저장하기
def download_bok_statistics_by_keyword( ):

    item_found = 0
    while not item_found:

        # 검색어 초기화
        keyword = ""
        while len(keyword) == 0:
            keyword = str(input("검색할 항목을 입력하세요: "))

        # 웹드라이버 실행
        driver = webdriver.Chrome("./Selenium/chromedriver")
        driver.implicitly_wait(3)
        driver.get("http://ecos.bok.or.kr/jsp/vis/keystat/#/key")
        time.sleep(5)

        items1 = driver.find_elements_by_css_selector('a[class="ng-binding"]')
        items2 = driver.find_elements_by_css_selector('a[class="a-c1-list ng-binding"]')
        items3 = driver.find_elements_by_css_selector('a[class="a-c4-list ng-binding"]')
        driver.implicitly_wait(3)

        items = items1[1:] + items2 + items3

        for idx, item in enumerate(items):
```

```
            if keyword in item.text:
                print("검색어 '%s'에 매칭되는 '%s' 통계지표를 검색 중..." % (keyword, item.text))
                item.click( )
                item_found = 1
                time.sleep(5)
                break
            elif idx == (len(items) - 1):
                print("검색어 '%s'에 대한 통계지표가 존재하지 않습니다..." % keyword)
                driver.close( )
                continue
            else:
                pass


    # 검색결과 로딩 HTML 웹 페이지를 파싱 - 통계지표 테이블(표) 양식 정리
    html_src = driver.page_source
    soup = BeautifulSoup(html_src, 'html.parser')
    driver.close( )

    table_items = soup.find_all('td', {'class':'ng-binding'})
    date = [t.text for i, t in enumerate(table_items) if i % 3 == 0]
    value = [t.text for i, t in enumerate(table_items) if i % 3 == 1]
    change = [t.text for i, t in enumerate(table_items) if i % 3 == 2]

    # CSV 파일로 저장
    result_file = open('./data/bok_statistics_%s.csv' % keyword, 'w')

    for i in range(len(date)):
        result_file.write("%s, %s, %s" % (date[i], value[i], change[i]))
        result_file.write('\n')

    result_file.close( )
    print("키워드 '%s'에 대한 통계지표를 저장하였습니다." % keyword)

    return date, value, change


#함수 실행 - 'CD수익률' 통계지표를 별도로 검색, CSV 파일로 저장
result = download_bok_statistics_by_keyword( )
print(result)
```

1~3 ◆ 라이브러리를 불러온다.

6~64 ◆ 100대 통계지표 중에서 키워드 검색을 통해 상세정보를 가져오는 작업을 처리할 함수를 정의한다.

8 ◆ 키워드 검색 여부를 나타내기 위해 변수(item_found) 값을 0으로 초기화한다. 이후 코드 실행 과정에서 키워드를 찾으면 1(True)로 변경한다.

9 ◆ item_found 값이 0(False)이면, 계속 while 반복문을 수행한다. 즉, 키워드에 해당하는 아이템을 찾을 때까지 계속 반복문을 수행한다.

12 ◆ 검색어 keyword 값을 초기화한다.

13 ◆ keyword의 문자열의 길이가 0이면, 14번 라인을 계속 반복 처리한다. 즉, 검색 키워드를 키보드 입력방식으로 계속 입력받는다.

14 ◆ input( ) 함수로 키워드를 입력받아서 변수 keyword에 저장한다.

17~20 ◆ 크롬 웹드라이버를 실행하고 한국은행 경제통계시스템 웹 페이지를 불러온다.

22~25 ◆ 100대 통계지표 항목을 나타내는 각 요소들을 CSS 속성을 이용하여 선택한다. 각 요소들을 크롬 개발자 도구로 선택해서 분류하면, 총 3가지 유형의 CSS 속성을 가지고 있다(추후 사이트가 변경될 가능성이 있음에 유의한다).

27 ◆ 3가지 유형의 속성을 갖는 각각의 요소들을 하나의 리스트(items)로 통합한다. items1의 첫 번째 원소는 웹 페이지 왼쪽 위에 있는 버튼을 나타내기 때문에 items1[1:]과 같이 제외한다.

29 ◆ for 반복문을 사용하여, items 리스트에 들어 있는 HTML 요소를 하나씩 꺼내어 처리한다.

30 ◆ item 객체의 text 값에 keyword 문자열이 포함되어 있으면 참(True)이므로 다음 문장을 수행한다. 참이 아니라면, 36번 라인의 elif 문과 40번 라인의 else 문을 순차적으로 처리한다.

31~35 ◆ keyword 값에 해당하는 item을 찾은 것이므로, click( ) 메소드을 이용하여 item 요소를 마우스로 클릭하는 동작을 수행한다. item_found 값을 1(True)로 변경하고, break 문을 이용하여 while 반복문 밖으로 벗어난다. 따라서, 44번 라인으로 이동하여 프로그램을 처리한다.

36~39 ◆ items에 들어 있는 마지막 item까지 keyword 값이 포함되는 item을 찾지 못한 경우, close( ) 메소드를 이용하여 크롬 웹드라이버를 종료한다. continue 명령에 의해 13번 라인으로 돌아가서 while 반복문을 계속 처리한다. 새로운 검색 키워드를 입력받는다.

나머지 경우에는 아무런 작업도 수행하지 않는다. 40~41

크롬 웹드라이버가 종료되지 않고 살아 있다면, 30번 라인의 if 구문에 의하여 keyword에 해당하는 45~47
통계지표 검색에 성공했을 경우 while 반복문을 빠져나와 실행된다. 선택된 드라이버에는 통계지표 상세정보 페이지가 로딩되어 있으므로 HTML 소스코드를 page_source 속성을 이용하여 가져온다. BeautifulSoup으로 파싱한 결과를 soup 변수에 저장하고 크롬 웹드라이버를 종료한다.

[그림 1-34]에서 박스로 표시된 부분의 표 데이터를 가져오려고 한다. 크롬 개발자 도구로 〈td〉 태 49~52
그 중에서 class 속성값이 'ng-binding'인 태그를 모두 찾는다. 시점, 지표, 전기대비증감 순의 리스트로 반환되어 table_items 변수에 저장한다. 각 값들을 순서대로 date, value, change 변수에 나누어 담는다.

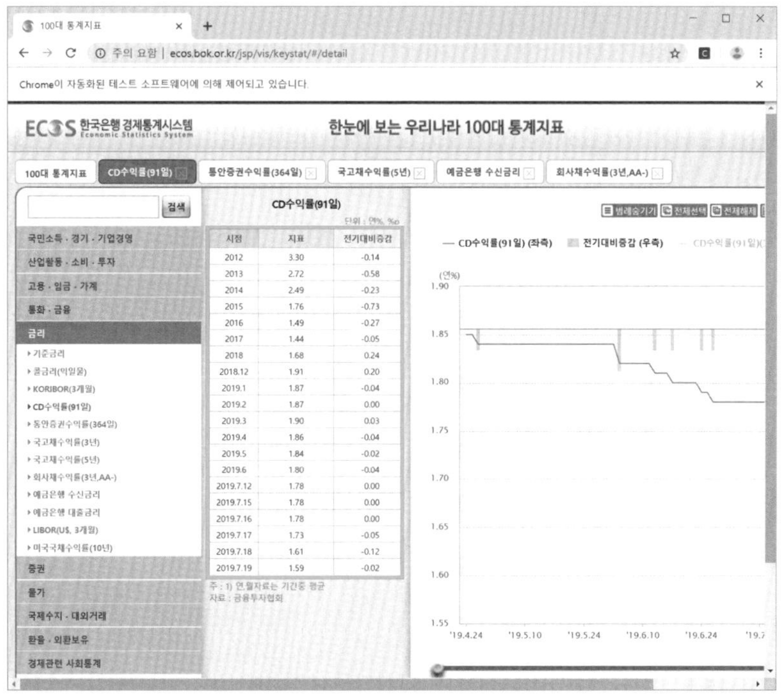

| 그림 1-34 | CD 수익률 통계지표 화면

55~62 ◆ 앞서 추출한 값들을 CSV 파일로 저장한다.

64 ◆ 함수의 리턴 값을 (날짜, 통계값, 변화율) 형식의 투플로 정의한다. 각 투플의 원소는 리스트 자료형이다.

68~69 ◆ 함수를 실행하고, 키보드로 검색어를 'CD'라고 입력해본다. 결과를 출력하면 다음의 실행 결과와 같다.

```
검색할 항목을 입력하세요: CD
검색어 'CD'에 매칭되는 'CD수익률(91일) ('19.10.08)' 통계지표를 검색 중...
키워드 'CD'에 대한 통계지표를 저장하였습니다.
(['2012', '2013', '2014', '2015', '2016', '2017', '2018', '2019.3', '2019.4', '2019.5', '2019.6',
'2019.7', '2019.8', '2019.9', '2019.9.30', '2019.10.1', '2019.10.2', '2019.10.4', '2019.10.7',
'2019.10.8'], ['3.30', '2.72', '2.49', '1.76', '1.49', '1.44', '1.68', '1.90', '1.86', '1.84', '1.80',
'1.68', '1.49', '1.54', '1.55', '1.55', '1.55', '1.55', '1.55', '1.55'], ['-0.14', '-0.58', '-0.23',
'-0.73', '-0.27', '-0.05', '0.24', '0.03', '-0.04', '-0.02', '-0.04', '-0.12', '-0.19', '0.05', '0.00',
'0.00', '0.00', '0.00', '0.00', '0.00'])
```

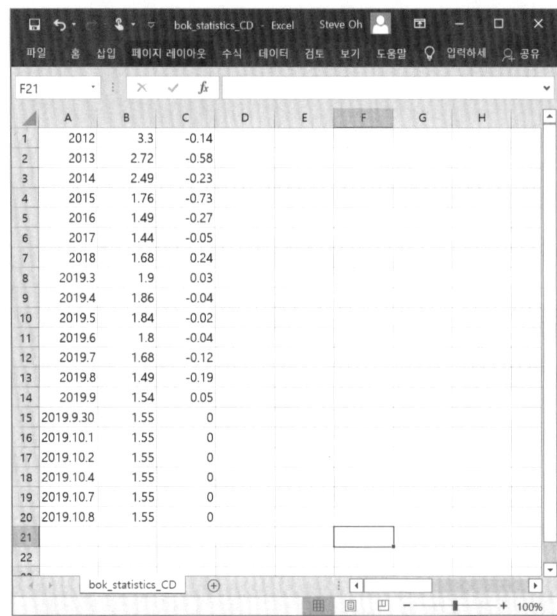

	A	B	C
1	2012	3.3	-0.14
2	2013	2.72	-0.58
3	2014	2.49	-0.23
4	2015	1.76	-0.73
5	2016	1.49	-0.27
6	2017	1.44	-0.05
7	2018	1.68	0.24
8	2019.3	1.9	0.03
9	2019.4	1.86	-0.04
10	2019.5	1.84	-0.02
11	2019.6	1.8	-0.04
12	2019.7	1.68	-0.12
13	2019.8	1.49	-0.19
14	2019.9	1.54	0.05
15	2019.9.30	1.55	0
16	2019.10.1	1.55	0
17	2019.10.2	1.55	0
18	2019.10.4	1.55	0
19	2019.10.7	1.55	0
20	2019.10.8	1.55	0

| **그림 1-35** | CSV 파일(./data/bok_statistics_CD.csv)

2 PART 고급

데이터 정리 및 그래프 시각화

데이터프레임 만들기 ①
파이썬 자료구조 활용하기

- **학습 내용 :** 판다스(pandas)의 자료구조인 데이터프레임(DataFrame)의 2차원(행, 열) 구조를 이해한다.
- **힌트 내용 :** 파이썬의 2차원 배열을 DataFrame( ) 함수에 전달하면 데이터프레임으로 변환된다.

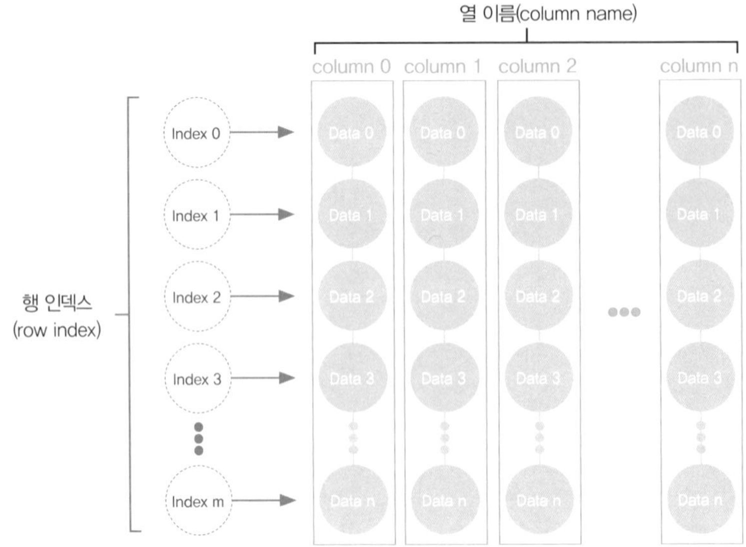

| **그림 2-1** | 판다스 데이터프레임 구조

행과 열로 구성되는 2차원 배열 자료구조는 엑셀, 관계형 데이터베이스 등 다양한 분야에서 사용된다. 판다스의 데이터프레임은 행 방향과 열 방향을 각각 나타내기 위해 두 가지 종류의 주소를 사용한다. [그림 2-1]과 같이, 행 인덱스(row index)와 열 이름(column name)으로 구분한다.

판다스(pandas) 설치

아나콘다 배포판의 기본환경(base)에는 미리 설치되어 있어서 따로 설치할 필요가 없다. 아나콘다에서 가상환경을 사용한다면 예제 012의 셀레니움 설치 방법을 참고하여 설치하면 쉽다. 또는, Anaconda Prompt에서 가상환경을 실행(conda activate 〈가상환경이름〉)하고, 'pip install pandas' 또는 'conda install -c anaconda pandas' 명령을 입력한다. Anaconda Prompt는 관리자 권한으로 실행하는 것이 좋다. 아나콘다를 사용하지 않는 경우에는 pip 설치 명령인 'pip install pandas'를 윈도우 명령 프롬프트에 입력한다.

소스 : 016.py

```
1: import pandas as pd
2:
3: # dictionary를 데이터프레임으로 변환
4: dict_data = {'c0':[1,2,3,4,5], 'c1':[6,7,8,9,10]}
5: df1 = pd.DataFrame(dict_data)
6: print(type(df1), "\n")
7: print(df1, "\n")
8:
9: # 행 이름 지정
10: df2 = pd.DataFrame(dict_data, index=['r0', 'r1', 'r2', 'r3', 'r4'])
11: print(df2, "\n")
12:
13: # list of list를 데이터프레임으로 변환
14: list_of_list_data = [[1,2,3,4,5], [6,7,8,9,10]]
15: df3 = pd.DataFrame(list_of_list_data)
16: print(df3, "\n")
17:
18: # 행 이름, 열 이름 지정
19: df4 = pd.DataFrame(list_of_list_data,
20:                    index=['r0', 'r1'],
21:                    columns=['c0', 'c1', 'c2', 'c3', 'c4'])
22: print(df4, "\n")
23:
24: # 데이터프레임의 형태 확인
25: print(df2.shape)
26: print(df4.shape)
```

라이브러리를 불러온다. ◆ 1

2개의 원소를 갖는 딕셔너리를 정의하고 변수 dict_data에 할당한다. 딕셔너리의 key는 'c0', 'c1'이고 value는 리스트([1,2,3,4,5], [6,7,8,9,10])로 만든다. ◆ 4

5 ◆ 판다스 DataFrame( ) 함수에 딕셔너리(dict_data)를 매개변수로 전달하면, 딕셔너리의 key('c0', 'c1')는 열 이름이 되고, value([1,2,3,4,5], [6,7,8,9,10])는 각 열의 데이터 값이 된다. 이때 만들어지는 객체를 변수 df1에 저장한다.

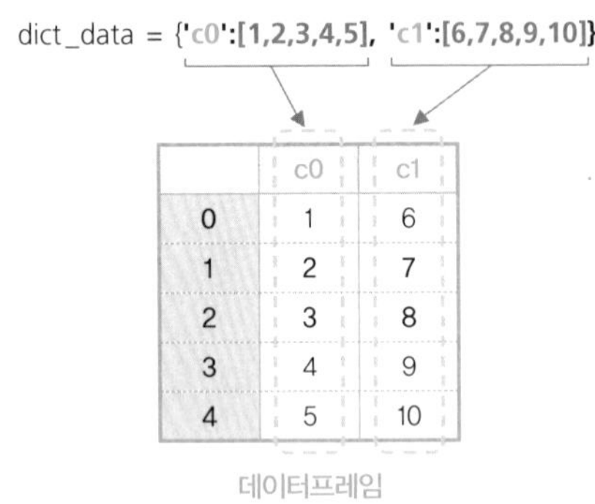

| 그림 2-2 | 딕셔너리를 데이터프레임으로 변환

6 ◆ type( ) 함수로 df1 객체의 자료형을 확인해보면, 판다스 데이터프레임인 것을 알 수 있다.

7 ◆ df1 객체를 출력해보면 딕셔너리의 각 원소가 데이터프레임의 열을 구성하는 것을 볼 수 있다.

10~11 ◆ dict_data를 DataFrame( ) 함수에 입력하여 데이터프레임을 변환할 때, 행 인덱스를 지정하는 방법이다. index 매개변수 속성에 행의 개수에 맞는 배열 값을 전달한다. 생성된 데이터프레임 객체를 df2에 저장하고 출력해본다. 따로 행 인덱스를 지정하지 않은 df1의 경우 정수 0~4까지 지정되었는데, df2의 경우에는 index 속성에 지정한 값들이 지정된 것을 볼 수 있다.

14~16 ◆ 리스트를 원소로 갖는 중첩 리스트(list of list)를 사용하여 데이터프레임을 만들어본다. 앞서 정의한 딕셔너리의 key에 해당하는 값이 없다는 점에서 차이가 있다. 변환된 결과인 df3를 확인해보면 각 리스트가 행을 구성한 것을 알 수 있다. 열 이름과 행 인덱스에 해당하는 값을 지정하지 않았기 때문에 정수값으로 자동 지정된다.

| 그림 2-3 | 중첩 리스트를 데이터프레임으로 변환

리스트를 원소로 갖는 리스트(list of list)를 사용하여 데이터프레임을 만들면서, 행 인덱스 값을 index 매개변수에 전달하고 열 이름을 columns 매개변수에 전달한다. 그 결과인 df4 객체를 보면 행 인덱스와 열 이름이 지정된 것을 확인할 수 있다. ◆ 19~22

데이터프레임의 형태(또는 차원)를 확인하고 싶을 때는 shape 속성을 활용한다. df2는 (5행, 2열)의 구조이고, df5는 (2행, 5열)의 구조이다. ◆ 25~26

결과

```
<class 'pandas.core.frame.DataFrame'>

   c0  c1
0   1   6
1   2   7
2   3   8
3   4   9
4   5  10

    c0  c1
r0   1   6
r1   2   7
r2   3   8
r3   4   9
r4   5  10

   0  1  2  3   4
0  1  2  3  4   5
1  6  7  8  9  10

    c0  c1  c2  c3  c4
r0   1   2   3   4   5
r1   6   7   8   9  10

(5, 2)
(2, 5)
```

고급 017

데이터프레임 만들기 ②
외부 데이터 가져오기(CSV, 엑셀)

- **학습 내용 :** 외부 파일 형태로 저장되어 있는 2차원 데이터를 판다스 데이터프레임으로 변환한다.
- **힌트 내용 :** CSV 파일은 read_csv( ) 함수로 가져오고, 엑셀 파일은 read_excel( ) 함수를 사용한다.

openpyxl 설치

아나콘다 배포판의 기본환경(base)에는 미리 설치되어 있다. 가상환경을 사용하거나 아나콘다를 사용하지 않는 경우에는 예제 016의 pandas 설치를 참고한다. 아나콘다 내비게이터에서 설치하거나, Anaconda Prompt 또는 윈도우 명령 프롬프트에서 'pip install openpyxl' 명령을 입력한다(기존에는 xlrd 엔진을 사용하여 엑셀 파일을 처리했지만, 판다스 최신 버전에서 xlrd 라이브러리를 더 이상 지원하지 않는다).

소스 : 017.py

```
import pandas as pd

# 예제 015에서 저장한 CSV 파일명을 경로와 함께 지정
csv_file = './data/bok_statistics_CD.csv'

# read_csv( ) 함수로 데이터프레임 변환
df1 = pd.read_csv(csv_file)
print(df1)
print('\n')

df2 = pd.read_csv(csv_file, header=None)  # header=None 옵션
print(df2)
print('\n')

df3 = pd.read_csv(csv_file, index_col=0)  # index_col=0 옵션
print(df3)
print('\n')

df4 = pd.read_csv(csv_file, index_col=0, header=None) # header=None, index_col=0 옵션
print(df4)
print('\n')
```

```
22:
23: # 예제 014에서 다운로드 폴더에 저장한 Excel 파일을 data 폴더에 이동하여 저장
24: excel_file = './data/report_Key100Stat.xlsx'
25:
26: # read_excel( ) 함수로 데이터프레임 변환
27: df5 = pd.read_excel(excel_file, engine="openpyxl")
28: print(df5)
```

라이브러리를 불러온다. 1

예제 015에서 저장한 CSV 파일을 사용한다. CSV 파일이 저장되어 있는 파일 경로를 변수 csv_file 4
에 저장한다.

bok_statistics_CD - Excel

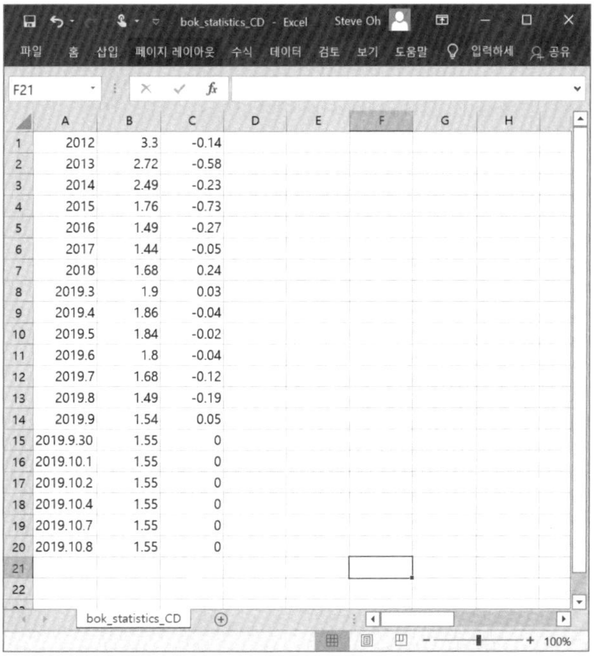

	A	B	C
1	2012	3.3	-0.14
2	2013	2.72	-0.58
3	2014	2.49	-0.23
4	2015	1.76	-0.73
5	2016	1.49	-0.27
6	2017	1.44	-0.05
7	2018	1.68	0.24
8	2019.3	1.9	0.03
9	2019.4	1.86	-0.04
10	2019.5	1.84	-0.02
11	2019.6	1.8	-0.04
12	2019.7	1.68	-0.12
13	2019.8	1.49	-0.19
14	2019.9	1.54	0.05
15	2019.9.30	1.55	0
16	2019.10.1	1.55	0
17	2019.10.2	1.55	0
18	2019.10.4	1.55	0
19	2019.10.7	1.55	0
20	2019.10.8	1.55	0

| **그림 2-4** | CSV 파일(./data/bok_statistics_CD.csv)

판다스 read_csv( ) 함수의 매개변수에 csv_file 값(파일 경로)를 전달하면, 해당 파일을 읽어 와서 판 7~8
다스 데이터프레임으로 변환한다. 결과값을 df1에 저장하고 출력하여 확인한다. 첫 번째 행(2012, 3.3, −0.14)이 header로 인식되어 데이터프레임의 열 이름 배열로 변환된다.

11~12 header=None 옵션을 추가하여 결과값을 df2에 저장한다. CSV 파일의 모든 행이 데이터프레임의 행으로 변환되고, 열 이름은 정수 0~2가 자동으로 지정된다.

15~16 index_col=0 옵션을 추가하여 결과값을 df3에 저장한다. CSV 파일의 0열(첫 번째 열)이 행 인덱스로 변환된다.

19~20 index_col=0, header=None 옵션을 설정하여 결과값을 df4에 저장한다.

24 예제 014에서 다운로드한 엑셀 파일(한국은행 100대 통계지표)의 파일 경로를 지정한다. 이때, 다운로드 받은 파일을 엑셀 프로그램으로 열어 [다른 이름으로 저장] 기능을 이용하여 파일 확장자를 .xlsx로 변경한다.

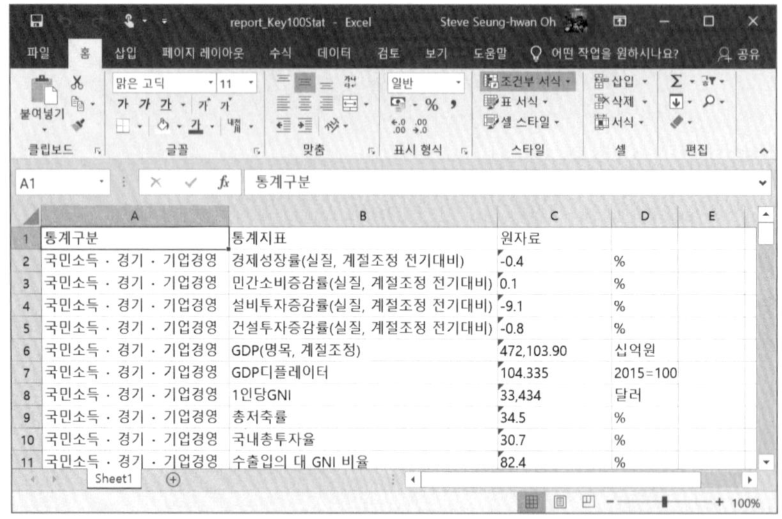

	A	B	C	D	E
1	통계구분	통계지표	원자료		
2	국민소득 · 경기 · 기업경영	경제성장률(실질, 계절조정 전기대비)	-0.4	%	
3	국민소득 · 경기 · 기업경영	민간소비증감률(실질, 계절조정 전기대비)	0.1	%	
4	국민소득 · 경기 · 기업경영	설비투자증감률(실질, 계절조정 전기대비)	-9.1	%	
5	국민소득 · 경기 · 기업경영	건설투자증감률(실질, 계절조정 전기대비)	-0.8	%	
6	국민소득 · 경기 · 기업경영	GDP(명목, 계절조정)	472,103.90	십억원	
7	국민소득 · 경기 · 기업경영	GDP디플레이터	104.335	2015=100	
8	국민소득 · 경기 · 기업경영	1인당GNI	33,434	달러	
9	국민소득 · 경기 · 기업경영	총저축률	34.5	%	
10	국민소득 · 경기 · 기업경영	국내총투자율	30.7	%	
11	국민소득 · 경기 · 기업경영	수출입의 대 GNI 비율	82.4	%	

| 그림 2-5 | Excel 파일(./data/report_Key100Stat.xlsx)

27~28 판다스 read_excel() 함수에 엑셀 파일 경로(excel_file)를 매개변수로 전달하면 데이터프레임으로 변환된다. 그 결과를 df5에 저장하고 내용을 출력한다. 이때 엑셀 파일을 해석하는 파서 엔진으로 openpyxl을 지정해 준다.

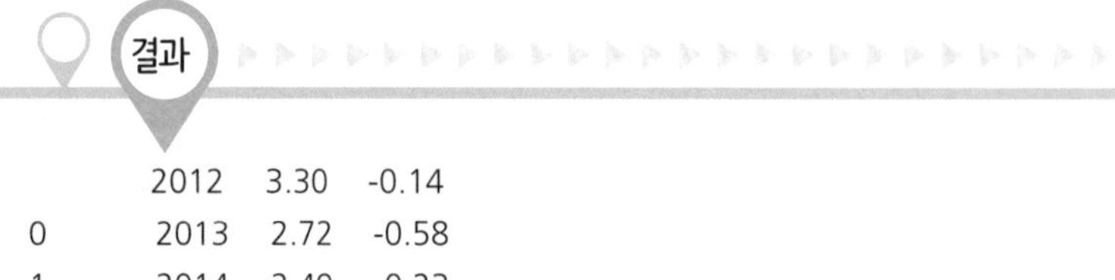

결과
      2012 3.30 -0.14
0   2013 2.72 -0.58
1   2014 2.49 -0.23

```
2       2015  1.76  -0.73
3       2016  1.49  -0.27
4       2017  1.44  -0.05
5       2018  1.68   0.24
6     2019.3  1.90   0.03
7     2019.4  1.86  -0.04
8     2019.5  1.84  -0.02
9     2019.6  1.80  -0.04
10    2019.7  1.68  -0.12
11    2019.8  1.49  -0.19
12    2019.9  1.54   0.05
13 2019.9.30  1.55   0.00
14 2019.10.1  1.55   0.00
15 2019.10.2  1.55   0.00
16 2019.10.4  1.55   0.00
17 2019.10.7  1.55   0.00
18 2019.10.8  1.55   0.00
```

```
           0     1     2
0       2012  3.30 -0.14
1       2013  2.72 -0.58
2       2014  2.49 -0.23
3       2015  1.76 -0.73
4       2016  1.49 -0.27
5       2017  1.44 -0.05
6       2018  1.68  0.24
7     2019.3  1.90  0.03
8     2019.4  1.86 -0.04
9     2019.5  1.84 -0.02
10    2019.6  1.80 -0.04
11    2019.7  1.68 -0.12
12    2019.8  1.49 -0.19
13    2019.9  1.54  0.05
14 2019.9.30  1.55  0.00
15 2019.10.1  1.55  0.00
16 2019.10.2  1.55  0.00
17 2019.10.4  1.55  0.00
18 2019.10.7  1.55  0.00
19 2019.10.8  1.55  0.00
```

```
2012         3.30  -0.14
2013         2.72  -0.58
2014         2.49  -0.23
2015         1.76  -0.73
2016         1.49  -0.27
2017         1.44  -0.05
2018         1.68   0.24
2019.3       1.90   0.03
2019.4       1.86  -0.04
2019.5       1.84  -0.02
2019.6       1.80  -0.04
2019.7       1.68  -0.12
2019.8       1.49  -0.19
2019.9       1.54   0.05
2019.9.30    1.55   0.00
2019.10.1    1.55   0.00
2019.10.2    1.55   0.00
2019.10.4    1.55   0.00
2019.10.7    1.55   0.00
2019.10.8    1.55   0.00
```

```
0               1      2
2012         3.30  -0.14
2013         2.72  -0.58
2014         2.49  -0.23
2015         1.76  -0.73
2016         1.49  -0.27
2017         1.44  -0.05
2018         1.68   0.24
2019.3       1.90   0.03
2019.4       1.86  -0.04
2019.5       1.84  -0.02
2019.6       1.80  -0.04
2019.7       1.68  -0.12
2019.8       1.49  -0.19
2019.9       1.54   0.05
2019.9.30    1.55   0.00
2019.10.1    1.55   0.00
2019.10.2    1.55   0.00
```

```
2019.10.4    1.55    0.00
2019.10.7    1.55    0.00
2019.10.8    1.55    0.00
```

```
            통계구분                          통계지표              원자료 Unnamed: 3
0  국민소득 · 경기 · 기업경영    경제성장률(실질, 계절조정 전기대비)          -0.4          %
1  국민소득 · 경기 · 기업경영  민간소비증감률(실질, 계절조정 전기대비)         0.1          %
2  국민소득 · 경기 · 기업경영  설비투자증감률(실질, 계절조정 전기대비)        -9.1          %
3  국민소득 · 경기 · 기업경영  건설투자증감률(실질, 계절조정 전기대비)        -0.8          %
4  국민소득 · 경기 · 기업경영            GDP(명목, 계절조정)     472,103.90      십억원
..              ...                           ...           ...        ...
95        경제관련 사회통계            고령인구비율(65세 이상)          14.9          %
96        경제관련 사회통계                    합계출산율         0.977          명
97        경제관련 사회통계                  자동차등록대수    23,444,165          대
98        경제관련 사회통계                    주택보급률         103.3          %
99        경제관련 사회통계                     지니계수         0.355        NaN

[100 rows x 4 columns]
```

고급 018

데이터프레임의 내용 살펴보기

• **학습 내용 :** 데이터프레임의 내용 일부를 화면에 표시하는 방법을 이해한다.
• **힌트 내용 :** head( ) 메소드는 데이터프레임의 첫 행부터 보여주고, tail( ) 메소드는 가장 마지막 행부터 보여준다.

소스 : 018.py

```
1: import pandas as pd
2:
3: # 예제 017의 CSV 파일을 다시 활용하여, 데이터프레임으로 변환
4: df = pd.read_csv('./data/bok_statistics_CD.csv', header=None)  # header=None 옵션
5:
6: print(df.head( ))
7: print('\n')
8: print(df.head(3))
9: print('\n')
10: print(df.tail( ))
11: print('\n')
12: print(df.tail(3))
```

1 ◆ 라이브러리를 불러온다.

4 ◆ 예제 017에서 다룬 CSV 파일을 read_csv( ) 함수로 읽어서 데이터프레임으로 변환한다. 변수 df에 저장한다.

6 ◆ head( ) 메소드를 데이터프레임 객체에 적용하면 첫 5개의 행 만을 선택하여 화면에 표시한다.

8 ◆ head(n)과 같이 매개변수에 정수 값을 넣으면 해당하는 n개의 행을 리턴한다. 여기서는 앞에서부터 3개의 행을 추출한다.

10 ◆ tail( ) 메소드를 데이터프레임 객체에 적용하면 마지막 5개의 행을 화면에 표시한다.

12 ◆ tail(3)과 같이 매개변수에 정수 값을 넣으면 데이터프레임의 마지막 3개의 행을 추출한다.

결과

```
      0     1      2
0  2012  3.30  -0.14
1  2013  2.72  -0.58
2  2014  2.49  -0.23
3  2015  1.76  -0.73
4  2016  1.49  -0.27
```

```
      0     1      2
0  2012  3.30  -0.14
1  2013  2.72  -0.58
2  2014  2.49  -0.23
```

```
            0     1    2
15   2019.8.8  1.49  0.0
16   2019.8.9  1.49  0.0
17  2019.8.12  1.49  0.0
18  2019.8.13  1.49  0.0
19  2019.8.14  1.49  0.0
```

```
            0     1    2
17  2019.8.12  1.49  0.0
18  2019.8.13  1.49  0.0
19  2019.8.14  1.49  0.0
```

데이터프레임의 요약정보 확인하기 ❶
info

- **학습 내용 :** 행과 열의 구조, 자료형 등 데이터프레임의 기본 정보를 확인하는 방법을 이해한다.
- **힌트 내용 :** 데이터프레임 객체에 info( ) 메소드를 적용하면 기본 정보를 요약해서 화면에 출력한다.

소스 : 019.py

```
1: import pandas as pd
2:
3: # 예제 018의 CSV 파일을 다시 활용하여, 데이터프레임으로 변환
4: df = pd.read_csv('./data/bok_statistics_CD.csv', header=None)  # header=None 옵션
5:
6: print(df.head( ))
7: print('\n')
8: print(df.info( ))
```

1 ◆ 라이브러리를 불러온다.

4 ◆ 예제 018의 CSV 파일을 판다스 read_csv( ) 함수를 이용하여 데이터프레임으로 변환한다. 변수 df에 저장한다.

6 ◆ head( ) 메소드를 이용하여 첫 5개의 행을 출력한다.

8 ◆ 데이터프레임 객체에 info( ) 메소드를 적용한다. 데이터프레임의 자료형, 행 인덱스의 종류와 개수, 열의 개수와 자료형, 메모리 사용량 등의 정보를 확인할 수 있다. 〈class 'pandas.core.frame.DataFrame'〉은 데이터프레임 객체라는 뜻이다. 0~19까지 정수 20개로 행 인덱스가 구성되고 모두 3개의 열을 갖는다. 각 열에는 20개의 값이 들어 있다. non-null은 결측값(NaN, null)이 아니라는 뜻이다. 문자열(object)과 실수형(float) 자료가 있고, 메모리는 440바이트를 사용한다.

```
      0     1     2
0  2012  3.30 -0.14
1  2013  2.72 -0.58
2  2014  2.49 -0.23
3  2015  1.76 -0.73
4  2016  1.49 -0.27


<class 'pandas.core.frame.DataFrame'>
RangeIndex: 20 entries, 0 to 19
Data columns (total 3 columns):
0    20 non-null object
1    20 non-null float64
2    20 non-null float64
dtypes: float64(2), object(1)
memory usage: 440.0+ bytes
None
```

데이터프레임의 요약정보 확인하기 ❷
describe

• **학습 내용 :** 데이터프레임에 저장되어 있는 값의 통계 정보를 확인하는 방법을 이해한다.
• **힌트 내용 :** describe( ) 메소드는 데이터프레임의 통계정보를 요약하여 보여준다.

소스 : 020.py

```
1: import pandas as pd
2:
3: # 예제 019의 CSV 파일을 다시 활용하여, 데이터프레임으로 변환
4: df = pd.read_csv('./data/bok_statistics_CD.csv', header=None)  # header=None 옵션
5:
6: print(df.head( ))
7: print('\n')
8: print(df.describe( ))
```

1 ◆ 라이브러리를 불러온다.

4 ◆ 예제 019의 CSV 파일을 다시 사용한다. 판다스 read_csv( ) 함수를 이용하여 데이터프레임으로 변환한다. 변수 df에 저장한다.

6 ◆ head( ) 메소드를 적용하면 첫 5개의 행을 따로 선택하여 출력한다.

8 ◆ 데이터프레임 객체에 describe( ) 메소드를 적용하면, 실행 결과에서처럼 데이터프레임에 대한 통계정보를 요약하여 보여준다. 각 열의 데이터 개수(count), 평균값(mean), 표준편차(std), 최소값(min)~최대값(max) 및 사분위값을 확인할 수 있다. 예를 들면, 열 1의 데이터는 20개이고 평균은 1.91이다.

결과

```
        0     1      2
0   2012  3.30  -0.14
1   2013  2.72  -0.58
2   2014  2.49  -0.23
3   2015  1.76  -0.73
4   2016  1.49  -0.27


                1          2
count   20.000000  20.000000
mean     1.910000  -0.093000
std      0.441028   0.225391
min      1.440000  -0.730000
25%      1.717500  -0.125000
50%      1.790000  -0.040000
75%      1.877500   0.000000
max      3.300000   0.240000
```

데이터프레임의 열(column) 다루기 (선택, 추가, 변경, 삭제)

- **학습 내용 :** 데이터프레임의 열을 선택, 추가, 변경, 삭제하는 방법을 하나씩 처리해본다.
- **힌트 내용 :** 열 이름을 이용하여 데이터프레임의 열을 선택한다. 삭제할 때는 drop( ) 메소드를 사용한다.

소스 : 021.py

```
import pandas as pd

# dictionary를 데이터프레임으로 변환
dict_data = {'c0':[1,2,3], 'c1':[4, 5, 6]}
df = pd.DataFrame(dict_data, index=['r0', 'r1', 'r2'])
print(df, "\n")

# 열 선택
col0 = df['c0']
col1 = df.c1

print(col0, "\n")
print(col1, "\n")

# 열 추가
df['c2'] = 7, 8, 9
print(df, "\n")

df['c3'] = 0
print(df, "\n")

df['c4'] = df['c3']
print(df, "\n")

# 열 변경
df['c3'] = 10, 11, 12
print(df, "\n")

df['c3'] = 0
```

```
30: print(df, "\n")
31:
32: # 열 삭제
33: df.drop('c4', axis=1, inplace=True)
34: print(df, "\n")
35:
36: df.drop(['c1','c3'], axis=1, inplace=True)
37: print(df)
```

라이브러리를 불러온다. 1

데이터프레임으로 변환할 딕셔너리 형태의 2차원 자료구조를 정의한다. 4

판다스 DataFrame() 함수를 이용하여 데이터프레임으로 변환한다. 이때 index 매개변수에 행 인덱 5
스로 사용할 리스트 배열을 지정한다.

열 이름으로 데이터프레임의 열을 선택하는 방법 두 가지를 비교한다. 대괄호([]) 안에 열 이름을 9~13
따옴표와 함께 입력하거나, 데이터프레임의 열 속성을 ' . ' 연산자를 이용하여 직접 지정하는 방법이 있다. 9번 라인은 첫 번째 방법으로 'c0' 열을 선택하는 예시이며, 10번 라인은 두 번째 방법으로 'c1' 열을 선택하는 예시이다.

'c2' 열에 3개의 값을 할당한다. 기존 df 데이터프레임에 존재하지 않는 열 이름이므로 새로운 열로 16
추가된다.

'c3' 열에 0을 할당하면, 각 행에 모두 같은 값이 지정된다. 따라서, 'c3' 열의 원소값은 모두 0이 된 19
다. 기존 df 데이터프레임에 없는 열 이름이므로 새로운 열로 추가된다.

'c4' 열에 다른 열을 할당하는 방법이다. 여기서는 'c3' 열을 할당하기 때문에, 'c3' 열의 값들이 'c4' 22
열에 복제된다. 기존 df 데이터프레임에 없는 열 이름이므로 새로운 열로 추가된다.

'c3' 열에 3개의 원소를 할당한다. df 데이터프레임에 존재하는 열 이름이므로 새로운 열이 추가되지 26
않는다. 대신, 'c3' 열의 원소값들이 새로운 값으로 변경된다.

'c3' 열에 0을 할당하면, 각 행에 모두 같은 값이 지정된다. df 데이터프레임에 존재하는 열 이름이므 29
로 새로운 열이 추가되지 않는다. 대신 'c3' 열의 원소값들이 모두 0으로 변경된다.

데이터프레임의 'c4' 열을 삭제한다. drop() 메소드에 axis=1 옵션을 추가한다. 기존 데이터프레임에 33
변경 내용을 반영하기 위해서는 inplace=True 옵션을 추가한다.

36 데이터프레임의 'c1', 'c3' 열을 함께 삭제한다. 열 이름을 원소로 갖는 리스트를 drop() 메소드에 입력한다.

결과

```
    c0  c1
r0   1   4
r1   2   5
r2   3   6

r0    1
r1    2
r2    3
Name: c0, dtype: int64

r0    4
r1    5
r2    6
Name: c1, dtype: int64

    c0  c1  c2
r0   1   4   7
r1   2   5   8
r2   3   6   9

    c0  c1  c2  c3
r0   1   4   7   0
r1   2   5   8   0
r2   3   6   9   0

    c0  c1  c2  c3  c4
r0   1   4   7   0   0
r1   2   5   8   0   0
r2   3   6   9   0   0

    c0  c1  c2  c3  c4
r0   1   4   7  10   0
r1   2   5   8  11   0
r2   3   6   9  12   0
```

```
    c0  c1  c2  c3  c4
r0   1   4   7   0   0
r1   2   5   8   0   0
r2   3   6   9   0   0

    c0  c1  c2  c3
r0   1   4   7   0
r1   2   5   8   0
r2   3   6   9   0

    c0  c2
r0   1   7
r1   2   8
r2   3   9
```

데이터프레임의 행(row) 다루기 (선택, 추가, 변경, 삭제)

- **학습 내용 :** 데이터프레임의 행을 선택, 추가, 변경, 삭제하는 방법을 배운다.
- **힌트 내용 :** 행을 선택하기 위해 인덱서(loc, iloc)를 이용한다. 삭제할 때는 drop() 메소드에 axis=0 옵션을 적용한다.

소스 : 022.py

```
import pandas as pd

# dictionary를 데이터프레임으로 변환
dict_data = {'c0':[1,2,3], 'c1':[4, 5, 6]}
df = pd.DataFrame(dict_data, index=['r0', 'r1', 'r2'])
print(df, "\n")

# 행 선택
row0 = df.iloc[0]
row1 = df.iloc[1]
row2 = df.loc['r2']

print(row0, "\n")
print(row1, "\n")
print(row2, "\n")

# 행 추가
df.loc['r3'] = 10, 20
print(df, "\n")

df.loc['r4'] = 0
print(df, "\n")

# 행 변경
df.loc['r3'] = df.loc['r4']
print(df, "\n")

# 행 삭제
df.drop('r4', axis=0, inplace=True)
```

```
30: print(df, "\n")
31:
32: df.drop(['r1','r3'], axis=0, inplace=True)
33: print(df)
```

라이브러리를 불러온다. 1

딕셔너리 형태의 2차원 자료구조를 정의하고, DataFrame() 함수를 이용하여 데이터프레임으로 변 4~5
환한다.

인덱서를 이용한 행 선택 방법을 살펴본다. 9번 라인은 iloc 인덱서를 이용하여 0행을 선택하는 예 9
시이다. iloc 인덱서는 정수를 인수로 받는다. 인덱스 순서는 0, 1, 2와 같이 첫 번째 행은 0행이라는 점에 유의한다.

iloc 인덱서를 이용하여 1행을 선택한다. 실행 결과를 보면 왼쪽에는 열 이름이, 오른쪽에는 매칭되 10
는 원소값이 출력된다. 1개의 행 또는 열을 표현할 때 시리즈(Series)라는 자료구조를 사용한다. 데이터프레임은 여러 열 또는 여러 행이 결합된 형태이므로, 여러 개의 시리즈가 모여 있다고 이해하면 쉽다.

loc 인덱서를 사용하여 'r2' 행을 선택한다. loc 인덱서는 행 인덱스의 이름을 사용하는 점에서 정수 11
를 인수로 받는 iloc 인덱서와 차이가 있다. iloc 인덱서를 사용한다면, df.iloc(2) 형식으로 입력해야 한다.

새로운 행을 추가하는 방법이다. 18번 라인은 'r3' 행에 2개의 값(10, 20)을 할당한다. 첫 번째 'c0' 18~22
열에 10이 입력되고 두 번째 'c1' 열에는 20이 입력된다.

'r4' 행에 0을 할당하면, 행의 원소값은 모두 0이 된다. 따라서, 첫 번째 'c0' 열과 두 번째 'c1' 열 21
모두 0이 입력된다. 'r4'는 기존 df 데이터프레임에 없는 행 인덱스 이름이므로 새로운 행으로 추가된다.

'r3' 행에 'r4' 행의 값을 그대로 복제하는 방법이다. 'r3' 행은 기존 df 데이터프레임에 존재하는 행이 25
므로 새로운 행으로 추가되지 않고, 기존 행의 값들이 'r4' 행의 값으로 변경된다. 따라서 'r3' 행에는 모두 0이 입력된다.

데이터프레임의 'r4' 행을 삭제한다. drop() 메소드에 axis=0 옵션을 적용한다. 기존 데이터프레임에 29
변경 내용을 반영하기 위해서 inplace=True 옵션을 추가한다.

32 데이터프레임의 'r1', 'r3' 행을 삭제한다. 행 인덱스 이름을 원소로 갖는 리스트를 drop( ) 메소드에 입력한다.

```
    c0  c1
r0   1   4
r1   2   5
r2   3   6

c0    1
c1    4
Name: r0, dtype: int64

c0    2
c1    5
Name: r1, dtype: int64

c0    3
c1    6
Name: r2, dtype: int64

    c0  c1
r0   1   4
r1   2   5
r2   3   6
r3  10  20

    c0  c1
r0   1   4
r1   2   5
r2   3   6
r3  10  20
r4   0   0

    c0  c1
r0   1   4
r1   2   5
r2   3   6
```

```
r3  0  0
r4  0  0

    c0  c1
r0   1   4
r1   2   5
r2   3   6
r3   0   0

    c0  c1
r0   1   4
r2   3   6
```

고급

023 데이터프레임의 원소(element) 다루기 (선택, 변경)

- **학습 내용 :** 데이터프레임의 원소를 선택, 변경하는 방법을 이해한다.
- **힌트 내용 :** 행을 선택할 때 사용한 인덱서(iloc, loc)를 이용하여 원소를 선택할 수 있다.

소스 : 023.py

```
import pandas as pd

# dictionary를 데이터프레임으로 변환
dict_data = {'c0':[1,2,3], 'c1':[4, 5, 6]}
df = pd.DataFrame(dict_data, index=['r0', 'r1', 'r2'])
print(df, "\n")

# 원소 선택
el_01 = df.iloc[0,1]
print(el_01, "\n")

el_11 = df.iloc[1,1]
print(el_11, "\n")

el_21 = df.loc['r2','c1']
print(el_21, "\n")

el_12_01 = df.loc['r1':'r2','c0':'c1']
print(el_12_01, "\n")

el_12_01_iloc = df.iloc[1:3, 0:2]
print(el_12_01, "\n")

# 원소값 변경
df.iloc[0,1] = 40
print(df, "\n")

df.iloc[1:3, 0:2] = 0
print(df)
```

라이브러리를 불러온다. 1

예제 021, 022와 같은 방식으로 데이터프레임을 생성한다. 4~5

iloc 인덱서를 이용하여 [0행, 1열] 위치의 원소값을 선택한다. 9

iloc 인덱서를 이용하여 [1행, 1열] 위치의 원소값을 선택한다. 12

loc 인덱서를 이용하여 ['r2'행, 'c1'열] 위치의 원소값을 선택한다. 15

loc 인덱서에 범위를 지정하는 방법이다. ['r1'~'r2'행, 'c0'~'c1'열] 위치에 해당하는 원소 4개를 선택한다. 2개의 행, 2개의 열로 구성되는 데이터프레임 형태가 된다. 18

iloc 인덱서에 범위를 지정하는 방법이다. 18번 라인의 loc 인덱서 용법과의 차이에 유의한다. loc 인덱서는 범위의 마지막 끝이 포함되지만, iloc 인덱서의 경우에는 마지막 끝이 포함되지 않는다. [1:3, 0:2] 형태로 범위를 지정하면, [1~2행, 0~1열] 위치의 원소를 선택한다. 여기서는 2개의 행, 2개의 열로 구성되는 데이터프레임 형태가 된다(18번 라인과 동일한 결과). 21

데이터프레임의 원소를 loc 인덱서 또는 iloc 인덱서로 선택하고, 새로운 값을 할당하면 원소값이 변경된다. 여기서는 [0행, 1열]의 원소값을 40으로 변경한다. 25

범위를 지정하여 여러 개의 원소를 선택하고, 새로운 값을 할당하면 원소값이 동시에 변경된다. 28

결과

```
    c0  c1
r0   1   4
r1   2   5
r2   3   6

4

5

6

    c0  c1
r1   2   5
```

```
r2   3   6

     c0  c1
r1   2   5
r2   3   6

     c0  c1
r0   1  40
r1   2   5
r2   3   6

     c0  c1
r0   1  40
r1   0   0
r2   0   0
```

데이터프레임을 외부 파일로 저장하기 (CSV, Excel)

고급 024

- **학습 내용 :** 데이터프레임을 CSV 파일 또는 엑셀 파일로 저장하는 방법을 이해한다.
- **힌트 내용 :** CSV 파일로 저장하는 to_csv( ) 메소드와 엑셀 파일로 저장하는 to_excel( ) 메소드가 있다.

소스 : 024.py

```
 1: import pandas as pd
 2:
 3: # dictionary를 데이터프레임으로 변환
 4: dict_data = {'c0':[1,2,3], 'c1':[4, 5, 6]}
 5: df = pd.DataFrame(dict_data, index=['r0', 'r1', 'r2'])
 6: print(df, "\n")
 7:
 8: # 데이터프레임을 CSV 파일로 저장
 9: df.to_csv("./output/df.csv")
10:
11: # 데이터프레임을 Excel 파일로 저장
12: df.to_excel("./output /df.xlsx")
```

라이브러리를 불러온다. ◆ 1

예제 021, 022, 023과 같은 방식으로 데이터프레임을 생성한다. ◆ 4~6

데이터프레임 객체에 to_csv() 메소드를 적용하면 CSV 파일로 변환하여 저장된다. 저장하려는 파일 경로와 파일명을 매개변수로 전달한다. ◆ 9

데이터프레임 객체에 to_excel() 메소드를 적용하면 엑셀 파일로 변환하여 저장된다. 저장하려는 파일 경로와 파일명을 매개변수로 전달한다. ◆ 12

결과

| 그림 2-6 | CSV 파일(./output/df.csv)

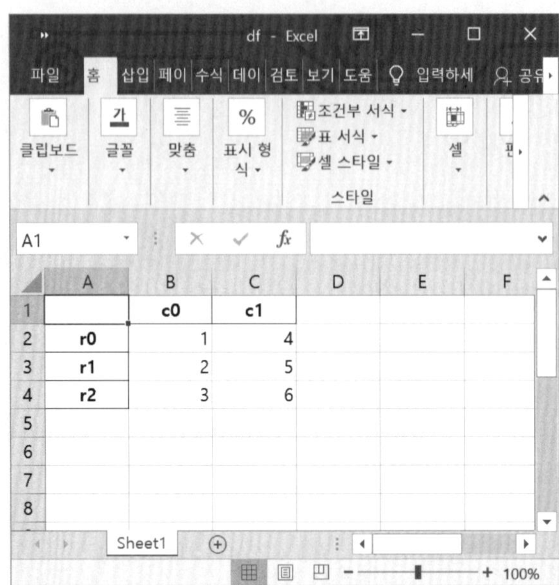

| 그림 2-7 | Excel 파일(./output/df.xlsx)

데이터를 그래프로 표현하기 ①
선 그래프

고급 025

- **학습 내용 :** 데이터프레임의 데이터를 선 그래프로 표현한다.
- **힌트 내용 :** 데이터프레임 객체에 plot( ) 메소드를 직접 적용하여 선 그래프를 그릴 수 있다.

matplotlib 설치

아나콘다 배포판의 기본환경(base)에는 미리 설치되어 있다. 아나콘다 내비게이터에서 설치하거나, Anaconda Prompt에서 'pip install matplotlib' 또는 'conda install −c conda−forge matplotlib' 명령을 입력한다. 아나콘다를 사용하지 않는 경우에는 pip 설치 명령인 'pip install matplotlib'을 윈도우 명령 프롬프트에 입력하면 된다.

소스 : 025.py

```
import pandas as pd

# 예제 017의 CSV 파일을 다시 활용하여, 데이터프레임으로 변환
df = pd.read_csv('./data/bok_statistics_CD.csv', header=None)
print(df.head( ))
print('\n')

df.columns = ['year', 'CD_rate', 'change']  # 열 이름 변경
df.set_index('year', inplace=True)    # year 열을 행 인덱스로 설정
print(df.head( ))
df.to_csv('./data/bok_statistics_CD_2.csv')
print('\n')

# 선 그래프 그리기
df.plot( )

df['CD_rate'].plot( )
df['change'].plot( )
```

1 라이브러리를 불러온다.

4 예제 017의 CSV 파일을 데이터프레임 객체로 변환하고 변수 df에 저장한다.

5 데이터프레임(df)의 첫 5행을 출력한다.

8 데이터프레임의 열 이름을 변경한다. 데이터프레임 클래스 객체의 columns 속성에 직접 열 이름의 배열을 지정한다. 3개 열의 이름이 ['year', 'CD_rate', 'change'] 순서로 변경된다.

9 set_index( ) 메소드를 적용하여 'year' 열을 데이터프레임의 행 인덱스로 지정한다.

11 to_csv( ) 메소드를 이용하여 데이터프레임을 CSV 파일로 저장한다.

15 데이터프레임에 plot( ) 메소드를 적용하면, 기본값으로 선 그래프를 그린다. 14번 라인까지 먼저 부분 실행하고, 15번 라인을 따로 영역을 지정하여 부분 실행한다.

17~18 데이터프레임의 열(시리즈 객체)에 plot( ) 메소드를 적용하면, 각 열의 데이터를 선 그래프로 그린다. 17번 라인과 18번 라인을 각각 따로 영역을 지정하여 부분 실행한다.

결과

```
      0     1     2
0  2012  3.30 -0.14
1  2013  2.72 -0.58
2  2014  2.49 -0.23
3  2015  1.76 -0.73
4  2016  1.49 -0.27


      CD_rate  change
year
2012     3.30   -0.14
2013     2.72   -0.58
2014     2.49   -0.23
2015     1.76   -0.73
2016     1.49   -0.27
```

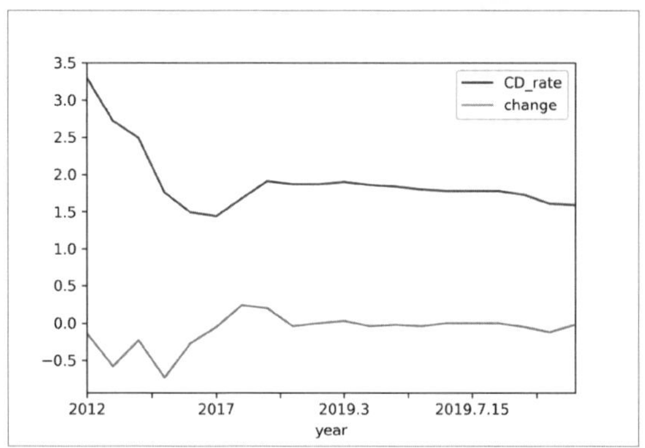

| **그림 2-8** | 15번 라인 df.plot( ) 실행 결과

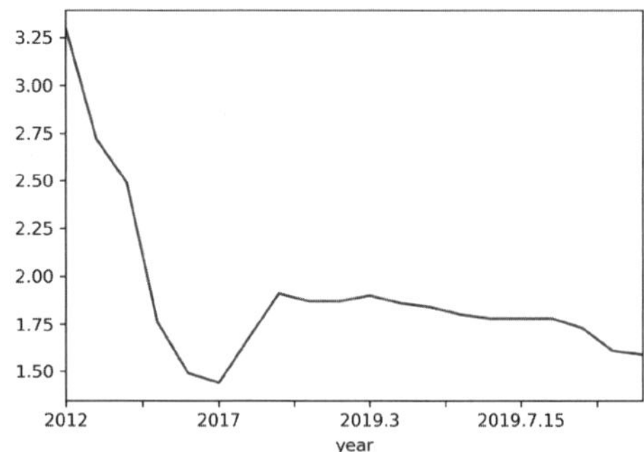

| **그림 2-9** | 17번 라인 df['CD_rate'].plot( ) 실행 결과

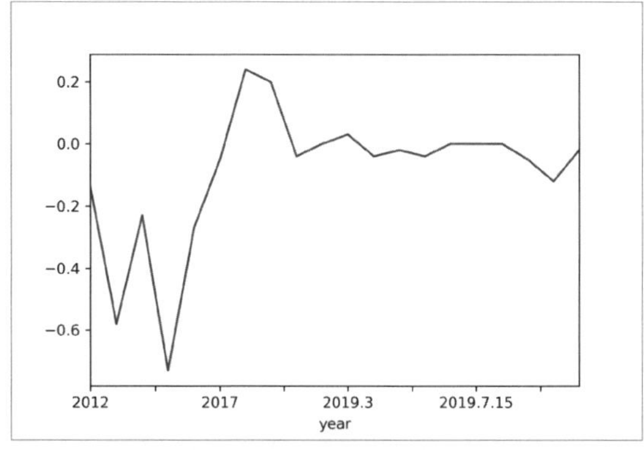

| **그림 2-10** | 18번 라인 df['change'].plot( ) 실행 결과

데이터를 그래프로 표현하기 ❷
막대 그래프

• **학습 내용 :** 예제 025에서 다룬 plot( ) 메소드를 이용하여 막대 그래프를 출력한다.
• **힌트 내용 :** plot( ) 메소드에 막대 그래프를 그리는 옵션(kind='bar')를 적용한다.

소스 : 026.py

```
 1: import pandas as pd
 2:
 3: # 예제 025에서 저장한 CSV 파일을 불러와서 데이터프레임으로 변환
 4: df = pd.read_csv('./data/bok_statistics_CD_2.csv', header=0, index_col=0)
 5: print(df.head( ))
 6: print('\n')
 7:
 8: # 막대 그래프 그리기
 9: df.plot(kind='bar')
10:
11: df['CD_rate'].plot(kind='bar')
12: df['change'].plot(kind='bar')
```

1 ◆ 라이브러리를 불러온다.

4~5 ◆ 예제 025에서 저장한 CSV 파일을 read_csv( ) 함수를 이용하여 불러온다. 데이터프레임 객체를 변수 df에 저장한다. df의 내용 일부를 출력하여 확인한다.

```
bok_statistics_CD_2 - 메모장
파일(F) 편집(E) 서식(O) 보기(V) 도움말
year,CD_rate,change
2012,3.3,-0.14
2013,2.72,-0.58
2014,2.49,-0.23
2015,1.76,-0.73
2016,1.49,-0.27
2017,1.44,-0.05
2018,1.68,0.24
2018.12,1.91,0.2
2019.1,1.87,-0.04
2019.2,1.87,0.0
2019.3,1.9,0.03
2019.4,1.86,-0.04
2019.5,1.84,-0.02
2019.6,1.8,-0.04
2019.7.12,1.78,0.0
2019.7.15,1.78,0.0
2019.7.16,1.78,0.0
2019.7.17,1.73,-0.05
2019.7.18,1.61,-0.12
2019.7.19,1.59,-0.02
```

| **그림 2-11** | CSV 파일(data/bok_statistics_CD_2.csv)

데이터프레임에 plot(kind='bar') 메소드를 적용하면 막대 그래프를 그린다. ◆ 9

데이터프레임의 열(시리즈 객체)을 별도로 지정하여 plot(kind='bar') 메소드를 적용한다. ◆ 11~12

결과

```
      CD_rate  change
year
2012     3.30   -0.14
2013     2.72   -0.58
2014     2.49   -0.23
2015     1.76   -0.73
2016     1.49   -0.27
```

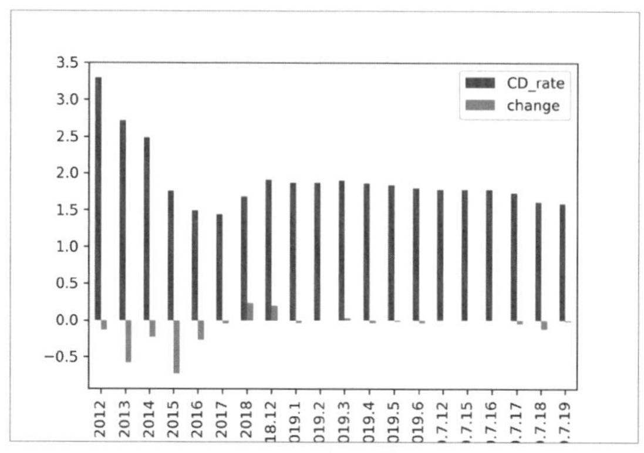

| 그림 2-12 | 9번 라인 실행 결과

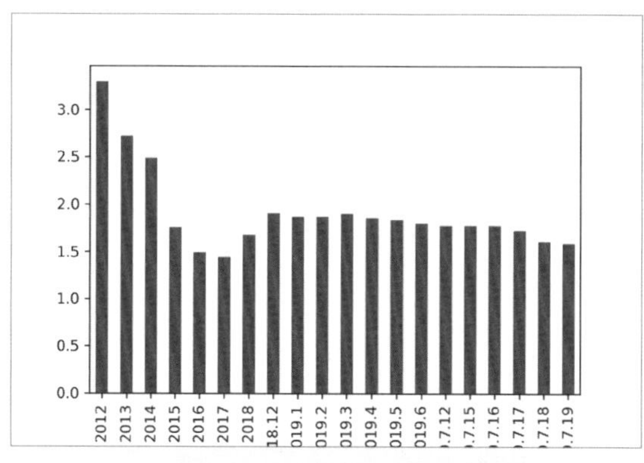

| 그림 2-13 | 11번 라인 실행 결과

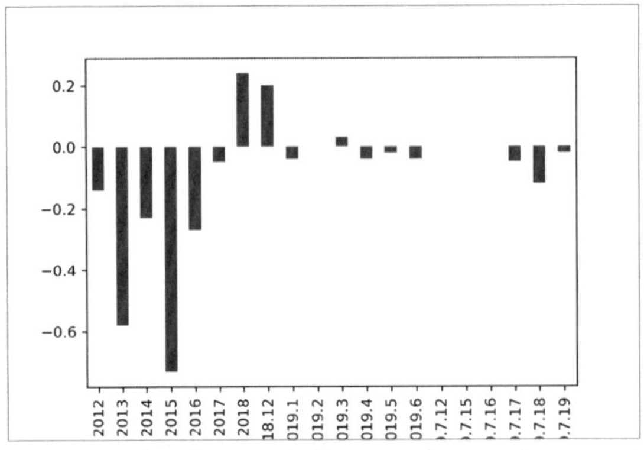

| **그림 2-14** | 12번 라인 실행 결과

데이터를 그래프로 표현하기 ③
히스토그램

고급 027

- **학습 내용 :** plot( ) 메소드를 이용하여 히스토그램을 그린다.
- **힌트 내용 :** 히스토그램을 그리는 옵션(kind='hist')를 적용한다.

소스 : 027.py

```
1: import pandas as pd
2:
3: # 예제 025에서 저장한 CSV 파일을 불러와서 데이터프레임으로 변환
4: df = pd.read_csv('./data/bok_statistics_CD_2.csv', header=0, index_col=0)
5: print(df.head( ))
6: print('\n')
7:
8: # 히스토그램
9: df['CD_rate'].plot(kind='hist')
10:
11: df['change'].plot(kind='hist')
```

라이브러리를 불러온다. 1

예제 025에서 저장한 CSV 파일을 데이터프레임으로 변환하고 변수 df에 저장한다. df의 내용 일부를 출력하여 확인한다. 4~5

데이터프레임에 plot(kind='hist') 메소드를 적용하면 히스토그램을 그린다. 6번 라인까지 먼저 부분 실행한 뒤에 9번 라인만을 따로 부분 실행한다. 9

데이터프레임의 열(시리즈 객체)을 별도로 지정하여 plot(kind='hist') 메소드를 적용한다. 11번 라인을 따로 선택하여 부분 실행한다. 11

결과

```
        CD_rate  change
year
2012       3.30   -0.14
2013       2.72   -0.58
2014       2.49   -0.23
2015       1.76   -0.73
2016       1.49   -0.27
```

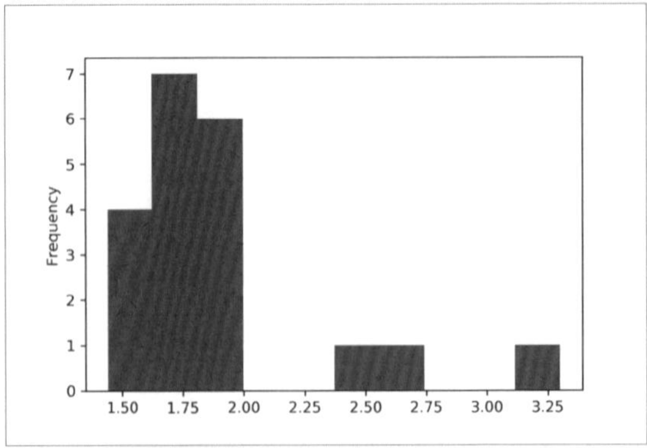

| **그림 2-15** | 9번 라인 실행 결과

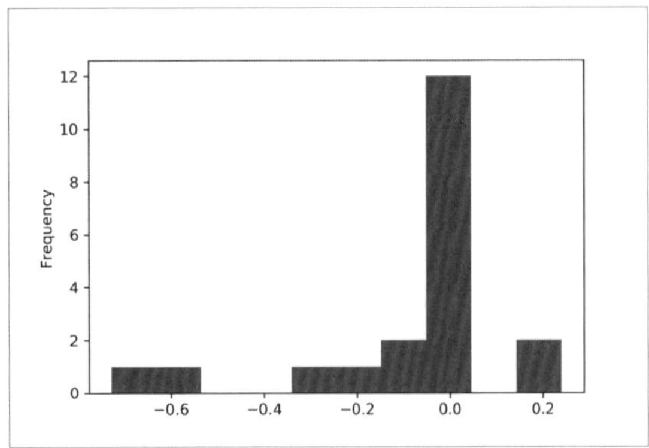

| **그림 2-16** | 11번 라인 실행 결과

데이터를 그래프로 표현하기 ④ 산점도

고급 028

- **학습 내용 :** plot( ) 메소드를 이용하여 산점도 그래프를 그린다.
- **힌트 내용 :** kind='scatter' 옵션을 적용한다.

소스 : 028.py

```
1: import pandas as pd
2:
3: # 예제 025에서 저장한 CSV 파일을 불러와서 데이터프레임으로 변환
4: df = pd.read_csv('./data/bok_statistics_CD_2.csv', header=0, index_col=0)
5: print(df.head( ))
6: print('\n')
7:
8: # 산점도
9: df.plot(x='CD_rate', y='change', kind='scatter')
```

라이브러리를 불러온다. ◆ 1

예제 025에서 저장한 CSV 파일을 데이터프레임으로 변환하고 변수 df에 저장한다. df의 내용 일부를 출력하여 확인한다. ◆ 4~5

plot( ) 메소드에 kind='scatter' 옵션을 적용한다. x축 값과 y축 값에 할당할 열을 각각 지정한다. x축 값으로 'CD_rate' 열, y축 값으로 'change' 열을 지정하면 [그림 2-17]과 같이 산점도가 출력된다. ◆ 9

```
         CD_rate  change
year
2012       3.30   -0.14
2013       2.72   -0.58
2014       2.49   -0.23
2015       1.76   -0.73
2016       1.49   -0.27
```

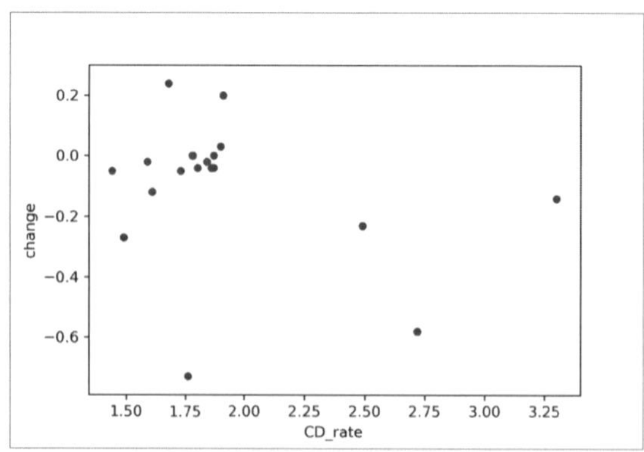

| **그림 2-17** | 9번 라인 실행 결과

데이터를 그래프로 표현하기 ⑤
박스플롯

- **학습 내용 :** plot( ) 메소드를 이용하여 박스플롯(boxplot) 그래프를 그린다.
- **힌트 내용 :** kind='box' 옵션을 적용한다.

소스 : 029.py

```
1: import pandas as pd
2:
3: # 예제 025에서 저장한 CSV 파일을 불러와서 데이터프레임으로 변환
4: df = pd.read_csv('./data/bok_statistics_CD_2.csv', header=0, index_col=0)
5: print(df.head( ))
6: print('\n')
7:
8: # 박스플롯
9: df.plot(kind='box')
```

라이브러리를 불러온다. ◆ 1

예제 025에서 저장한 CSV 파일을 데이터프레임으로 변환하고 변수 df에 저장한다. df의 내용 일부를 출력하여 확인한다. ◆ 4~5

데이터프레임에 plot(kind='box') 메소드를 적용하면 [그림 2-18]과 같이 박스플롯을 그린다. ◆ 9

```
        CD_rate  change
year
2012       3.30   -0.14
2013       2.72   -0.58
2014       2.49   -0.23
2015       1.76   -0.73
2016       1.49   -0.27
```

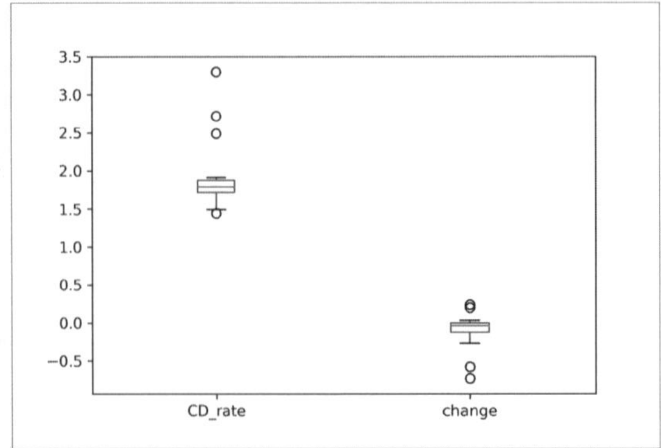

| **그림 2-18** | 9번 라인 실행 결과

그래프를 그림파일로 저장하기

고급

030

- **학습 내용 :** 앞에서 그린 그래프를 외부 그림파일로 저장하는 방법을 이해한다.
- **힌트 내용 :** matplotlib 라이브러리의 savefig( ) 함수를 사용한다.

소스 : 030.py

```
1: import pandas as pd
2: import matplotlib.pyplot as plt
3:
4: # 예제 025에서 저장한 CSV 파일을 불러와서 데이터프레임으로 변환
5: df = pd.read_csv('./data/bok_statistics_CD_2.csv', header=0, index_col=0)
6: print(df.head( ))
7: print('\n')
8:
9: # 그래프를 파일로 저장
10: boxplot = df.plot(kind='box')
11: plt.savefig('./output/boxplot.png')
```

라이브러리를 불러온다. ◆ 1~2

예제 025에서 저장한 CSV 파일을 데이터프레임으로 변환하고 변수 df에 저장한다. df의 내용 일부를 출력하여 확인한다. ◆ 4~5

데이터프레임에 plot(kind='box') 메소드를 적용하여 박스플롯을 그린다. 그래프 객체를 boxplot이라는 변수에 할당한다. ◆ 10

matplotlib.pyplot 모듈의 savefig( ) 함수를 이용하여 박스플롯 그래프를 파일 경로를 지정하여 PC에 저장한다. ◆ 11

```
         CD_rate  change
year
2012       3.30   -0.14
2013       2.72   -0.58
2014       2.49   -0.23
2015       1.76   -0.73
2016       1.49   -0.27
```

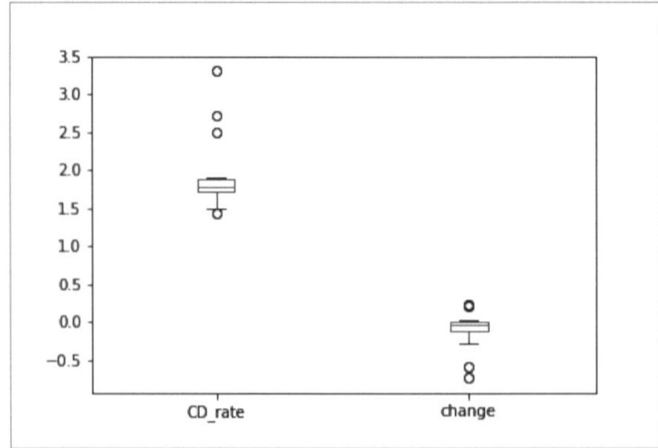

| **그림 2-19** | 11번 라인 실행 결과

워드클라우드 ❶ 영어 문서

고급 031

• **학습 내용 :** 텍스트 파일에서 주요 단어를 추출하여 중요도를 기준으로 단어를 시각화하는 워드클라우드를 만들어 본다.
• **힌트 내용 :** wordcloud 라이브러리를 활용하면 파이썬 환경에서 간단하게 워드클라우드를 만들 수 있다.

워드클라우드(wordcloud) 설치

Anaconda Prompt를 실행하고, 'conda install –c https://conda.anaconda.org/conda–forge wordcloud'를 입력한다.

또는 'pip install wordcloud'와 같이 PIP 명령으로 설치하는 방법이 있다. 아나콘다를 사용하지 않는다면 윈도우 명령 프롬프트에서 PIP 명령으로 설치한다.

소스 : 031.py

```
from wordcloud import WordCloud
import matplotlib.pyplot as plt

# 텍스트 파일 열기
text = open('./data/usa_president_message.txt', encoding='UTF-8').read( )

# 워드클라우드 이미지 생성하기
wordcloud = WordCloud(background_color='white',
                      width=1920,
                      height=1080).generate(text)

# 화면에 출력하기
fig = plt.figure( )
plt.imshow(wordcloud, interpolation='bilinear' , cmap='YlOrBr')
plt.axis('off')

# SVG 객체로 이미지 저장하기
plt.savefig('./output/usa_president_message_wordcloud.svg')
```

1~2 라이브러리를 불러온다.

5 파이썬 내장함수인 open() 함수를 이용하여 파일을 열고, read() 메소드를 이용하여 텍스트를 읽는다. 파일 경로를 지정하고 텍스트 파일의 인코딩 유형을 지정한다.

[트럼프 대통령 취임사(./data/usa_president_message.txt')]

Chief Justice Roberts, President Carter, President Clinton, President Bush, President Obama, fellow Americans and people of the world, thank you.
We, the citizens of America are now joined in a great national effort to rebuild our country and restore its promise for all of our people.
Together, we will determine the course of America and the world for many, many years to come. We will face challenges. We will confront hardships, but we will get the job done. Every four years we gather on these steps to carry out the orderly and peaceful transfer of power. And we are grateful to President Obama and First Lady Michelle Obama for their gracious aid throughout this transition. They have been magnificent. Thank you.
…. 〈이하 생략〉 …

8~10 WordCloud() 클래스 객체를 생성한다. 배경색을 지정하고, 이미지의 가로 세로 크기를 지정한다. generate() 메소드에 텍스트 문자열을 입력하면 단어 개수를 계산하여 워드클라우드 객체를 만든다.

13 matplotlib 라이브러리의 pylot 그림 객체를 생성한다.

14 imshow() 함수를 이용하여 그림 객체에 워드클라우드 이미지를 그린다. 워드클라우드의 각 글씨는 자료의 크기에 따라 다른 색으로 표시된다. 이미지 보간법(interpolation)과 cmap 옵션을 다르게 지정할 수도 있다.

15 pyplot 그래프의 가로축, 세로축을 표시하지 않도록 하는 명령이다.

18 Jupyter Notebook과 같이 웹 기반의 에디터에서는 워드클라우드 이미지가 바로 출력되지만, 스파이더 IDE에서는 SVG 파일로 저장하고 웹 브라우저로 실행하는 방법을 사용한다. [그림 2-20]은 PC에 저장한 SVG 파일을 웹 브라우저에 실행한 결과를 보여준다.

결과

| 그림 2-20 | 워드클라우드 생성 결과('./output/usa_president_message_wordcloud.svg')

워드클라우드 ❷ 한글 문서

- **학습 내용 :** 한국어 형태소 분석기를 이용하여 한글 텍스트 문서를 워드클라우드로 만들어본다.
- **힌트 내용 :** koNLPy를 설치하면 한글을 분석할 수 있다.

KoNLPy 설치

한글 형태소의 명사, 동사 등 품사를 구분하여 추출하기 위해서는 NLP를 사용한다. 대표적인 파이썬 한국어 NLP인 KoNLPy를 설치한다. 설치방법은 공식 API(https://konlpy-ko.readthedocs.io/ko/v0.4.3/install/#id2)를 참조한다. 윈도우 기준으로는 다음과 같은 순서로 설치한다.

❶ JDK(Java Development Kit) 설치: Java 1.7+ 이상

Open JDK 다운로드 사이트(https://github.com/ojdkbuild/ojdkbuild)에 접속한다. 사용하는 운영체제에 맞는 버전을 다운로드하여 설치한다. 여기서는 Windows 64비트 Java 1.8 버전(java-1.8.0-openjdk-1.8.0.222-2.b10.ojdkbuild.windows.x86_64.msi)을 사용했다.

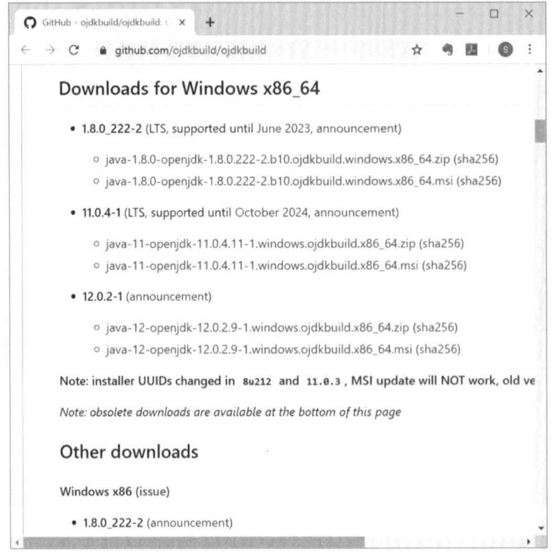

| **그림 2-21** | Open JDK 다운로드

다운로드한 설치파일을 실행하면 [그림 2-22]와 같은 설치 화면이 나온다. [Next] 버튼을 누르고 이용약관 동의 후에 설치를 진행한다.

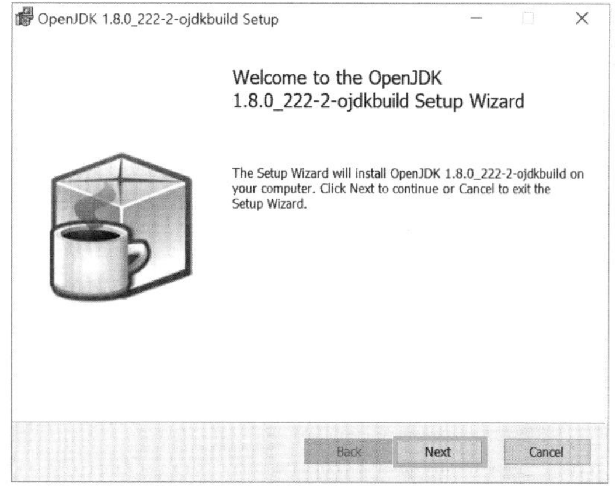

| 그림 2-22 | Open JDK 다운로드

❷ 환경 변수(JAVA_HOME) 설정

윈도우 제어판에서 '시스템 환경 변수 편집'을 검색하고 실행하면 [그림 2-23]과 같은 화면이 실행된다.

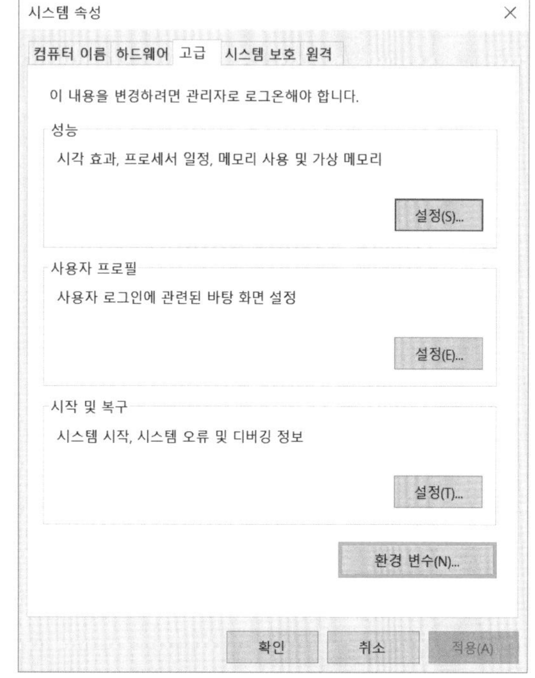

| 그림 2-23 | 시스템 환경 변수 편집

여기서 [환경 변수]를 선택하면 [그림 2-24]와 같이 환경 변수를 편집하는 화면이 나타난다. 아래 쪽의 시스템 변수 영역에서 JAVA_HOME 변수를 찾고 [편집] 버튼을 클릭하고 변수 값 영역에 Open JDK의 설치 경로를 수정 입력한다.

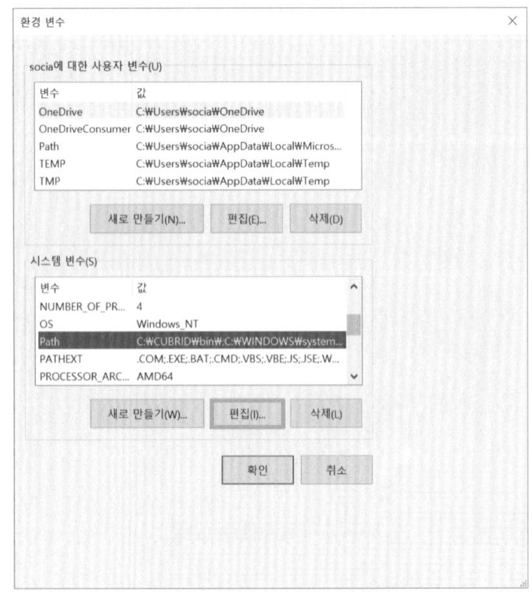

| 그림 2-24 | 시스템 환경 변수 편집

기존에 JAVA를 설치하지 않은 경우에는 새로 만들기 버튼을 클릭한 후 JAVA_HOME을 변수 이름에 입력하고 설치 경로를 변수 값 부분에 입력한다.

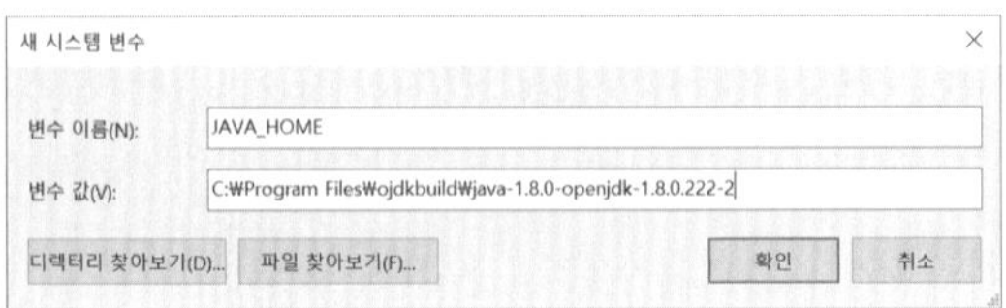

| 그림 2-25 | 시스템 환경 변수 편집

❸ pip 업그레이드

Anaconda Prompt를 실행하고 'pip install --upgrade pip'을 입력한다. 가상환경을 이용하는 경우에는 가상환경을 실행하고 설치한다.

❹ JPype1(0.5.7 이상 버전) 다운로드 및 설치

UC 어바인 사이트(https://www.lfd.uci.edu/~gohlke/pythonlibs/#jpype)에 접속해서 사용 중인 파이썬 버전과 운영체제에 맞는 파일을 다운로드한다. 파이썬 3.6을 사용한다면 파일명에 'cp36'을 확인하고, 윈도우 64비트는 'win amd64'를 확인한다. 저자는 파이썬 3.6, 윈도우 32비트 체제이므로 'JPype1-0.7.0-cp36-cp36m-win32.whl' 파일을 선택했다.

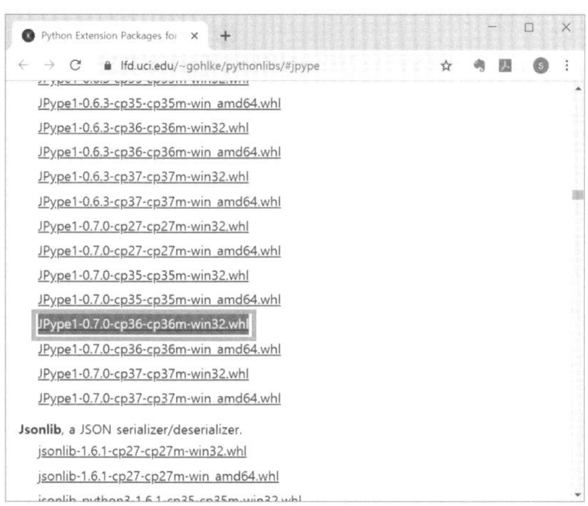

| **그림 2-26** | JPype 파일 다운로드

Anaconda Prompt를 열고 다운로드한 파일을 현재 폴더로 이동시킨다. 또는 파일이 위치한 폴더로 이동한다. 'pip install JPype1-0.7.0-cp36-cp36m-win32.whl'을 입력하여 설치를 진행한다.

```
Anaconda Prompt (Anaconda3)
(base) C:₩Users₩socia>conda activate py100

(py100) C:₩Users₩socia>pip install JPype1-0.7.0-cp36-cp36m-win_amd64.whl
Processing c:₩users₩socia₩jpype1-0.7.0-cp36-cp36m-win_amd64.whl
Installing collected packages: JPype1
Successfully installed JPype1-0.7.0

(py100) C:₩Users₩socia>
```

| **그림 2-27** | JPype1 설치(Anaconda Prompt)

⑤ koNLPy 설치

Anaconda Prompt 또는 윈도우 명령 프롬프트를 열고 'pip install konlpy'를 입력하면 설치가 진행된다.

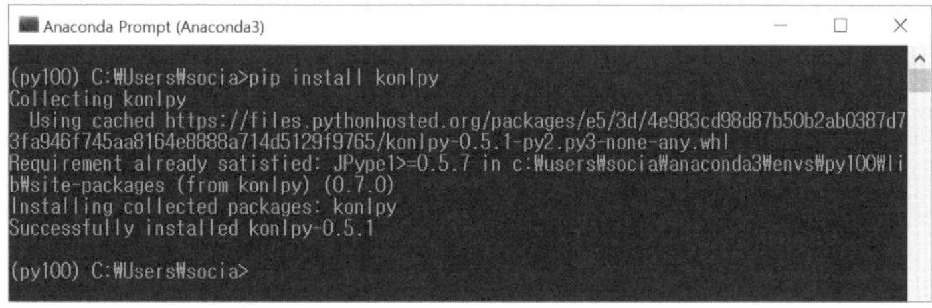

| **그림 2-28** | koNLPy 설치(Anaconda Prompt)

소스 : 032.py

```
1: from konlpy.tag import Hannanum
2: from collections import Counter
3: from wordcloud import WordCloud
4: import matplotlib.pyplot as plt
5:
6: # 텍스트 파일 열기
7: text = open('./data/2018_president_message.txt', encoding='cp949').read( )
8:
9: # 한글 형태소 분석하기
10: engin = Hannanum( )
11: nouns = engin.nouns(text)
12: nouns = [n for n in nouns if len(n) > 1]
13:
14: # 단어 숫자 세기
15: count = Counter(nouns)
16: tags = count.most_common(50)
17:
18: # 워드클라우드 이미지 생성하기
19: wordcloud = WordCloud(font_path='c:/Windows/Fonts/malgun.ttf',
20:                       background_color='white',
21:                       width=1200,
22:                       height=800).generate_from_frequencies(dict(tags))
23:
24: # 화면에 출력하기
25: fig = plt.figure( )
26: plt.imshow(wordcloud, interpolation='bilinear')
27: plt.axis('off')
28:
29: # SVG 객체로 이미지 저장하기
30: plt.savefig('./output/2018_president_message_wordcloud.svg')
```

1~4 ◆ 라이브러리를 불러온다.

7 ◆ 파이썬 내장함수인 open( ) 함수를 이용하여 파일을 열고, read( ) 메소드를 이용하여 텍스트를 읽는다. 파일 경로를 지정하고, 텍스트 파일의 인코딩 유형을 지정한다(예제 문서를 사용하지 않고 다른 텍스트 파일을 이용하거나 text 변수에 직접 문장을 입력하여 각자 원하는 문서를 분석할 수 있다).

[2018년 문재인 대통령 신년사(./data/2018_president_message.txt')]

존경하는 국민 여러분,
지난 일 년, 저는 평범함이 가장 위대하다는 것을 하루하루 느꼈습니다. 촛불광장에서 저는 군중이 아닌 한 사람 한 사람의 평범한 국민을 보았습니다. 어머니에서 아들로, 아버지에서 딸로 이어지는 역사가 그 어떤 거대한 역사의 흐름보다 중요하다는 것을 깨달았습니다. 한겨울 내내 촛불을 든 후 다시 일상을 충실히 살아가는 평범한 가족들을 보면서 저는 우리의 미래를 낙관할 수 있습니다.

우리가 민주주의의 역사를 다시 쓸 수 있었던 것은 그렇게 평범한 사람, 평범한 가족의 용기있는 삶이
우리 주변에 항상 존재하고 있었기 때문입니다. 저는 그것이 너무나 자랑스럽습니다. 덕분에 우리는 오늘 희망을 다시 이야기할 수 있게 되었습니다.
…. 〈이하 생략〉 …

koNLPy의 Hannanum 품사 태그를 사용한다. 이외에도 Kkma, Komoran, Twitter, Mecab 등이 있다. ◆ 10

문장에서 명사(noun)를 추출한다. ◆ 11

추출한 명사 중에서 단음절(글자 1개)을 제외하고 두 글자 이상으로 구성되는 문자를 리스트로 담는다. ◆ 12

Counter() 함수를 이용하여 단어 개수를 세어 정리한다. most_common() 메소드는 개수가 가장 많은 순서대로 입력받은 숫자만큼 추출하여 (단어, 개수) 형태의 투플(tuple)로 반환한다. 예제는 빈도수가 많은 명사의 상위 50개를 추출한다는 뜻이다. 영어는 WorldCloud() 함수에서 단어 개수를 계산할 수 있지만, 한국어는 이와 같이 따로 단어 개수를 세는 과정이 필요하다. ◆ 15~16

WordCloud() 클래스 객체를 생성한다. 한글 폰트를 반드시 지정한다. 배경색을 지정하고, 이미지의 가로 세로 크기를 지정한다. generate_from_frequencies() 메소드에 {단어:개수} 형태의 딕셔너리를 입력하면, 각 단어를 빈도수에 따라 다르게 표현하는 워드클라우드 객체를 만든다. 16번 라인에서 만든 투플을 딕셔너리로 변환한다(dict 함수 사용). ◆ 19~22

matplotlib 라이브러리의 pylot 그림 객체를 생성한다. ◆ 25

imshow() 함수를 이용하여 그림 객체에 워드클라우드 이미지를 그린다. ◆ 26

pyplot 그래프의 가로축, 세로축을 표시하지 않는다. ◆ 27

Jupyter Notebook과 같이 웹 기반의 에디터에서는 워드클라우드 이미지가 바로 출력되지만, 스파이더 IDE에서는 SVG 파일로 저장하고 웹 브라우저로 실행하는 방법을 사용한다. ◆ 30

결과

| **그림 2-29** | 워드클라우드 생성 결과('./output/2018_president_message_wordcloud.svg')

고급 033

워드클라우드 ③ 이미지 마스킹 처리하기

- **학습 내용 :** 미국 영토를 나타내는 마스크 이미지 형태에 맞춰 워드클라우드 이미지를 생성한다.
- **힌트 내용 :** PIL 모듈로 이미지를 다루고, NumPy 모듈을 이용하여 2차원 숫자 벡터로 변환한다.

| 그림 2-30 | 마스크 이미지(미국 지도)

소스 : 033.py

```
from wordcloud import WordCloud, STOPWORDS
import matplotlib.pyplot as plt
from PIL import Image
import numpy as np

# 텍스트 파일 열기
text = open('./data/usa_president_message.txt', encoding='UTF-8').read( )

# 이미지 마스킹 처리
image_path = './data/usa_map.jpg'
usa_map = np.array(Image.open(image_path))

```

```
13: # 워드클라우드 이미지 생성하기
14: wordcloud = WordCloud(background_color='white',
15:                       max_font_size = 100,
16:                       max_words=1000,
17:                       stopwords=STOPWORDS,
18:                       mask=usa_map).generate(text)
19:
20: # 화면에 출력하기
21: fig = plt.figure(figsize=(15,15))
22: plt.imshow(wordcloud, interpolation='bilinear')
23: plt.axis('off')
24:
25: # SVG 객체로 이미지 저장하기
26: plt.savefig('./output/usa_president_message_wordcloud_with_map.svg')
```

1~4 ◆ 라이브러리를 불러온다.

7 ◆ 파이썬 내장함수인 open() 함수를 이용하여 파일을 열고, read() 메소드를 이용하여 텍스트를 읽는다. 여기서는 예제 031의 미국 트럼프 대통령의 취임사를 다시 사용했다.

10~11 ◆ 워드클라우드 이미지의 기본 형태로 사용할 마스크 이미지를 불러온다. PIL 라이브러리의 Image 모듈을 사용한다. 이미지 파일을 numpy array(배열)로 변환한 값을 usa_map이라는 변수에 저장한다.

14~18 ◆ WordCloud() 클래스 객체를 생성한다. 배경색과 폰트 크기의 상한선을 지정할 수 있다. 최대로 포함할 수 있는 단어 수를 1000개로 지정했다. wordcloud 라이브러리에서 지원하는 STOPWORDS를 사용한다. 워드클라우드에 일반적으로 포함하지 않는 영단어를 저장하고 있다. 11번 라인에서 생성한 마스킹 이미지 배열을 mask 옵션에 할당한다. generate() 메소드에 문장을 입력하면 워드클라우드 객체로 변환된다.

21~23 ◆ matplotlib 라이브러리의 pylot 그림 객체를 생성한다. imshow() 함수를 이용하여 그림 객체에 워드클라우드 이미지를 그린다.

26 ◆ SVG 파일로 저장한다.

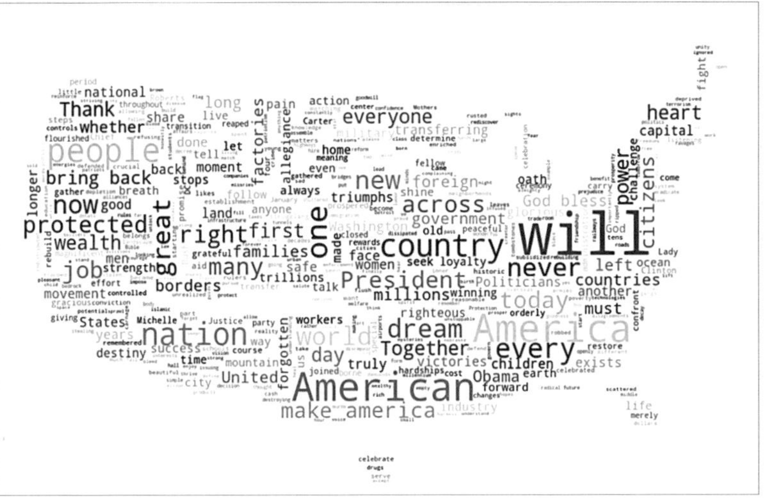

| 그림 2-31 | 워드클라우드 생성 결과('./output/2018_president_message_wordcloud_with_map.svg')

고급

034 레이더 차트(별 그림)

- **학습 내용 :** 레이더 차트는 변수가 여러 개인 다변량 데이터를 표현하는 그래프이다. 2019 KBO 프로야구 1위팀과 10위 팀의 정규리그 성적을 레이더 차트로 나타내고 변수 간의 차이를 비교한다.
- **힌트 내용 :** matplotlib으로 그래프를 그릴 때 직교좌표가 아닌 극좌표(polar) 옵션을 활용할 수 있다.

소스 : 034.py

```
import matplotlib.pyplot as plt
import pandas as pd
from math import pi

# 데이터  로딩
kbo = pd.read_csv("./data/kbo.csv")
print(kbo.head( ))
print("\n")

# 변수 지정
var = kbo.columns.to_list( )[1:]
print(var)
print("\n")

# 1위 팀 값 지정
val1 = kbo.loc[0, :].drop('팀명').values.tolist( )
val1 += val1[:1]
print(val1)
print("\n")

# 10위 팀 값 지정
val2 = kbo.loc[1, :].drop('팀명').values.tolist( )
val2 += val2[:1]
print(val2)
print("\n")

# 변수별 각도 계산
num_var = len(var)
deg = [n / float(num_var) * 2 * pi for n in range(num_var)]
```

```
30: deg += deg[:1]
31: print(deg)
32: print("\n")
33:
34: # matplotlib 한글 폰트 오류 문제 해결
35: from matplotlib import font_manager, rc
36: font_path = "./data/malgun.ttf"
37: font_name = font_manager.FontProperties(fname=font_path).get_name( )
38: rc('font', family=font_name)
39:
40: # 레이더 차트 그리기
41: ax = plt.subplot(111, polar=True)
42: plt.xticks(deg[:-1], var, color='grey', size=10)
43:
44: ax.set_rlabel_position(45)
45: plt.yticks([25,50,75,100], ["25","50","75","100"], color="red", size=7)
46: plt.ylim(0,100)
47:
48: ax.plot(deg, val1, linewidth=1, linestyle='solid', label='1위 팀')
49: ax.fill(deg, val1, 'orange', alpha=0.2)
50:
51: ax.plot(deg, val2, linewidth=1, linestyle='solid', label='10위 팀')
52: ax.fill(deg, val2, 'blue', alpha=0.2)
53:
54: plt.legend(loc='best', bbox_to_anchor=(0.05, 0.95))
```

라이브러리를 불러온다. ◆ 1~3

KBO 프로야구 1위 팀, 10위 팀의 성적 데이터(./data/kbo.csv)를 판다스 read_csv( ) 함수로 데이터프레임 객체로 변환한다. head( ) 메소드로 데이터프레임의 내용을 출력하여 확인한다. ◆ 6~7

팀명	승리	패배	세이브	홀드
1위 팀	88	55	51	92
10위 팀	48	93	16	47

KBO 정규리그 성적 데이터

11~12 ◆ 첫 번째 열인 '팀명'을 제외하고 '승리' 열부터 이후에 위치하는 모든 열을 선택한다. 데이터프레임 kbo의 columns 속성은 열 이름의 배열이 저장되어 있다. to_list() 메소드를 적용하면, 파이썬 리스트로 변환된다.

16 ◆ 1위 팀의 데이터 값을 파이썬 리스트로 정리한다. loc 인덱서로 1위 팀 데이터인 0행을 선택하고 values 속성으로 0행의 값들인 88, 55, 51, 92를 선택한다. tolist() 메소드를 적용하면 numpy 배열이 리스트로 변환된다.

17~18 ◆ 레이더 차트가 중간에 끊기지 않고 극좌표에서 고리 형태로 연결되도록 0행의 첫 번째 값인 88을 앞에서 만든 리스트의 마지막에 중복으로 추가한다(시작점과 끝점을 일치시키는 개념으로 이해한다).

22~24 ◆ 2위 팀의 데이터 값을 마찬가지 방식으로 리스트로 정리한다. 리스트를 출력하여 내용을 확인한다.

28~30 ◆ 차트에 그릴 변수의 개수를 구하고, 원의 각도($2\pi=360^\circ$)를 라디안으로 나타내고 변수의 개수로 나눈다. 4개의 변수로 나누면 각 변수마다 90°의 각을 이룬다.

35~38 ◆ matplotlib의 한글 오류 문제를 해결하기 위한 코드이다. 36번 라인은 사용하려는 한글 폰트 파일(*.ttf)이 위치하는 경로를 나타낸다(이 책에서는 현재 폴더의 하위 폴더인 data에 있는 것으로 가정했다).

41 ◆ 그래프 객체 ax를 생성한다. 111은 1개의 서브플롯을 만든다는 뜻이다. 차트 1개에 두 팀의 데이터를 함께 표시할 예정이다. 극좌표를 사용하기 위하여 poalr 옵션을 True로 설정한다.

42 ◆ 변수 4개의 값을 x축의 값으로 표시한다. 폰트색은 회색(grey)으로 설정한다.

44~46 ◆ 극좌표의 반경(radial)을 나타낼 각도를 45도로 지정하고 형식을 정의한다. [그림 2-32]와 같이 45도 각도의 위치에 25, 50, 75, 100 값이 표시된다. ylim() 메소드로 반경을 나타내는 y축 값을 0~100 범위로 지정한다.

48~49 ◆ 1위 팀의 값을 극좌표에 나타낸다. 각도와 값의 배열을 매칭하여 극좌표에 표시한다. fill 메소드는 내부 영역을 색으로 채우는 함수이다. alpha 값은 투명도를 나타내고 0~1 범위의 값을 이용한다.

51~52 ◆ 10위 팀의 데이터를 극좌표에 나타낸다.

54 ◆ 범례 표시를 한다. bbox_to_anchor 옵션은 범례 상자가 위치하는 절대 좌표를 지정한다. (0.05, 0.95)는 가로 방향으로 0.05, 세로 방향으로 0.95 위치를 나타낸다. 따라서 화면의 왼쪽 상단에 위치한다.

	팀명	승리	패배	세이브	홀드
0	1위 팀	88	55	51	92
1	10위 팀	48	93	16	47

['승리', '패배', '세이브', '홀드']

[88, 55, 51, 92, 88]

[48, 93, 16, 47, 48]

[0.0, 1.5707963267948966, 3.141592653589793, 4.71238898038469, 0.0]

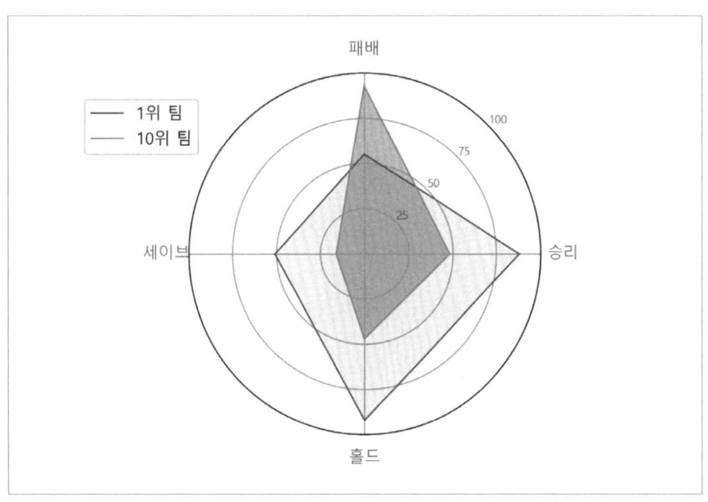

| 그림 2-32 | 레이더 차트 출력 화면

히트맵(heatmap)

- **학습 내용 :** seaborn 라이브러리를 이용하여 변수 간의 상관관계를 히트맵으로 나타낸다.
- **힌트 내용 :** heatmap( ) 메소드에 데이터를 전달하고 그래프 형식 요소를 지정한다.

seaborn 설치

Anaconda Prompt 또는 윈도우 명령 프롬프트를 실행하고, 'pip install seaborn'을 입력한다. 아나콘다 내비게이터를 실행하여 Environments 메뉴에서 설치할 수도 있다.

소스 : 035.py

```
import matplotlib.pyplot as plt
import seaborn as sns

# Seaborn 제공 데이터셋 가져오기
df = sns.load_dataset('iris')
print(df.head( ))
print("\n")
print(df.columns.values)

# 상관계수를 구해서 히트맵으로 그리기
plt.figure(figsize=(10,10))
corr = df.loc[:,'sepal_length':'petal_width'].corr( )
print(corr.head( ))
print("\n")

# 히트맵 그리기
sns.set(font_scale=1.5)
sns.heatmap(corr,
            annot=True,
            cmap='PuBuGn',
            fmt='.1f',
            square=True,
            linewidth=0.5,
            cbar=False)

plt.show( )
```

라이브러리를 불러온다. 1~2

seaborn 라이브러리에서 제공하는 iris 데이터셋을 불러와서 데이터프레임 형태로 df 변수에 저장한다. load_dataset( ) 함수를 사용한다. 5

첫 5개 행을 출력하여 내용을 살펴본다. 6

데이터프레임의 열 이름의 값을 출력해서 확인한다. 'sepal_length' 'sepal_width' 'petal_length' 'petal_width' 'species'와 같이 5개의 열로 구성되어 있다. 8

그래프 객체를 정의한다. figsize 옵션으로 그림틀의 사이즈를 정한다. 11

loc 인덱서를 활용하여 [행, 열] 형식으로 df의 모든 행, 'sepal_length' 열부터 'petal_width' 열까지의 영역을 선택한다. 4개 열의 모든 행이 선택된다. corr( ) 메소드를 적용하면 데이터프레임의 숫자 데이터를 갖는 각 열(변수) 사이의 상관관계를 계산한다. 열 이름이 각각 행과 열을 구성하는 데이터프레임 형태가 된다. 13번 라인에서 print( ) 함수로 상관계수 값을 갖는 데이터프레임의 내용을 출력한다. 12~13

폰트 스케일을 1.5로 적용한다. 17

corr 데이터프레임을 데이터로 사용하여 히트맵을 그린다. annot 옵션은 히트맵의 각 부분에 해당되는 데이터 값의 표시 여부를 정한다. 여기서는 True로 설정하여 표시한다. cmap은 컬러맵을 설정하고, fmt는 숫자 데이터 표시형식을 지정한다. square는 히트맵 안의 각 상자 모양을 정사각형으로 할 것인지의 여부를 정한다. linewidth는 구분선의 두께를 나타내고, cbar 옵션은 컬러바를 따로 표시할지의 여부를 정한다. 18~24

그래프를 화면에 표시한다. 26

결과

	sepal_length	sepal_width	petal_length	petal_width	species
0	5.1	3.5	1.4	0.2	setosa
1	4.9	3.0	1.4	0.2	setosa
2	4.7	3.2	1.3	0.2	setosa
3	4.6	3.1	1.5	0.2	setosa
4	5.0	3.6	1.4	0.2	setosa

['sepal_length' 'sepal_width' 'petal_length' 'petal_width' 'species']

	sepal_length	sepal_width	petal_length	petal_width
sepal_length	1.000000	-0.117570	0.871754	0.817941
sepal_width	-0.117570	1.000000	-0.428440	-0.366126
petal_length	0.871754	-0.428440	1.000000	0.962865
petal_width	0.817941	-0.366126	0.962865	1.000000

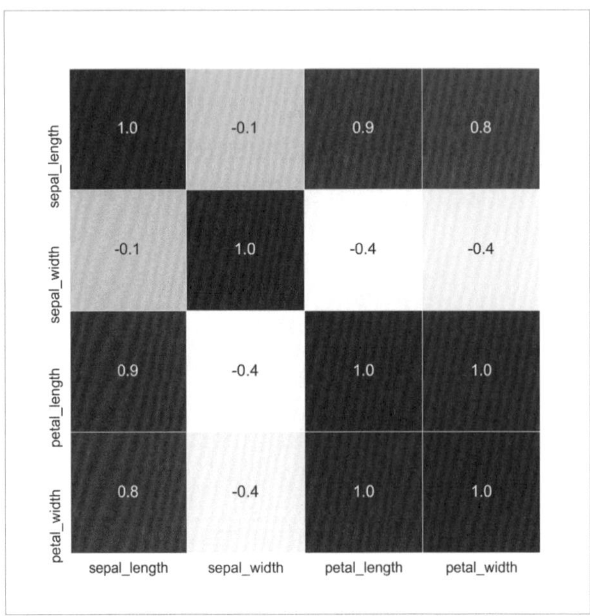

| 그림 2-33 | 히트맵 출력 화면

채색 달력 그래프(calmap)

고급 036

- **학습 내용 :** 채색 달력 그래프는 일별 데이터 값을 달력에 다른 색으로 구분하여 표현한 그래프를 말한다. 2018년 KOSPI 주가지수 일별 데이터를 채색 달력 그래프로 그려본다.
- **힌트 내용 :** 파이썬 calmap 라이브러리를 이용하여 채색 달력 그래프를 그릴 수 있다.

calmap 설치

Anaconda Prompt 또는 윈도우 명령 프롬프트를 실행하고 'pip install calmap'을 입력한다. 아나콘다 내비게이터를 실행하여 Environments 메뉴에서 설치할 수도 있다. 다음 코드를 실행하면 calmap 업그레이드 문제로 판다스 최신 버전에서 오류가 발생하기도 한다. 오류가 발생하는 경우, 기존 설치된 판다스를 pip uninstall pandas와 같이 제거하고, pip install pandas==1.0.0과 같이 입력하여 1.0.0 버전을 설치해 사용한다.

소스 : 036.py

```
import pandas as pd
import calmap
import matplotlib.pyplot as plt

pd.set_option('display.max_columns', 20)

# KOSPI 데이터 준비
df = pd.read_excel('./data/kospi.xls', parse_dates=['년/월/일'])
print(df.head( ))
print("\n")

df.columns = ['date', 'price', 'up_down', 'change', 'start', 'high', 'low',
              'vol_num', 'vol_amt', 'mkt_cap']
df = df.set_index('date', drop=True)
print(df.head( ))
print("\n")

# Calendar Map 표현
plt.figure(figsize=(16,8))
```

```
20: calmap.calendarplot(df.change,
21:                     monthticks=1, daylabels='MTWTFSS', dayticks=[0, 2, 4, 6],
22:                     cmap='YlGn', linewidth=0.05, fillcolor='grey',
23:                     fig_kws=dict(figsize=(14, 6)),
24:                     yearlabel_kws=dict(color='black', fontsize=12),
25:                     subplot_kws=dict(title='2018 KOSPI Price Trend'),
26:                     )
27:
28: plt.show()
```

1~3 ◆ 라이브러리를 불러온다.

5 ◆ IPython 콘솔 화면에 출력할 수 있는 최대 열(column)의 개수를 설정한다. 예제에서는 20개의 열이 표시될 수 있도록 했다.

8~9 ◆ 2018년 KOSPI 주가지수 일별 데이터를 가져와서 데이터프레임 df로 정리한다. 첫 5행을 출력하여 내용을 확인한다.

12~13 ◆ 데이터프레임의 열 이름을 새로운 배열을 할당하여 변경한다. 기존 열의 순서에 맞춰 열 이름이 일대일로 매칭된다.

14 ◆ 'data' 열을 데이터프레임의 행 인덱스로 설정한다. drop=True 옵션을 적용하여 기존 행 인덱스를 삭제한다.

15 ◆ 변경된 내용을 출력하여 확인한다.

19 ◆ matplotlib 그림틀의 크기를 정의한다.

20 ◆ calmap 라이브러리의 calendarplot() 함수를 정의한다. 데이터프레임의 'change' 열을 선택하여 데이터로 사용한다.

21 ◆ monthticks는 1~12월의 이름을 표시하는 간격을 정의한다. 1로 설정하면 모든 월 이름을 표시한다는 뜻이다. daylabels는 월~일까지 요일명을 나타내는 형식을 말한다. dayticks는 요일명을 표시하는 간격을 말하고, 여기서는 0, 2, 4, 6번째 위치에 해당하는 M(월), W(수), F(금), S(일)을 표시한다.

22 ◆ cmap은 컬러맵, linewidth는 구분선의 두께, fillcolor는 누락치가 있을 때 해당 칸을 표시하는 색을 지정한다.

fig_kws는 채색 달력 그래프의 크기를 설정한다. 23

yearlabel_kws는 연도 표시 형식을 정의한다. 24

subplot_kws는 제목을 표시한다. 25

그래프를 표시한다. 28

```
       년/월/일        종가     대비  등락률(%)       시가        고가        저가  거래량(천주)  \
0  2018-12-28  2,041.04   12.60    0.62   2,036.70   2,046.97   2,035.41   352,678
1  2018-12-27  2,028.44    0.43    0.02   2,032.09   2,035.57   2,021.39   398,021
2  2018-12-26  2,028.01  -27.00   -1.31   2,028.81   2,037.83   2,014.28   321,499
3  2018-12-24  2,055.01   -6.48   -0.31   2,050.38   2,059.94   2,046.18   285,275
4  2018-12-21  2,061.49    1.37    0.07   2,052.70   2,061.51   2,049.76   311,389

          거래대금(원)            상장시가총액(원)
0  4,120,695,824,217  1,343,971,857,985,694
1  5,351,003,742,272  1,335,555,861,715,532
2  5,424,078,195,801  1,336,757,289,211,058
3  3,843,849,185,884  1,352,900,455,817,700
4  5,492,537,998,707  1,357,352,795,408,644


               price  up_down  change     start      high       low  vol_num  \
date
2018-12-28  2,041.04    12.60    0.62  2,036.70  2,046.97  2,035.41  352,678
2018-12-27  2,028.44     0.43    0.02  2,032.09  2,035.57  2,021.39  398,021
2018-12-26  2,028.01   -27.00   -1.31  2,028.81  2,037.83  2,014.28  321,499
2018-12-24  2,055.01    -6.48   -0.31  2,050.38  2,059.94  2,046.18  285,275
2018-12-21  2,061.49     1.37    0.07  2,052.70  2,061.51  2,049.76  311,389

                      vol_amt                mkt_cap
date
2018-12-28  4,120,695,824,217  1,343,971,857,985,694
2018-12-27  5,351,003,742,272  1,335,555,861,715,532
2018-12-26  5,424,078,195,801  1,336,757,289,211,058
2018-12-24  3,843,849,185,884  1,352,900,455,817,700
2018-12-21  5,492,537,998,707  1,357,352,795,408,644
```

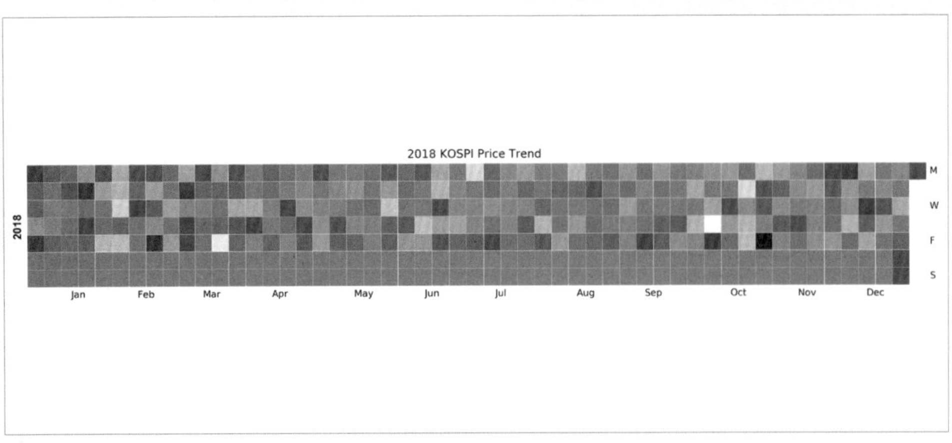

| **그림 2-34** | 캘린더맵 출력 화면

3 PART 활용

다양한 API 활용

구글 검색 트렌드 분석하기 ❶ 시간에 따른 변화

• **학습 내용 :** 파이썬 기반으로 개발된 다양한 API를 활용하는 방법을 이해한다. 구글 검색 트렌드를 파악할 수 있는 pytrends를 예제로 다룬다.

• **힌트 내용 :** pytrends를 설치하고 시간에 따른 검색 트렌드 데이터를 가져오는 함수를 이용한다.

pytrends 설치

pytrends는 아나콘다 배포판에서 제공하지 않기 때문에 Anaconda Prompt 또는 윈도우 명령 프롬프트에서 'pip install pytrends'를 입력한다.

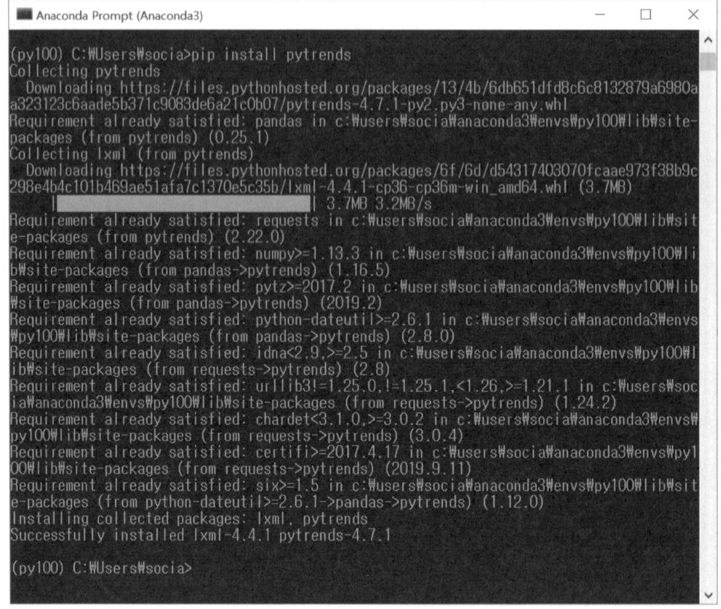

| **그림 3-1** | pytrends 설치

NOTE

pytrends는 구글 트렌드(Google Trend)에서 제공하는 CSV 파일을 다운로드하지 않고 바로 가져올 수 있다는 점에서 편리하게 활용할 수 있다. 다만 pytrends 사이트(https://pypi.org/project/pytrends/1.1.3/)에 따르면, 이는 구글에서 제공하지 않는 비공식 API인 관계로 구글 사이트가 개편되면 작동하지 않을 수 있음을 공지하고 있다. 또한 너무 빈번하게 접속해서 서버에 영향을 주는 행위를 하게 되면 구글에서 사용자 계정을 차단할 수 있다고 한다.

소스 : 037.py

```
1: from pytrends.request import TrendReq
2: import matplotlib.pyplot as plt
3: import os
4:
5: # 검색 keyword, 검색 기간 입력
6: keyword = "Galaxy Fold"
7: period = "today 3-m"    #검색 기간: 최근 3개월
8:
9: # Google Trend 접속
10: trend_obj = TrendReq( )
11: trend_obj.build_payload(kw_list=[keyword], timeframe=period)
12:
13: # 시간에 따른 Trend 변화
14: trend_df = trend_obj.interest_over_time( )
15: print(trend_df.head( ))
16:
17: # 그래프 출력
18: plt.style.use("ggplot")
19: plt.figure(figsize=(14,5))
20: trend_df["Galaxy Fold"].plot( )
21: plt.title("Google Trends over time", size=15)
22: plt.legend(labels=["Galaxy Fold"], loc="upper right")
23:
24: # 그래프 파일 저장
25: cwd = os.getcwd( )
26: output_filepath = os.path.join(cwd, "output", "google_trend_%s.png" % keyword)
27: plt.savefig(output_filepath, dpi=300)
28: plt.show( )
```

라이브러리를 불러온다. 1~3

구글 트렌드에 검색하려는 키워드를 지정한다. 6

검색 기간을 오늘로부터 3개월 이전까지 설정한다. 7

pytrends.request 모듈의 TrenReq( ) 클래스를 사용하여 검색 객체(trend_obj)를 생성한다. 10

검색 키워드와 검색 기간을 build_payload( ) 메소드에 입력하여 trend_obj 객체에 전달한다. 11

14 시간에 따른 검색 트렌드 데이터를 찾기 위해 interest_over_time() 메소드를 이용한다. 검색 결과를 데이터프레임(trend_df)에 저장한다.

15 데이터프레임의 일부 내용을 출력하여 확인한다. 실행 결과는 프로그램 실행 시점에 따라 다르게 출력된다.

18~22 검색 결과를 그래프로 출력하는 과정이다. 검색 트렌드 결과가 저장되어 있는 열은 "Galaxy Fold" 열이므로 20번 라인에서처럼 해당 열만 선택하여 plot() 메소드를 적용한다. 18번 라인은 matplotlib 라이브러리의 스타일 서식을 지정하는 명령이다. "ggplot"이라는 스타일을 적용한다.

25 os 모듈의 getcwd() 함수를 이용하여 현재 작업 디렉터리(폴더) 경로를 가져온다.

26 파일 경로를 결합하여 완성한다. "현재 폴더(cwd)/output/파일명.png" 형태로 현재 폴더의 하위 폴더인 output 폴더에 파일 경로를 지정한다.

27 os.path 모듈의 join() 함수를 사용하여 파일 26번 라인에서 지정한 경로에 별도의 이미지 파일(*.png)로 저장한다.

```
            Galaxy Fold  isPartial
date
2019-07-09           15      False
2019-07-10           12      False
2019-07-11           14      False
2019-07-12           15      False
2019-07-13           18      False
```

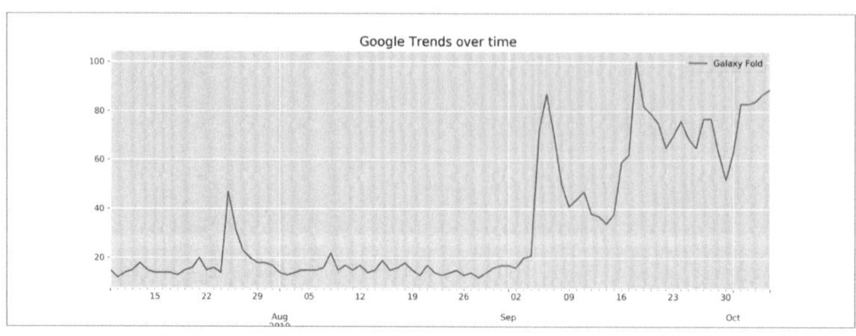

| 그림 3-2 | 갤럭시 폴드 검색 트렌드 변화(./output/google_trend_over_time_Galaxy Fold.png)

구글 검색 트렌드 분석하기 ②
지역별 검색 트렌드 비교

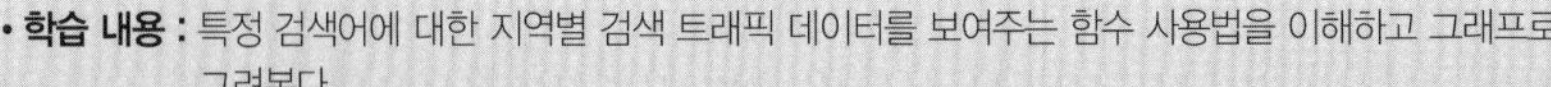

- **학습 내용 :** 특정 검색어에 대한 지역별 검색 트래픽 데이터를 보여주는 함수 사용법을 이해하고 그래프로 그려본다.
- **힌트 내용 :** 지역별 검색량이 많은 순서대로 정렬하기 위해 sort_values( ) 메소드를 이용한다.

소스 : 038.py

```
from pytrends.request import TrendReq
import matplotlib.pyplot as plt
import os

# 검색 keyword, 검색 기간 입력
keyword = "WTO"
period = "now 7-d"    #검색 기간: 최근 7일

# Google Trend 접속
trend_obj = TrendReq( )
trend_obj.build_payload(kw_list=[keyword], timeframe=period)

# 지역별 검색 Trend 비교
trend_df = trend_obj.interest_by_region( ).sort_values(ascending=False)
print(trend_df.head( ))

# 그래프 출력
plt.style.use("ggplot")
plt.figure(figsize=(14,10))
trend_df.loc[:50, :][keyword].plot(kind='bar')
plt.title("Google Trends by Region", size=15)
plt.legend(labels=[keyword], loc="upper right")

# 그래프 파일 저장
cwd = os.getcwd( )
output_filepath = os.path.join(cwd, "output", "google_trend_by_region_%s.png" % keyword)
plt.savefig(output_filepath, dpi=300)
plt.show( )
```

1~3 라이브러리를 불러온다.

6 구글 트렌드에 검색하려는 키워드를 지정한다.

7 검색 기간을 지정한다. 지금으로부터 최근 7일을 설정한다.

10 pytrens.request 모듈의 TrenReq() 클래스를 사용하여 검색 객체(trend_obj)를 생성한다.

11 검색 키워드와 검색 기간을 build_payload() 메소드에 입력하여 trend_obj 객체에 전달한다.

14 지역별 검색 트렌드 데이터를 찾기 위해 interest_by_region() 메소드를 이용한다. 검색 결과를 데이터프레임(trend_df)에 저장한다. sort_values() 메소드로 검색값이 많은 순서대로 내림차순 정렬한다.

15 데이터프레임의 일부 내용을 출력하여 확인한다. 앞에서 5개 행을 출력한다. 실행 결과는 프로그램 실행 시점에 따라 다르게 출력된다.

18~22 검색 결과를 그래프로 출력하는 과정이다. 막대 그래프로 출력하기 위하여 plot() 메소드에 kind='bar' 옵션을 적용한다. 20번 라인에서 loc 인덱서를 사용하여 앞에서 50개 행을 지정하여 선택한다. 상위 50개 지역명을 나타낸다.

25~27 파일 경로를 지정하여 별도의 이미지 파일(*.png)로 저장한다.

28 그래프를 화면에 출력한다.

```
             WTO
geoName
Switzerland  100
China         80
St. Helena    67
Taiwan        55
South Korea   37
```

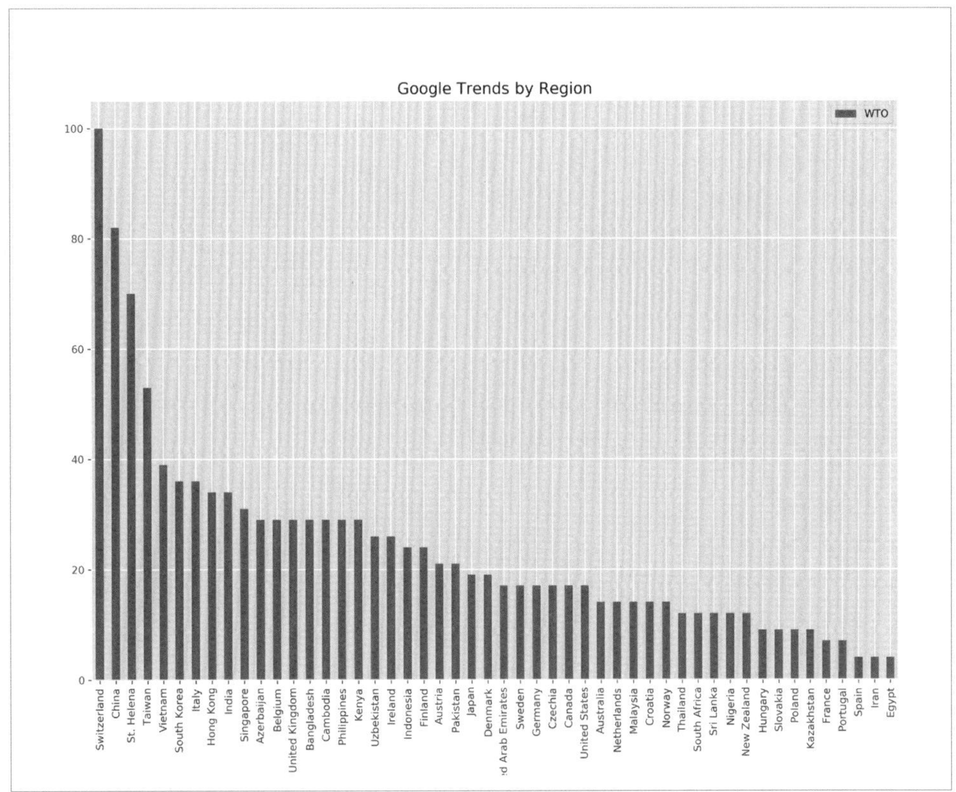

| **그림 3-3** | WTO 검색 결과(상위 50개 국가)(./output/google_trend_by_region_WTO.png)

활용 039

구글 검색 트렌드 분석하기 ❸
검색어 리스트

- **학습 내용 :** 여러 개의 검색어를 사용하여 검색 트렌드를 비교하는 그래프를 그려본다.
- **힌트 내용 :** 검색어를 2개 이상 입력하는 기능을 지원한다. 최대 5개까지 입력할 수 있다.

소스 : 039.py

```
from pytrends.request import TrendReq
import matplotlib.pyplot as plt
import os

# 검색 keyword, 검색 기간 입력
keyword1 = "apple iphone"
keyword2 = "samsung galaxy"
period = "today 5-y"  #검색 기간: 최근 5년

# Google Trend 접속 및 데이터 탑재
trend_obj = TrendReq()
trend_obj.build_payload(kw_list=[keyword1, keyword2], timeframe=period)  #kw_list: 최대 5개
trend_df = trend_obj.interest_over_time()

# 그래프 출력
plt.style.use("ggplot")
plt.figure(figsize=(14,5))
trend_df[keyword1].plot()
trend_df[keyword2].plot()
plt.title("Google Trends: %s vs. %s" % (keyword1, keyword2), size=15)
plt.legend(loc="best")

# 그래프 파일 저장
cwd = os.getcwd()
output_filepath = os.path.join(cwd, "output", 'google_trend_%s_vs_%s.png'% \
                               (keyword1, keyword2))
plt.savefig(output_filepath, dpi=300)
plt.show()
```

라이브러리를 불러온다. 1~3

비교를 위해 검색 키워드를 2개 지정한다. 6~7

검색 기간을 지정한다. 오늘로부터 최근 5년을 설정한다. 8

pytrens.request 모듈의 TrenReq( ) 클래스를 사용하여 검색 객체(trend_obj)를 생성한다. 11

검색 키워드와 검색 기간을 build_payload( ) 메소드에 입력하여 trend_obj 객체에 전달한다. 검색 키워드는 리스트 형태로 입력하며, 최대 5개까지 담을 수 있다. 12

시간에 따른 검색 트렌드 데이터를 찾기 위해 interest_over_time( ) 메소드를 이용한다. 검색 결과를 데이터프레임(trend_df)에 저장한다. 13

검색 결과를 그래프로 출력하는 과정이다. 실행 결과는 프로그램 실행 시점에 따라 다르게 출력된다. 16~21

그래프를 별도의 이미지 파일(*.png)로 저장한다. 24~27

그래프를 화면에 출력한다. 28

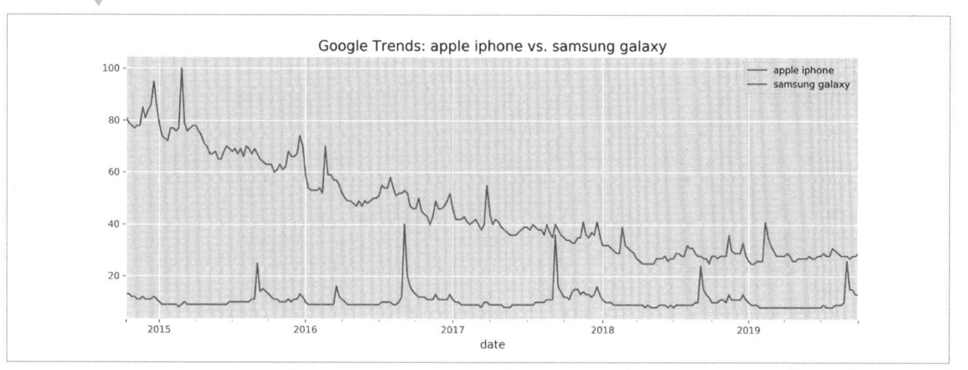

| 그림 3-4 | 그래프 출력 화면(./output/google_trend_apple iphone_vs_samsung galaxy.png)

활용

040

구글 검색 트렌드 분석하기 ④ 추천 검색어

- **학습 내용 :** 사용자가 입력한 검색어에 대한 추천 검색어 기능을 활용한다.
- **힌트 내용 :** suggestions( ) 메소드로 추천 검색어를 확인할 수 있다.

소스 : 040.py

```
from pytrends.request import TrendReq
import matplotlib.pyplot as plt
import os

# Google Trend 접속
trend_obj = TrendReq( )

# 검색 keyword에 대한 추천 검색어 확인
keyword = "WTO"
suggested_keywords = trend_obj.suggestions(keyword)
print(suggested_keywords)
print("\n")

new_keyword = suggested_keywords[0]['title']
print(new_keyword)
print("\n")

# 검색을 위한 데이터 탑재
period = "now 7-d"    #검색기간: 최근 7일
trend_obj.build_payload(kw_list=[new_keyword], timeframe=period)

# 상위 30개 지역을 선택
trend_df = trend_obj.interest_by_region( )
print(trend_df.head( ))
trend_top30 = trend_df.sort_values(by=new_keyword, ascending=False).head(30)
print(trend_top30.head( ))
print("\n")

# 그래프 출력
plt.style.use("ggplot")
```

```
31: plt.figure(figsize=(15, 15))
32: trend_top30[new_keyword].plot(kind='bar')
33: plt.title("Google Trends by Region", size=15)
34: plt.legend(labels=[new_keyword], loc="upper right")
35:
36: # 그래프 파일 저장
37: cwd = os.getcwd( )
38: output_filepath = os.path.join(cwd, "output", "google_trend_by_region_%s.png" % \
39:                                new_keyword)
40: plt.savefig(output_filepath, dpi=300)
41: plt.show( )
```

라이브러리를 불러온다. ◆ 1~3

pytrens.request 모듈의 TrenReq( ) 클래스를 사용하여 검색 객체(trend_obj)를 생성한다. ◆ 6

구글 트렌드에 검색하려는 키워드를 지정한다. ◆ 9

suggestions( ) 메소드에 검색 키워드를 전달하고 검색 객체에 적용하면, 해당 검색 키워드에 대한 구글의 추천 검색어를 리턴한다. 결과값을 suggested_keywords 변수에 저장한다. ◆ 10

10번 라인의 suggested_keywords 변수가 저장한 값을 출력한다. ◆ 11

11번 라인 출력 결과의 추천 검색어 중에서 세계무역기구를 뜻하는 첫 번째 검색어(World Trade Organization)를 새로운 검색 키워드로 설정한다(리스트의 내용과 순서는 이 책의 실행 결과와 달라질 수 있다). ◆ 14~15

검색 기간을 지정한다. 지금으로부터 최근 7일을 설정한다. ◆ 19

14번 라인에서 새로 지정한 검색 키워드를 build_payload( ) 메소드에 입력하여 trend_obj 객체에 탑재한다. ◆ 20

지역별 검색 트렌드 데이터를 찾기 위해 interest_by_region( ) 메소드를 이용한다. 검색 결과를 데이터프레임(trend_df)에 저장한다. ◆ 23~24

검색량 상위 30개 지역(국가)을 선택한다. 먼저 sort_values( ) 메소드로 데이터프레임을 내림차순 정렬하고, head(30) 메소드로 앞에서부터 30개 행을 선택한다. 결과를 새로운 데이터프레임(trend_top30)으로 저장한다. ◆ 25~26

30~34 검색 트렌드를 그래프로 출력하는 과정이다. 막대 그래프로 출력하기 위하여 plot() 메소드에 kind='bar' 옵션을 추가한다.

37~40 그래프를 별도의 이미지 파일(*.png)로 저장한다.

41 그래프를 화면에 출력한다.

결과

```
[{'mid': '/m/085h1', 'title': 'World Trade Organization', 'type': 'Topic'}, {'mid': '/m/07ssw', 'title': 'Utopia', 'type': 'Topic'}, {'mid': '/m/0f7_n', 'title': 'Tuesday', 'type': 'Day of week'}, {'mid': '/m/03w95yd', 'title': 'WTOB', 'type': 'Radio station'}, {'mid': '/m/01tc_x', 'title': '1999 Seattle WTO protests', 'type': 'Topic'}]
World Trade Organization


                World Trade Organization
geoName
Afghanistan                            0
Albania                                0
Algeria                                0
American Samoa                         0
Andorra                                0


                World Trade Organization
geoName
Nepal                                100
Philippines                           62
Ethiopia                              50
Nigeria                               43
Kenya                                 39
```

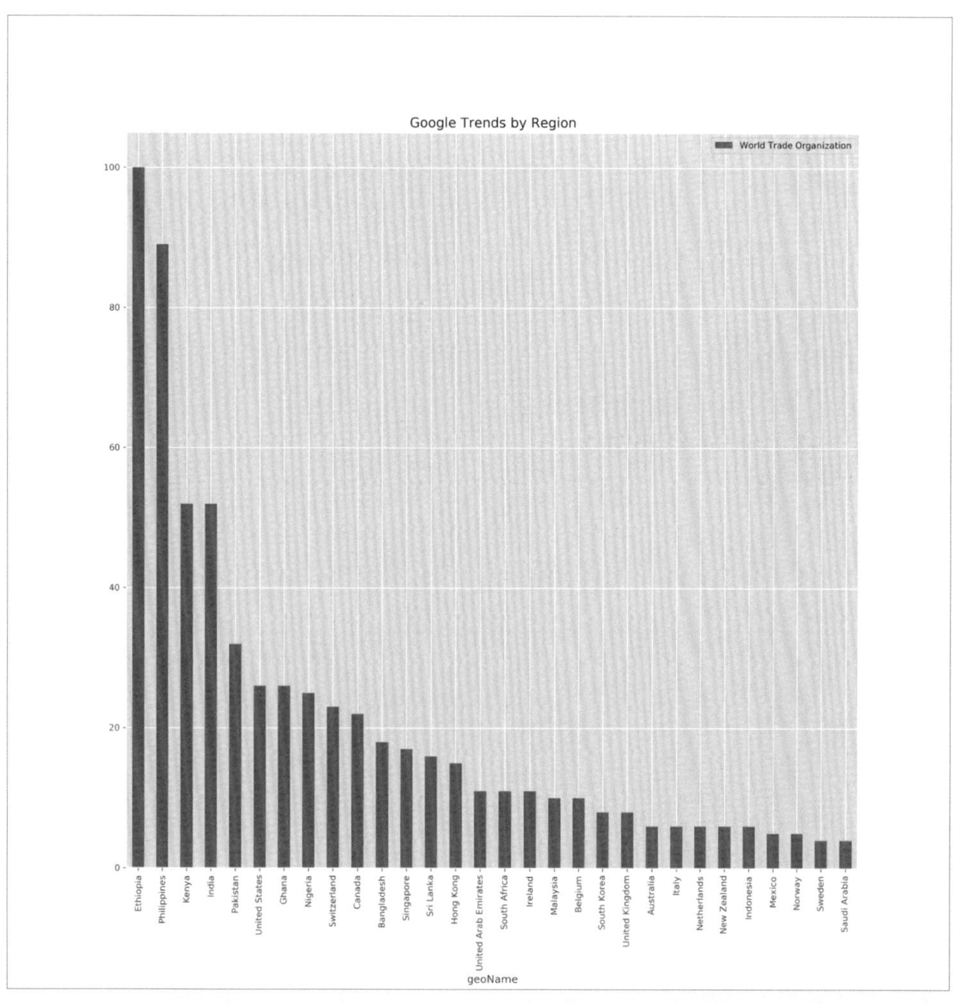

| **그림 3-5** | 그래프 출력 화면(./output/google_trend_by_region_World Trade Organization.png)

활용 041

구글 검색 트렌드 분석하기 ⑤ 로컬(한국) 데이터

• **학습 내용 :** 특정 국가의 검색 트렌드를 확인하는 방법을 이해한다.
• **힌트 내용 :** 검색 키워드, 지역, 기간을 build_payload( ) 메소드의 매개변수로 전달한다.

소스 : 041.py

```
from pytrends.request import TrendReq
import matplotlib.pyplot as plt
import pandas as pd
import os

# 검색 keyword, 검색 지역, 검색 기간 입력
keyword1 = "신라면"
keyword2 = "진라면"
local_area = "KR"
period = "today 5-y"

# Google Trend 접속 및 데이터 탑재
trend_obj = TrendReq( )
trend_obj.build_payload(kw_list=[keyword1, keyword2], timeframe=period, geo=local_area)
trend_df = trend_obj.interest_over_time( )

# matplotlib 한글 폰트 오류 문제 해결
from matplotlib import font_manager, rc
cwd = os.getcwd( )
font_path = os.path.join(cwd, "data","malgun.ttf")    #폰트 파일의 위치
font_name = font_manager.FontProperties(fname=font_path).get_name( )
rc('font', family=font_name)

# 그래프 출력
plt.style.use("ggplot")
plt.figure(figsize=(14,5))
trend_df[keyword1].plot( )
trend_df[keyword2].plot( )
plt.title("Google Trends: %s vs. %s" % (keyword1, keyword2), size=15)
```

```
30: plt.legend(loc="best")
31:
32: # 그래프 파일 저장
33: output_filepath = os.path.join(cwd, "output", 'google_trend_%s__%s_vs_%s.png' % \
34:                                (local_area, keyword1, keyword2))
35: plt.savefig(output_filepath, dpi=300)
36:
37: plt.show( )
```

라이브러리를 불러온다. 1~4

비교를 위해 검색 키워드를 2개 지정한다. 7~8

지역을 지정한다. 여기서는 “KR” 값을 사용하여 한국 내에서의 구글 트렌드를 분석한다. 9

기간을 지정한다. 오늘로부터 최근 5년을 설정한다. 10

pytrens.request 모듈의 TrenReq( ) 클래스를 사용하여 검색 객체(trend_obj)를 생성한다. 13

검색 키워드, 지역, 기간을 build_payload( ) 메소드에 입력하여 trend_obj 객체에 전달한다. 14

시간에 따른 검색 트렌드 변화를 보여주는 interest_over_time( ) 메소드를 이용한다. 검색 결과를 데이터프레임(trend_df)에 저장한다. 15

그래프를 그리는 matplotlib 라이브러리에서 발생하는 한글 오류 문제를 해결하기 위한 코드이다. 20번 라인은 사용하려는 한글 폰트 파일(*.ttf)이 위치하는 경로를 나타낸다. 18~22

검색 결과를 그래프로 출력하는 과정이다. 2개의 키워드에 대하여 각각 plot( ) 메소드를 적용하여 선 그래프를 그린다. 25~30

그래프를 별도의 이미지 파일(*.png)로 저장한다. 32~35

그래프를 화면에 출력한다. 37

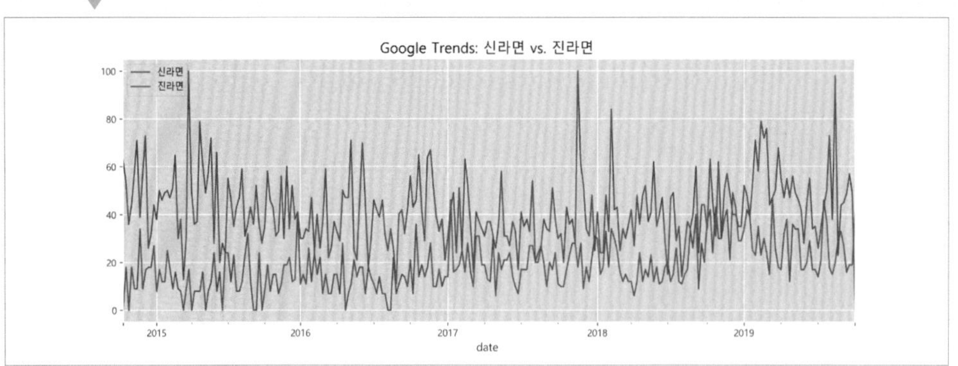

| **그림 3-6** | 그래프 출력 화면(./output/google_trend_KR__신라면_vs_진라면.png)

구글 검색 트렌드 분석하기 ⑥
구글 트렌드 검색을 통한 주가 분석

활용 042

- **학습 내용 :** 구글 검색 트렌드의 데이터를 주가 데이터와 결합하여 비교하는 그래프를 그린다.
- **힌트 내용 :** 그래프에 2개의 y축을 나타내기 위해서는 twinx( ) 메소드를 이용한다.

소스 : 042.py

```
from pytrends.request import TrendReq
import matplotlib.pyplot as plt
import pandas as pd
import os

# 검색 keyword, 검색 지역, 검색 기간 입력
keywords = ["현대 팰리세이드", "쌍용 렉스턴"]
local_area = "KR"
period = "2018-01-01 2018-12-31"

# Google Trend 접속 및 데이터 탑재
trend_obj = TrendReq( )
trend_obj.build_payload(kw_list=keywords, timeframe=period, geo=local_area)
trend_df = trend_obj.interest_over_time( )
trend_df = trend_df.reset_index( )
trend_df['Date'] = trend_df['date'].dt.to_period(freq='W')
trend_df.set_index('Date', inplace=True)
trend_df.drop(['date', 'isPartial'], axis=1, inplace=True)
print(trend_df.head( ))
print("\n")

# 주가 데이터 - 야후 파이낸스에서 다운로드한 CSV 파일을 가져오기
hd = pd.read_csv("./data/005380.KS.csv", index_col=0, encoding='utf-8')  # 현대자동차
sy = pd.read_csv("./data/003620.KS.csv", index_col=0, encoding='utf-8')  # 쌍용자동차
print(hd.head( ))
print("\n")

print(sy.head( ))
print("\n")
```

```

# 주가 데이터 스케일 조정 (Min-Max 스케일 조정)
def min_max_scaler(x):
    return (x - x.min( )) / (x.max( ) - x.min( ))

hd['Scaled_Adj'] = hd[['Adj Close']].apply(min_max_scaler)
sy['Scaled_Adj'] = sy[['Adj Close']].apply(min_max_scaler)
hd_df = hd.iloc[1:, :]
sy_df = sy.iloc[1:, :]
print(hd_df.head( ))
print("\n")

trend_df.index = hd_df.index
print(trend_df.head( ))
print("\n")

final_data = pd.concat([trend_df, hd_df['Scaled_Adj'], sy_df['Scaled_Adj']], axis=1)
final_data.columns = ['팰리세이드', '렉스턴', '현대_주가', '쌍용_주가']
print(final_data.head( ))
print("\n")

# matplotlib 한글 폰트 오류 문제 해결
from matplotlib import font_manager, rc
font_path = os.path.join(os.getcwd( ), "data","malgun.ttf")   #폰트 파일의 위치
font_name = font_manager.FontProperties(fname=font_path).get_name( )
rc('font', family=font_name)

# 그래프 출력 및 저장
plt.style.use("ggplot")
ax1 = final_data[['팰리세이드', '렉스턴']].plot(kind='bar', figsize=(20, 10))
ax2 = ax1.twinx( )
final_data[['현대_주가', '쌍용_주가']].plot(ls='--', ax=ax2)
ax1.legend(loc="upper right")
ax2.legend(loc="upper center")
plt.title("구글 검색 트렌드와 주가의 관계" , size=18)

output_filepath = os.path.join(os.getcwd( ),"output","google_trend_stock_price.png")
plt.savefig(output_filepath, dpi=300)

plt.show( )
```

라이브러리를 불러온다. 1~4

비교를 위해 검색 키워드를 2개 지정하여 리스트 형태로 입력한다. 7

지역을 한국으로 지정한다. 8

기간을 지정한다. 2018-01-01부터 2018-12-31까지로 설정한다. 9

TrenReq( ) 클래스를 사용하여 검색 객체(trend_obj)를 생성한다. 12

검색 객체에 키워드, 기간, 지역을 build_payload( ) 메소드로 전달한다. 13

시간에 따른 검색 트렌드 변화를 보여주는 interest_over_time( ) 메소드를 이용한다. 검색 결과를 데이터프레임(trend_df)에 저장한다. 14

데이터프레임의 행 인덱스를 리셋한다. 15

일별 날짜 값이 들어 있는 'date' 열을 to_period( ) 메소드를 사용하여 기간(period)으로 변환한다. freq 옵션을 'W'로 지정했기 때문에, 일주일 간격을 갖는 값으로 변환된다. 변환 결과를 새로운 'Date' 열에 저장한다. 16

'Date' 열을 새로운 행 인덱스로 설정한다. 17

불필요한 2개의 열을 제거한다. 18

새롭게 정리된 데이터프레임의 구조와 내용을 확인한다. 19

야후 파이낸스(https://finance.yahoo.com/)에서 2018-01-01부터 2018-12-31까지 기간을 설정하여 2개 회사(현대차, 쌍용차)의 주간 단위 주가 데이터를 CSV 파일로 다운로드한다. 이 파일을 읽어와서 데이터프레임으로 변환한다(정보문화사 자료실에서 다운로드할 수 있다). 23~29

최대값과 최소값의 차이를 기준으로 서로 다른 변수 간의 상대적 크기 차이를 줄여주는 함수를 정의한다. 구글 트렌드 검색 결과는 최대 100을 기준으로 상대적인 비율을 나타내는 반면, 주가 데이터는 2개 회사의 주가 금액 차이가 크기 때문에 상대적인 변동성을 파악하기 어렵다. 다시 말해, 한 화면에 두 회사의 주가 그래프를 함께 그리면 주가 수준이 상대적으로 낮은 쌍용차의 주가는 거의 변동이 없는 것처럼 보인다. 따라서 상대적 크기 차이를 제거해줄 필요가 있다. 이런 과정을 표준화(standardization)라고 부른다. 32~33

35~39 두 회사의 수정 주가를 나타내는 'Adj Close' 열에 앞에서 정의한 min–max 표준화 함수를 적용한다. 각각의 결과를 새로운 열에 추가하고 변경 내용을 출력하여 확인한다.

42~43 구글 트렌드 검색 결과를 담고 있는 데이터프레임(trend_df)의 행 인덱스를 주가 데이터프레임의 인덱스와 일치시킨다.

46~48 3개의 데이터프레임을 열 방향(axis=1)으로 합친다. 열 이름을 새로 지정하고 출력하여 확인한다.

52~55 matplotlib 라이브러리에서 발생하는 한글 오류 문제를 해결하기 위한 코드이다.

58~64 검색 결과를 그래프로 출력하는 과정이다. 2개의 y축을 사용하기 위하여 쌍둥이 그래프 객체를 twinx( ) 메소드를 사용하여 만든다. 주축(ax1 객체가 사용)에는 검색 트렌드 결과를 나타내고 막대 그래프로 표현한다. 보조축(ax2 객체가 사용)에는 2개 회사의 상대적 주가 변화를 선 그래프로 표현한다.

66~67 그래프를 별도의 이미지 파일(*.png)로 저장한다.

69 그래프를 화면에 출력한다.

결과

	현대 팰리세이드	쌍용 렉스턴
Date		
2018-01-01/2018-01-07	0	48
2018-01-08/2018-01-14	0	23
2018-01-15/2018-01-21	0	26
2018-01-22/2018-01-28	0	13
2018-01-29/2018-02-04	0	34

	Open	High	Low	Close	Adj Close	Volume
Date						
2018-01-01	156000.0	156000.0	145500.0	149000.0	144135.593750	2577890
2018-01-08	148500.0	158000.0	147500.0	154000.0	148972.359375	2643772
2018-01-15	154000.0	162000.0	151000.0	162000.0	156711.171875	2081097
2018-01-22	162500.0	167500.0	149000.0	152500.0	147521.328125	3798731
2018-01-29	153000.0	164000.0	152000.0	162500.0	157194.859375	3180636

```
              Open    High     Low   Close  Adj Close   Volume
Date
2018-01-01  5120.0  5270.0  5120.0  5210.0     5210.0   609558
2018-01-08  5210.0  5590.0  5130.0  5330.0     5330.0  1641993
2018-01-15  5390.0  5460.0  5270.0  5330.0     5330.0  1079284
2018-01-22  5400.0  6070.0  5380.0  5980.0     5980.0  3332912
2018-01-29  6000.0  6160.0  5640.0  5920.0     5920.0  1740149
```

```
                Open      High       Low  ...      Adj Close   Volume  Scaled_Adj
Date                                      ...
2018-01-08  148500.0  158000.0  147500.0  ...  148972.359375  2643772    0.875109
2018-01-15  154000.0  162000.0  151000.0  ...  156711.171875  2081097    0.992653
2018-01-22  162500.0  167500.0  149000.0  ...  147521.328125  3798731    0.853069
2018-01-29  153000.0  164000.0  152000.0  ...  157194.859375  3180636    1.000000
2018-02-05  162500.0  163500.0  153500.0  ...  149939.703125  3519128    0.889802

[5 rows x 7 columns]
```

```
            현대 팰리세이드  쌍용 렉스턴
Date
2018-01-08              0        48
2018-01-15              0        23
2018-01-22              0        26
2018-01-29              0        13
2018-02-05              0        34
```

```
            팰리세이드  렉스턴   현대_주가   쌍용_주가
Date
2018-01-08          0     48   0.875109   0.705882
2018-01-15          0     23   0.992653   0.705882
2018-01-22          0     26   0.853069   1.000000
2018-01-29          0     13   1.000000   0.972851
2018-02-05          0     34   0.889802   0.950226
```

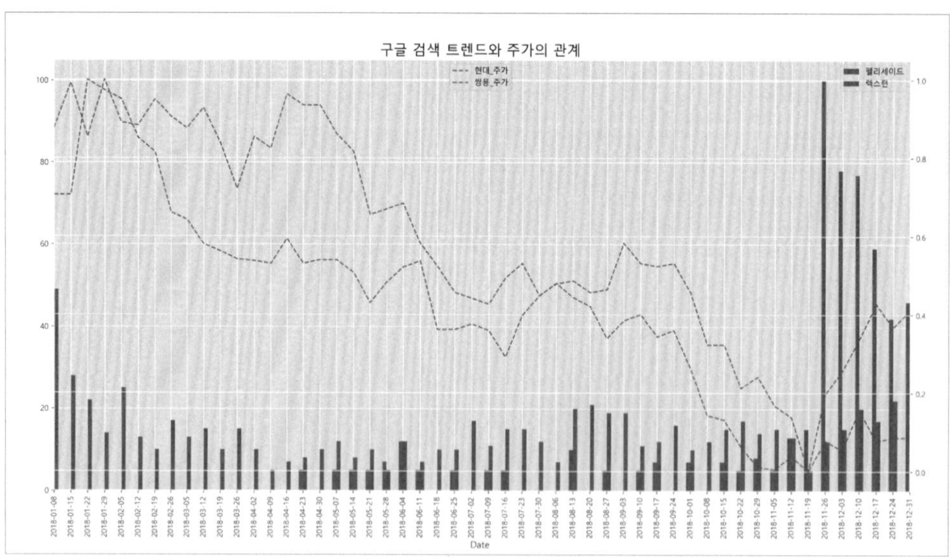

| **그림 3-7** | 그래프 출력 화면(./output/google_trend_stock_price.png)

전자공시시스템 API 활용하기 ❶ DART 접속 및 XML 응답 객체 확인

활용 043

- **학습 내용 :** 전자공시시스템 API를 활용하는 방법을 다룬다. 인증키를 발급받고 시스템에 접속하는 과정을 이해한다.
- **힌트 내용 :** 웹 크롤링에 이용한 requests와 BeautifulSoup을 이용한다.

전자공시시스템 오픈API 인증키 발급 절차

전자공시시스템 Open DART 서비스(http://opendart.fss.or.kr)에 접속한다. 회원가입을 하고 인증키 신청을 하면 간단한 심사 후에 승인을 받을 수 있다. 발급받은 인증키를 이용하여 전자공시시스템에서 제공하는 정보를 파이썬 환경으로 가져올 수 있다.

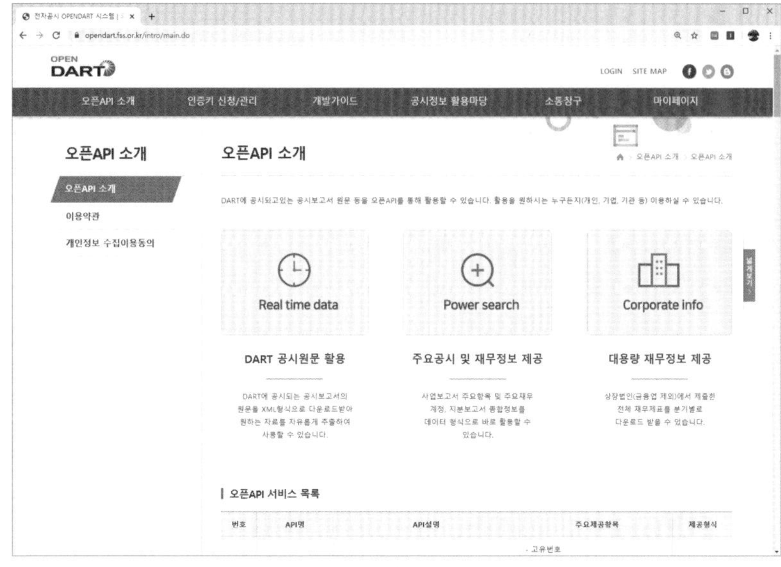

| 그림 3-8 | 전자공시시스템 오픈API

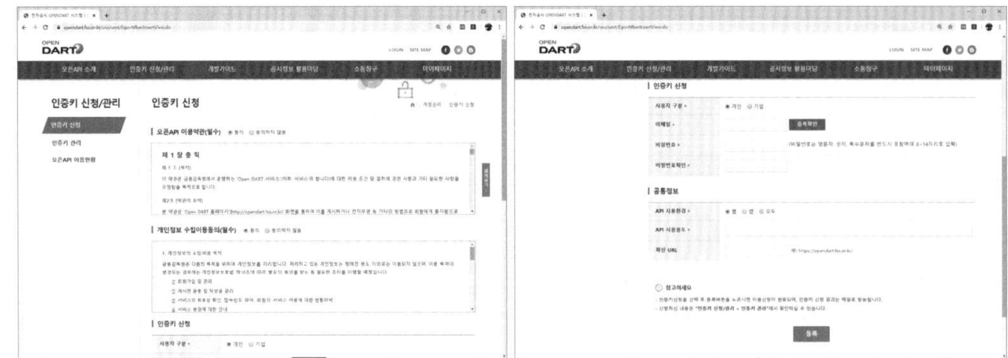

| **그림 3-9** | 전자공시시스템 오픈API 신청

| **그림 3-10** | 전자공시시스템 오픈API 신청

소스 : 043.py

```
import requests
from bs4 import BeautifulSoup
from io import BytesIO
from urllib.request import urlopen
from zipfile import ZipFile
import time

# 고유번호 리스트 파일 다운로드(함수 정의)
def download_company_code_file( ):
    try:
        DOWNLOAD_FOLDER = './data'
        API_URL = "https://opendart.fss.or.kr/api/corpCode.xml?crtfc_key=%s" % (my_auth_key)
        with urlopen(API_URL) as zipresp:
            with ZipFile(BytesIO(zipresp.read())) as zfile:
                zfile.extractall(DOWNLOAD_FOLDER)
        print('File Downloaded Successfully')
    except:
        print('File Download Failed')

# 종목 코드를 고유번호로 변환(함수 정의)
def get_code(stock_code):
    # 고유번호 리스트 파일 불러오기
    XML_PATH = "./data/CORPCODE.xml"
    infile = open(XML_PATH,"r", encoding='utf-8')
    code_xml = infile.read()
    soup_xml = BeautifulSoup(code_xml,'html.parser')
```

```
27:
28:     # 종목 코드를 찾고, 고유번호 추출
29:     items = soup_xml.find_all('list')
30:     for item in items:
31:         scode = item.find('stock_code').text
32:         if str(scode)==str(stock_code):
33:             corp_code = item.find('corp_code').text
34:             print('고유번호: %s' % corp_code)
35:             return corp_code
36:
37:     print('Failed to get the proper code...')
38:     return None
39:
40: # Open DART 접속
41: if __name__=="__main__":
42:
43:     # DART 전자공시 사이트 APT 인증키 입력
44:     my_auth_key = "---발급받은 개인 키를 입력하세요---"
45:
46:     # 고유번호 리스트 파일을 data 폴더에 다운로드 저장
47:     download_company_code_file( )
48:     time.sleep(10)
49:
50:     # 기업개황 정보 접속 URL
51:     crp_cd = get_code("005380")
52:     url = "https://opendart.fss.or.kr/api/company.xml?crtfc_key="+my_auth_key+"&corp_code="+crp_cd
53:
54:     # BeautifulSoup으로 API가 반환하는 XML 확인
55:     xml = requests.get(url)
56:     soup = BeautifulSoup(xml.text, 'html.parser')
57:     print(soup)
```

라이브러리를 불러온다. ◆ 1~6

Open DART 시스템은 8자리 고유코드를 고유키로 사용한다. 따라서, 주식시장의 종목코드 6자리를 입력하여 8자리 고유코드를 알아내는 과정이 필요하다. 이를 위해, 8자리 고유코드와 주식시장에서 사용하는 6자리 종목코드 리스트를 다운로드 받는 함수를 정의한다. API에서는 ZIP 압축 파일을 제공하므로, zipfile 패키지를 사용하여 압축 파일을 풀어서 지정한 폴더에 저장한다. XML 파일이 저장되고 파일의 이름은 "CORPCODE.xml"이다. ◆ 8~18

20~38 6자리 종목코드를 입력받고 8자리 고유코드를 반환하는 함수를 정의한다. 앞에서 저장한 XML 파일을 읽어서 BeautifulSoup으로 파싱한다. 6자리 종목코드에 해당하는 8자리 고유번호를 추출한다.

40~57 앞에서 정의한 2개 함수를 사용하여 Open DART에 접속하고 API가 반환하는 XML 파일을 파싱한다.

44 금융감독원 전자공시시스템(DART)에서 발급받는 API 인증키를 입력한다.

47~48 고유번호 리스트 파일을 data 폴더에 저장하는 함수를 실행한다. 파일이 저장되는 시간을 주기 위해 10초 대기한다.

51~52 주식 종목코드 6자리를 입력하여 8자리 고유번호를 알아내고, 이 값을 사용하여 기업개황정보 데이터를 요청하는 URL을 완성한다.

55 requests 모듈의 get( ) 함수를 이용하여 API가 return하는 객체(여기서는 XML)를 변수 xml에 저장한다.

56~57 XML 객체를 BeautifulSoup을 이용하여 파싱하고 결과를 출력해서 확인한다.

```
File Downloaded Successfully
고유번호: 00164742
<?xml version="1.0" encoding="UTF-8" standalone="yes"?><result><status>000</status><message>정상</message><corp_code>00164742</corp_code><corp_name>현대자동차(주)</corp_name><corp_name_eng>HYUNDAI MOTOR CO</corp_name_eng><stock_name>현대자동차</stock_name><stock_code>005380</stock_code><ceo_nm>정의선, 하언태(각자 대표이사)</ceo_nm><corp_cls>Y</corp_cls><jurir_no>1101110085450</jurir_no><bizr_no>1018109147</bizr_no><adres>서울특별시 서초구 헌릉로 12</adres><hm_url>www.hyundai.com</hm_url><ir_url></ir_url><phn_no>02-3464-1114</phn_no><fax_no>02-3464-8719</fax_no><induty_code>30121</induty_code><est_dt>19671229</est_dt><acc_mt>12</acc_mt></result>
```

전자공시시스템 API 활용하기 ❷ 상장기업 개황정보

활용 044

• **학습 내용 :** API 요청변수를 활용하여 상장기업 개황정보를 가져오는 과정을 이해한다.
• **힌트 내용 :** 요청변수와 대응되는 값을 딕셔너리의 {변수(key) : 값(value)} 구조로 정리한다.

요청변수	설명
status	에러 및 정보 코드
message	에러 및 정보 메시지
corp_name	정식 회사명칭
corp_name_eng	영문 정식 회사명칭
stock_name	종목명(상장사) 또는 약식명칭(기타법인)
stock_code	상장회사의 종목코드(6자리)
ceo_nm	대표자명
corp_cls	법인구분 : Y(유가), K(코스닥), N(코넥스), E(기타)
jurir_no	법인등록번호
bizr_no	사업자등록번호
adres	주소
hm_url	홈페이지
ir_url	IR홈페이지
phn_no	전화번호
fax_no	팩스번호
induty_code	업종코드
est_dt	설립일(YYYYMMDD)
acc_mt	결산월(MM)

| **표 3-1** | 상장기업 개황정보 API 요청변수 리스트
(출처: https://opendart.fss.or.kr/guide/detail.do?apiGrpCd=DS001&apiId=2019002)

소스 : 044.py

```
import requests
from bs4 import BeautifulSoup

# 종목코드를 고유번호로 변환(함수 정의)
def get_code(stock_code):

"---중략---"

    return None

# Open DART 접속
if __name__=="__main__":

    # DART 전자공시 사이트 APT 인증키 입력
    my_auth_key = "---발급받은 개인 키를 입력하세요---"

    # 기업개황 정보 접속 URL
    crp_cd = get_code("005380")
    url = "https://opendart.fss.or.kr/api/company.xml?crtfc_key="+my_auth_key+"&corp_code="+crp_cd

    # BeautifulSoup으로 API가 반환하는 XML 해석하여 dataframe으로 정리
    xml = requests.get(url)
    soup = BeautifulSoup(xml.text, 'html.parser')

    corp_name = soup.find('corp_name').text
    corp_name_eng = soup.find('corp_name_eng').text
    stock_name = soup.find('stock_name').text
    stock_code = soup.find('stock_code').text
    ceo_nm = soup.find('ceo_nm').text
    corp_cls = soup.find('corp_cls').text
    jurir_no = soup.find('jurir_no').text
    bizr_no = soup.find('bizr_no').text
    adres = soup.find('adres').text
    hm_url = soup.find('hm_url').text
    ir_url = soup.find('ir_url').text
    phn_no = soup.find('phn_no').text
    fax_no = soup.find('fax_no').text
    induty_code = soup.find('induty_code').text
    est_dt = soup.find('est_dt').text
    acc_mt = soup.find('acc_mt').text
```

```
41:
42:     company_info = {'corp_name':corp_name,
43:                     'corp_name_eng':corp_name_eng,
44:                     'stock_name':stock_name,
45:                     'stock_code':stock_code,
46:                     'ceo_nm':ceo_nm,
47:                     'corp_cls':corp_cls,
48:                     'jurir_no':jurir_no,
49:                     'bizr_no':bizr_no,
50:                     'adres':adres,
51:                     'hm_url':hm_url,
52:                     'ir_url':ir_url,
53:                     'phn_no':phn_no,
54:                     'fax_no':fax_no,
55:                     'induty_code':induty_code,
56:                     'est_dt':est_dt,
57:                     'acc_mt':acc_mt,
58:                     }
59:
60: print(company_info)
```

라이브러리를 불러온다. ◆ 1~2

예제 043에서 정의한 get_code 함수를 그대로 사용한다. ◆ 4~9

기업 개황정보 데이터를 XML 객체로 받아 해석한 결과를 soup 변수에 저장한다. ◆ 14~23

BeautifulSoup의 find( ) 메소드를 이용하여, 필요한 값들을 항목별로 추출한다. ◆ 25~40

company_info라는 변수에 딕셔너리 구조로 정리하여 저장한다. 그리고, 출력하여 내용을 확인한다. ◆ 42~60

```
고유번호: 00164742
{'corp_name': '현대자동차(주)', 'corp_name_eng': 'HYUNDAI MOTOR CO', 'stock_name':
'현대자동차', 'stock_code': '005380', 'ceo_nm': '정의선, 하언태(각자 대표이사)', 'corp_cls': 'Y',
'jurir_no': '1101110085450', 'bizr_no': '1018109147', 'adres': '서울특별시 서초구  헌릉로 12',
'hm_url': 'www.hyundai.com', 'ir_url': '', 'phn_no': '02-3464-1114', 'fax_no': '02-3464-8719',
'induty_code': '30121', 'est_dt': '19671229', 'acc_mt': '12'}
```

전자공시시스템 API 활용하기 ③
회사의 최근 3개월 공시자료 검색 및 다운로드

- **학습 내용 :** 검색 대상 기간을 지정하여 공시자료를 검색한다.
- **힌트 내용 :** datetime 모듈의 timedelta( ) 메소드를 이용하여 검색기간 날짜를 계산한다.

키	설명
crtfc_key	발급받은 인증키(40자리)
corp_code	공시대상 회사의 고유번호(8자리)
bgn_de	검색시작 접수일자(YYYYMMDD) : 없으면 종료일(end_de)
	고유번호(corp_code)가 없는 경우 검색기간은 3개월로 제한
end_de	검색종료 접수일자(YYYYMMDD) : 없으면 당일
last_reprt_at	최종보고서만 검색여부(Y or N) 기본값 : N
	(정정이 있는 경우 최종정정만 검색)
pblntf_ty	A : 정기공시 B : 주요사항보고 C : 발행공시 D : 지분공시
	E : 기타공시 F : 외부감사관련 G : 펀드공시
	H : 자산유동화 I : 거래소공시 j : 공정위공시
pblntf_detail_ty	공시상세유형
corp_cls	법인구분 : Y(유가), K(코스닥), N(코넥스), E(기타)
	※ 없으면 전체조회, 복수조건 불가
sort	(정렬 기준) 접수일자 : date 회사명 : crp 보고서명 : rpt
sort_mth	오름차순(asc), 내림차순(desc) 기본값 : desc
page_no	페이지 번호(1~n) 기본값 : 1
page_count	페이지당 건수(1~100) 기본값 : 10, 최대값 : 100

| **표 3-2** | 상장기업 공시자료 API 요청변수 리스트
(출처: https://opendart.fss.or.kr/guide/detail.do?apiGrpCd=DS001&apiId=2019001)

소스 : 045.py

```
import requests
from bs4 import BeautifulSoup
```

```
import pandas as pd
import datetime as dt

# 종목 코드를 고유번호로 변환(함수 정의)
def get_code(stock_code):

"---중략---"

    return None

# Open DART 접속
if __name__=="__main__":

    # DART 전자공시 사이트 APT 인증키 입력
    my_auth_key = "---발급받은 개인 키를 입력하세요---"

    # 검색기간 설정하기
    now = dt.datetime.now( )
    search_period = dt.timedelta(days=30)
    now_date = now.strftime('%Y%m%d')
    start_date = (now-search_period).strftime('%Y%m%d')
    page_set = 10

    # DART 상세정보 접속 URL
    crp_cd = get_code("005380")
    url = "https://opendart.fss.or.kr/api/list.xml?crtfc_key="+my_auth_key+"&corp_code="+crp_cd\
        +"&page_count="+str(page_set)+"&bgn_de="+start_date

    # BeautifulSoup으로 API가 반환하는 XML 해석하여 dataframe으로 정리
    xml = requests.get(url)
    soup = BeautifulSoup(xml.text, 'html.parser')
    print(str(soup)[:500])
    print("\n")

    search_result = pd.DataFrame( )
    items=soup.find_all('list')
    print(len(items))
    print("\n")

    for item in items:
        temp_dataframe=pd.DataFrame(([[item.corp_cls.text, item.corp_name.text, item.stock_code.text,
                                      item.report_nm.text, item.rcept_no.text, item.flr_nm.text,
                                      item.rcept_dt.text, item.rm.text]]),
        columns=["corp_cls","corp_name","stock_code","report_nm","rcept_no","flr_nm","rcept_dt","rm"])
        search_result=pd.concat([search_result,temp_dataframe])

    print(search_result)
```

1~4 라이브러리를 불러온다.

6~11 예제 043에서 정의한 get_code 함수를 그대로 사용한다.

17 DART에서 발급받은 API 인증키를 입력한다.

19~23 datetime 라이브러리를 이용하여 접속 URL에 사용할 검색 기간 정보를 정리한다. 현재 시간을 now에 저장하고, 30일 기간을 search_period에 저장한다. 두 값의 차이를 이용하여 오늘로부터 30일 이전의 날짜를 start_date에 저장한다. 날짜 형식을 "%Y%m%d"로 지정한다.

24 페이지에 게시될 검색 보고서의 숫자를 지정한다. 기본값은 10이고 최대값은 100이다.

27~28 API 인증키, 고유코드, 검색결과 개수, 검색 시작일 정보를 결합하여 회사의 공시자료 목록 화면에 접속하는 URL을 완성한다.

32~35 requests 모듈의 get( ) 함수를 이용하여 API가 return하는 XML 객체를 파싱하고, 결과를 출력한다.

37 검색 결과를 정리한 뒤, 담을 비어 있는 데이터프레임 객체를 하나 만든다.

38~39 BeautifulSoup 객체에서 〈list〉 요소를 모두 찾는다. 현재 검색하는 시점에는 10개로 확인된다.

42~47 for 반복문을 사용하여 10개의 〈list〉 요소를 하나씩 꺼내어 반복 처리한다. 〈list〉의 하위 요소 중에서 추출할 정보를 가지고 있는 각 항목들을 행 단위로 묶어서 데이터프레임에 추가한다. 열 이름을 새롭게 지정하고, 행 방향으로 반복하여 결합한다. 응답 항목의 상세 내용은 Open DART 홈페이지를 참조한다.

49 데이터프레임을 출력하여 확인한다.

```
고유번호: 00164742
<?xml version="1.0" encoding="UTF-8" standalone="yes"?><result><status>000</status><message>정상</message><page_no>1</page_no><page_count>10</page_count><total_count>66</total_count><total_page>7</total_page><list><corp_code>00164742</corp_code><corp_name>현대자동차</corp_name><stock_code>005380</stock_code><corp_cls>Y</corp_cls><report_nm>영업(잠정)실적(공정공시)</report_nm><rcept_no>20210201800606</rcept_no><flr_nm>현대자동차</flr_nm><rcept_dt>20210201</rcept_dt><rm>유</rm></list><list><corp_code>00164742</corp_code
```

10

	corp_cls	corp_name	stock_code	report_nm	rcept_no	flr_nm	rcept_dt	rm
0	Y	현대자동차	005380	영업(잠정)실적(공정공시)	20210201800606	현대자동차	20210201	유
0	Y	현대자동차	005380	임원 주요주주특정증권등소유상황보고서	20210201000301	박진호	20210201	
0	Y	현대자동차	005380	임원 주요주주특정증권등소유상황보고서	20210201000135	윤일헌	20210201	
0	Y	현대자동차	005380	증권신고서(채무증권)	20210128000530	현대자동차	20210128	
0	Y	현대자동차	005380	임원 주요주주특정증권등소유상황보고서	20210127000509	김철	20210127	
0	Y	현대자동차	005380	공정거래자율준수프로그램운영현황(안내공시)	20210126800523	현대자동차	20210126	유
0	Y	현대자동차	005380	약관에의한금융거래시계열거래상대방의공시	20210126000348	현대자동차	20210126	공
0	Y	현대자동차	005380	동일인등출자계열회사와의상품 용역거래	20210126000337	현대자동차	20210126	공
0	Y	현대자동차	005380	특수관계인에대한출자	20210126000313	현대자동차	20210126	공
0	Y	현대자동차	005380	현금 현물배당결정	20210126800239	현대자동차	20210126	유

전자공시시스템 API 활용하기 ❹
전체 상장기업의 지분공시자료 검색 및 다운로드

- **학습 내용 :** 보고서 종류를 지정하는 방법을 알아보고, 지분공시 보고서를 예로 들어 살펴본다.
- **힌트 내용 :** 보고서 종류 코드를 시스템 접속 URL에 추가한다. 보고서 리스트를 데이터프레임으로 만든다.

소스 : 046.py

```
import requests
from bs4 import BeautifulSoup
import pandas as pd
import datetime as dt

# DART 전자공시 사이트 APT 인증키 입력
my_auth_key = "---발급받은 개인 키를 입력하세요---"

# 검색기간 설정하기
now = dt.datetime.now( )
search_period = dt.timedelta(days=5)
now_date = now.strftime('%Y%m%d')
start_date = (now-search_period).strftime('%Y%m%d')
page_set = 10

# DART 상세정보 접속 URL
pdt_list = [
                "D001", #주식등의대량보유상황보고서
                "D002", #임원·주요주주특정증권등소유상황보고서
                "D003", #의결권대리행사권유
                "D004", #공개매수
                ]

pdt_urls = [ ]

for bsn_tp in bsn_tp_list:
    url = "https://opendart.fss.or.kr/api/list.xml?crtfc_key="+my_auth_key+\"&page_
          count="+str(page_set)+"&bgn_de="+start_date+"&pblntf_detail_ty="+pdt
    pdt_urls.append(url)
```

```
30:
31: # BeautifulSoup으로 API가 반환하는 XML 해석하여 dataframe으로 정리
32:
33: sum_items = [ ]
34:
35: for url in pdt_urls:
36:     xml = requests.get(url)
37:     soup = BeautifulSoup(xml.text, 'html.parser')
38:     items=soup.find_all('list')
39:     sum_items += items
40:
41: print(len(sum_items))
42: print("\n")
43:
44: search_result = pd.DataFrame( )
45:
46: for item in sum_items:
47:     temp_dataframe=pd.DataFrame(([[item.corp_cls.text, item.corp_name.text, item.stock_code.text,
48:                                    item.report_nm.text, item.rcept_no.text, item.flr_nm.text,
49:                                    item.rcept_dt.text, item.rm.text]]),
50:     columns=["corp_cls","corp_name","stock_code","report_nm","rcept_no","flr_nm","rcept_dt","rm"])
51:     search_result=pd.concat([search_result,temp_dataframe])
52:
53: print(search_result.head( ))
```

라이브러리를 불러온다. 1~4

DART에서 발급받은 API 인증키를 입력한다. 7

datetime 라이브러리를 이용하여 접속 URL에 사용할 검색 기간 정보를 정리한다. 현재 시간을 now에 저장하고, 30일 기간을 search_period에 저장한다. 두 값의 차이를 이용하여 오늘로부터 30일 이전의 날짜를 start_date에 저장한다. 날짜 형식을 "%Y%m%d"와 같이 지정한다. 10~13

페이지에 게시될 검색 보고서의 숫자를 지정한다. 기본값은 10이고 최대값은 100이다. 14

상장기업 지분공시자료의 4가지 보고서 종류 코드를 리스트로 정리한다. 17~22

4가지 보고서의 접속 URL을 담을 빈 리스트를 생성한다. 24

26~29 API 인증키, 검색결과 개수, 검색 시작일, 보고서 종류 코드를 결합하여 접속 URL을 완성하고 bsn_tp_urls 리스트에 추가한다. 종목코드를 입력하지 않은 경우에는 전체 상장기업을 대상으로 자료를 찾는다.

33 4개의 URL에 접속하여 추출한 〈list〉 요소를 저장하기 위해 비어 있는 리스트를 새로 정의한다.

35~39 URL에 하나씩 접속하여 XML을 해석하고 〈list〉 요소를 추출하여 sum_items 리스트에 추가한다.

41 추출된 〈list〉 요소의 개수를 출력한다(접속 URL당 최대 10개 목록 출력).

44 데이터를 정리한 후 저장할 데이터프레임 객체를 하나 만든다.

46~51 for 반복문을 사용하여 〈list〉 요소를 하나씩 꺼내어 반복 처리한다. 〈list〉의 하위 요소 중에서 추출할 정보를 가지고 있는 각 항목들을 행 단위로 묶어서 데이터프레임에 추가한다. 열 이름을 새롭게 지정하고, 행 방향으로 반복하여 결합한다.

53 데이터프레임을 출력하여 확인한다.

```
25

  corp_cls  corp_name   stock_code      report_nm                 rcept_no  \
0    K       솔브레인      357780    주식등의대량보유상황보고서(일반)  20210202000106
0    K       아이센스      099190    주식등의대량보유상황보고서(약식)  20210202000104
0    K     아이디스홀딩스   054800    주식등의대량보유상황보고서(약식)  20210202000100
0    Y        세방        004360    주식등의대량보유상황보고서(약식)  20210202000098
0    Y        선진        136490    주식등의대량보유상황보고서(약식)  20210202000097

        flr_nm          rcept_dt     rm
0       정지완          20210202
0  한국투자밸류자산운용   20210202
0  한국투자밸류자산운용   20210202
0  한국투자밸류자산운용   20210202
0  한국투자밸류자산운용   20210202
```

구글 지오코딩 ❶ 지리 정보(위도, 경도) 가져오기

활용 047

- **학습 내용 :** 위도, 경도 정보를 가져오는 구글 지오코딩 API 활용법을 살펴본다.
- **힌트 내용 :** 구글 지도 서비스에서 제공하는 API 인증키를 발급받고 구글맵스(googlemaps) 라이브러리를 설치한다.

구글 지오코딩(Geocoding) 서비스는 장소명 또는 주소를 입력하면 위도와 경도 좌표 정보를 변환해 주는 서비스이다. 서비스를 이용하려면 사용자 인증 후에 API 키를 발급받아야 한다. 구글 지도 플랫폼(https://cloud.google.com/maps-platform/)에 접속하여 신청한다.

구글맵스(googlemaps) 설치

구글맵스는 아나콘다 배포판에서 제공하지 않기 때문에 Anaconda Prompt 또는 윈도우 명령 프롬프트에서 'pip install googlemaps'를 입력한다.

```
관리자: Anaconda Prompt (Anaconda3)
(base) C:\WINDOWS\system32>pip install googlemaps
Collecting googlemaps
Requirement already satisfied: requests<3.0,>=2.11.1 in c:\users\socia\anaconda3\lib
\site-packages (from googlemaps) (2.22.0)
Requirement already satisfied: urllib3!=1.25.0,!=1.25.1,<1.26,>=1.21.1 in c:\users\s
ocia\anaconda3\lib\site-packages (from requests<3.0,>=2.11.1->googlemaps) (1.24.2)
Requirement already satisfied: chardet<3.1.0,>=3.0.2 in c:\users\socia\anaconda3\lib
\site-packages (from requests<3.0,>=2.11.1->googlemaps) (3.0.4)
Requirement already satisfied: idna<2.9,>=2.5 in c:\users\socia\anaconda3\lib\site-p
ackages (from requests<3.0,>=2.11.1->googlemaps) (2.8)
Requirement already satisfied: certifi>=2017.4.17 in c:\users\socia\anaconda3\lib\si
te-packages (from requests<3.0,>=2.11.1->googlemaps) (2019.6.16)
```

| **그림 3-11** | googlemaps 설치

소스 : 047.py

```
import googlemaps

my_key = "----발급받은 API 키를 입력-----"

# 구글맵스 객체 생성하기
maps = googlemaps.Client(key=my_key)
```

```
 7:
 8: # 장소명 또는 주소
 9: place = "교보문고 광화문점"
10:
11: # 지오코딩 API 결과값 호출하여 geo_location 변수에 저장
12: geo_location = maps.geocode(place)[0].get('geometry')
13: print(geo_location)
14: print("\n")
15:
16: lat = geo_location['location']['lat']
17: lng = geo_location['location']['lng']
18:
19: print("위도:", lat)
20: print("경도:", lng)
```

1 ◆ 라이브러리를 불러온다.

3 ◆ 발급받은 구글 지오코딩 API 인증키를 입력한다.

6 ◆ 인증키를 전달하여 구글맵스 객체를 생성한다.

9 ◆ 위치 정보를 검색하려는 장소명(주소)을 입력한다.

12 ◆ 장소명을 geocode( ) 메소드에 전달하면, 구글맵스 객체는 API 결과값을 보내준다. 응답 객체의 첫 번째 데이터에 위치정보가 들어 있는데, get( ) 메소드를 이용하여 'geometry' 값을 추출한다.

13 ◆ 12번 라인에서 호출한 'geometry' 값을 출력하여 내용을 확인한다.

16~17 ◆ 딕셔너리 형태로 정리된 데이터에서, key 값이 'location'인 경우 위도(lat), 경도(lng) 값이 들어 있다. 각각의 정보를 추출하여 변수 lat와 lng에 저장한다.

19~20 ◆ 위도, 경도 값을 출력한다.

결과

{'location': {'lat': 37.5709641, 'lng': 126.9777645}, 'location_type': 'ROOFTOP', 'viewport': {'northeast': {'lat': 37.57231308029149, 'lng': 126.9791134802915}, 'southwest': {'lat': 37.56961511970849, 'lng': 126.9764155197085}}}

위도: 37.5709641
경도: 126.9777645

구글 지오코딩 ❷ 지리 정보를 데이터프레임으로 정리하기

- **학습 내용 :** 위도, 경도 정보를 가져와서 데이터프레임으로 정리한다.
- **힌트 내용 :** 데이터를 딕셔너리 구조로 먼저 정리하고 다시 딕셔너리를 데이터프레임으로 변환한다.

소스 : 048.py

```
import googlemaps
import pandas as pd

my_key = "----발급받은 API 키를 입력-----"

# 구글맵스 객체 생성하기
maps = googlemaps.Client(key=my_key)

lat = [ ]; lng = [ ]  #위도, 경도 데이터를 담을 리스트

# 장소(또는 주소) 리스트 만들기
place_list = ["서울 종로구 종로 1 교보생명빌딩", "통영시청", "광주비엔날레"]

for i, place in enumerate(place_list):
    try:
        print(i, place)
        geo_location = maps.geocode(place)[0].get('geometry')
        lat.append(geo_location['location']['lat'])
        lng.append(geo_location['location']['lng'])

    except:
        lat.append(None)
        lng.append(None)

# 데이터프레임으로 변환하기
df = pd.DataFrame({'장소':place_list, '위도':lat, '경도':lng})
print('\n')
print(df)
```

라이브러리를 불러온다. 1~2

구글 지오코딩 API 인증키를 입력한다. 4

인증키를 전달하여 구글맵스 객체를 생성한다. 7

위도, 경도 데이터를 저장할 리스트를 각각 생성한다. 9

위치 정보를 검색하려는 장소명(주소)을 리스트 구조로 입력한다. 12

각각의 장소명을 for 반복문으로 하나씩 구글맵스 객체에 전달하여 위도, 경도 정보를 가져온다. 예제 047에서 사용한 코드를 활용한다. 21~23번 라인은 지오코딩 API 반환값이 없을 때 예외 처리하는 부분이다. 14~23

리스트를 원소로 갖는 딕셔너리 형태로 정리한다. 그리고 판다스 DataFrame() 함수를 이용하여 데이터프레임으로 변환한다. 26

데이터프레임을 출력한다. 28

```
0 서울 종로구 종로 1 교보생명빌딩
1 통영시청
2 광주비엔날레
```

	장소	위도	경도
0	서울 종로구 종로 1 교보생명빌딩	37.570923	126.977858
1	통영시청	34.854415	128.433210
2	광주비엔날레	35.182453	126.889091

구글 지오코딩 ③
웹 브라우저에 구글 지도 자동 실행하기

- **학습 내용 :** 위도, 경도 값을 입력하여 해당 위치를 중심으로 하는 구글 지도를 웹 브라우저에 실행한다.
- **힌트 내용 :** 웹 브라우저를 제어하기 위한 webbrowser 모듈을 활용한다.

소스 : 049.py

```
 1: import googlemaps
 2: import webbrowser
 3:
 4: my_key = "----발급받은 API 키를 입력-----"
 5:
 6: # 구글맵스 객체 생성하기
 7: maps = googlemaps.Client(key=my_key)
 8:
 9: # 장소명 또는 주소
10: place = "교보문고 광화문점"
11:
12: # 지오코딩 API 결과값 호출하여 geo_location 변수에 저장
13: geo_location = maps.geocode(place)[0].get('geometry')
14:
15: lat = geo_location['location']['lat']
16: lng = geo_location['location']['lng']
17:
18: # 웹 브라우저에 구글 지도 실행하기
19: zoom=17
20: google_map_url = "https://www.google.co.kr/maps/@"+str(lat)+","+str(lng)+","+str(zoom)+"z?hl=ko"
21: print(google_map_url)
22:
23: webbrowser.open(google_map_url)
```

1~2 ◆ 라이브러리를 불러온다.

4 ◆ 발급받은 구글 지오코딩 API 인증키를 입력한다.

7 ◆ 인증키를 전달하여 구글맵스 객체를 생성한다.

위치 정보를 검색하려는 장소명(주소)을 입력한다. 10

장소명을 geocode( ) 메소드에 전달하면 구글맵스 객체는 API 결과값을 보내준다. 응답 객체의 첫 번째 데이터에 위치정보가 들어 있는데, get( ) 메소드를 이용하여 'geometry' 값을 추출한다. 13

key 값이 'location'인 경우 위도(lat), 경도(lng) 값이 들어 있다. 각각을 호출하여 변수 lat와 lng에 저장한다. 15~16

지도를 웹 브라우저에 표시할 때 줌의 확대 크기 수준을 지정한다. 19

위도, 경도, 줌 크기 수준을 결합하여 구글 지도 웹 페이지의 접속 URL을 완성한다. 20~21

webbrowser 라이브러리의 open( ) 함수를 이용하여 구글 지도 URL을 웹 브라우저에서 실행한다. 23

결과

https://www.google.co.kr/maps/@37.5709641,126.9777645,17z?hl=ko

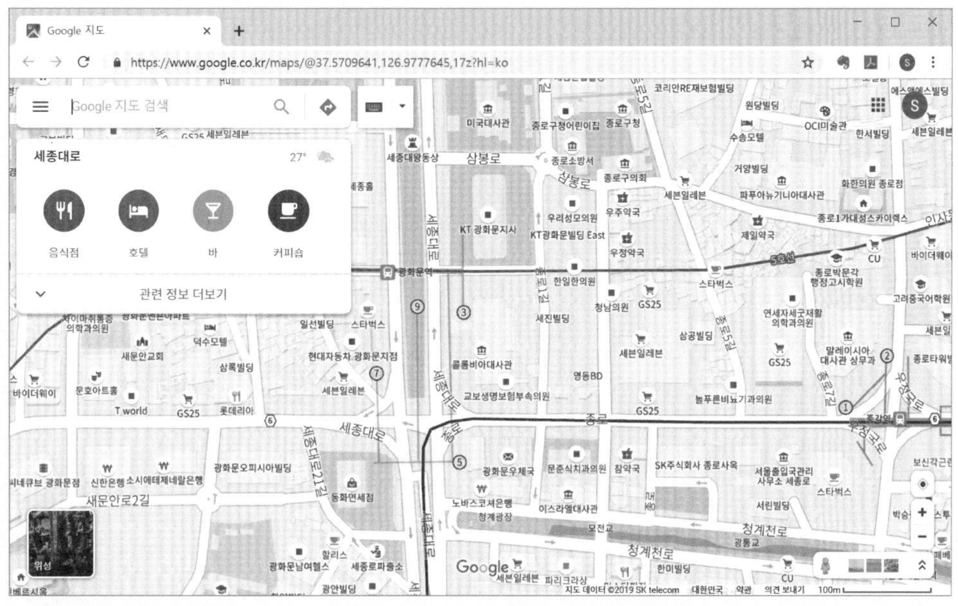

| 그림 3-12 | 웹 브라우저 실행 결과

구글 지오코딩 ④ folium 맵 만들기

• **학습 내용 :** 웹 기반 지도 시각화에 유용한 도구인 folium 라이브러리를 이용하는 방법을 배운다. 지도가 표시되는 중심점 위치를 지정하거나, 스타일 서식, 화면 확대 비율 등을 조절하는 방법을 이해한다.

• **힌트 내용 :** Map( ) 함수를 이용하면 지도 객체를 다양한 방식으로 표현할 수 있다.

앞의 예제에서 구글 지오코딩으로 장소의 위도와 경도 데이터를 수집하고, 구글 지도 URL을 조합하여 웹 브라우저에 지도를 표시하는 방법을 다루어보았다. 이번 예제를 통해서는 파이썬 환경에서 지도를 다루는 방법 중 folium이라는 라이브러리를 활용하는 방법을 소개한다.

folium 설치

folium은 아나콘다 배포판에서 제공하지 않기 때문에 Anaconda Prompt 또는 윈도우 명령 프롬프트에서 'pip install folium'을 입력한다.

소스 : 050.py

```
import folium

# 서울 지도 만들기
seoul_map1 = folium.Map(location=[37.55,126.98], zoom_start=12)

seoul_map2 = folium.Map(location=[37.55,126.98], tiles='Stamen Terrain',
                        zoom_start=9)

seoul_map3 = folium.Map(location=[37.55,126.98], tiles='Stamen Toner',
                        zoom_start=15)

# 지도를 HTML 파일로 저장하기
seoul_map1.save('./output/seoul1.html')
seoul_map2.save('./output/seoul2.html')
seoul_map3.save('./output/seoul3.html')
```

라이브러리를 불러온다. ◆ 1

Map() 함수를 이용하여 지도 객체를 만든다. 지도의 중심 위치를 나타내는 [위도, 경도] 값을 입력 하고 화면 확대 비율을 12로 지정한다. [37.55,126.98]은 서울의 중심지를 나타내는 위도, 경도 좌표이다. ◆ 4

지도 스타일을 'Stamen Terrain'으로 지정하고, 화면 확대 비율을 9로 설정한다. 산악이나 하천 등의 지형이 잘 표시되는 스타일이다. 지도는 축소되어 더 넓은 영역이 표시된다. ◆ 6

지도 스타일을 'Stamen Toner'로 지정하고, 화면 확대 비율을 15로 설정한다. 흑백으로 도로 체계를 두드러지게 표현하는 스타일이다. 지도는 확대되어 좁은 영역이 더 크게 표시된다. ◆ 9

앞에서 정의한 지도 객체 3개를 각각 HTML 파일로 변환하여 저장한다. Jupyter Notebook과 같은 웹 기반 IDE에서는 지도가 바로 표시되지만, 스파이더 IDE에서는 콘솔에 지도가 표시되지 않는다. 따라서 HTML 파일로 저장하고 웹 브라우저에서 실행하는 방법으로 확인한다. ◆ 13~15

결과

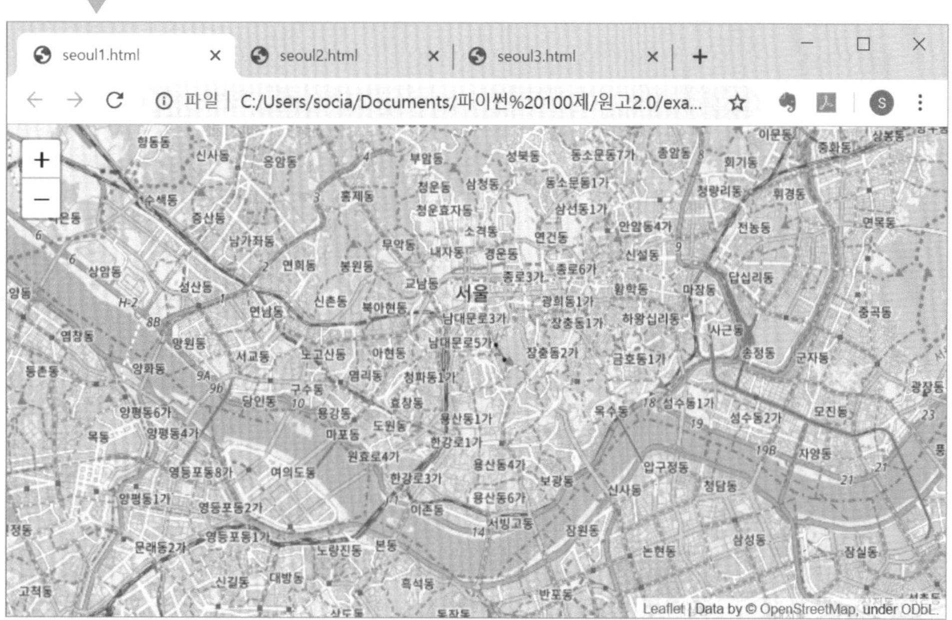

| 그림 3-13 | 웹 브라우저 실행 결과(./output/seoul1.html)

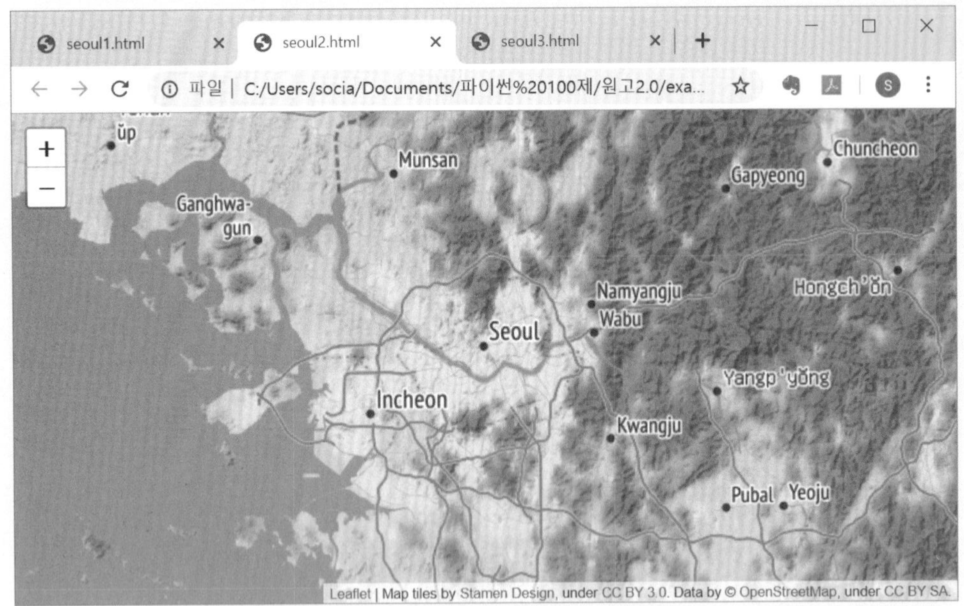

| **그림 3-14** | 웹 브라우저 실행 결과(./output/seoul2.html)

| **그림 3-15** | 웹 브라우저 실행 결과(./output/seoul3.html)

구글 지오코딩 ⑤
folium 맵 마커(Marker) 표시하기

활용 051

- **학습 내용 :** 서울시 공영주차장 위치 데이터를 이용하여 folium 맵에 마커 표시하는 방법을 다룬다.
- **힌트 내용 :** folium 라이브러리의 Marker( ) 함수를 사용하여 마커 객체를 생성할 수 있다.

소스 : 051.py

```
1: import pandas as pd
2: import folium
3:
4: pd.set_option('display.max_columns', 30)
5:
6: # 서울시 환승주차장 리스트를 데이터프레임 변환
7: df = pd.read_csv('./data/parking.csv')
8: df = df[['주차장명', '주차장 위치 좌표 위도', '주차장 위치 좌표 경도', '주차 면(주차 가능 차량 수)']]
9: df.columns = ['명칭', '위도', '경도', '대수']
10: df = df.dropna(axis=0)
11: print(df.head( ))
12: print("\n")
13:
14: # 서울 지도 만들기
15: parking_map = folium.Map(location=[37.55,126.98], tiles='Stamen Terrain',
16:                          zoom_start=12)
17:
18: # 위치정보를 Marker로 표시
19: for name, lat, lng in zip(df.명칭, df.위도, df.경도):
20:     folium.Marker([lat, lng],
21:                   icon=folium.Icon(color='red',icon='info-sign'),
22:                   popup=name).add_to(parking_map)
23:
24: # 지도를 HTML 파일로 저장하기
25: parking_map.save('./output/parking_map.html')
```

라이브러리를 불러온다. ◆ 1~2

IPython 콘솔 화면에 출력할 수 있는 최대 열(column)의 개수를 30개로 설정한다. ◆ 4

7 서울시 환승주차장 데이터를 불러와서 데이터프레임으로 정리한다.

8 4개의 열을 추출하여 새로운 데이터프레임을 만든다.

9 4개의 열의 이름을 간결하게 변경한다.

10 dropna() 메소드를 이용하여 결측값이 있는 행을 삭제한다. axis=0 옵션을 적용하면 결측값이 있는 행을 삭제하고, axis=1 옵션을 적용하면 열을 삭제한다.

11 변경 내용을 확인하기 위해 데이터프레임의 첫 5행을 출력한다.

15~16 Map() 함수를 이용하여 지도 객체를 만든다. 지도 스타일을 'Stamen Terrain'으로 지정한다.

19 zip() 함수를 사용하여 데이터프레임(df)의 '명칭', '위도', '경도' 열에 들어 있는 데이터 값을 순서대로 짝을 지어서 (명칭, 위도, 경도) 형태의 투플로 만든다. 각기 짝을 이룬 명칭(name), 위도(lat), 경도(lng) 값으로 마커를 표시하기 위한 for 반복문을 실행한다.

20 Marker() 함수를 정의한다. [위도, 경도] 배열은 마커가 표시될 위치를 지정한다.

21 마커에 표시할 아이콘을 정의한다. 색상은 빨강으로 하고, 인포사인('i' 표시)을 사용한다.

22 마커에 마우스 커서를 위치시킬 때 팝업창에 표시할 내용을 정의한다. 19번 라인에서 정의한 장소의 명칭(name)이 팝업창에 표시되도록 지정한다. add_to() 메소드를 이용하여 앞에서 만든 지도 객체(parking_map)에 마커 객체를 추가한다. 지도에 마커 정보가 업로드된다.

25 지도 객체의 내용을 HTML 파일로 저장한다.

	명칭	위도	경도	대수
0	당산근린공원지하공영(구)	37.525526	126.895794	190
1	대림운동장(구)	37.499657	126.894838	192
2	구로디지털단지역 환승주차장(시)	37.485432	126.901243	93
3	논현로22길(구)	37.481501	127.047813	100
4	남산동 공영주차장(구)	37.559237	126.985624	49

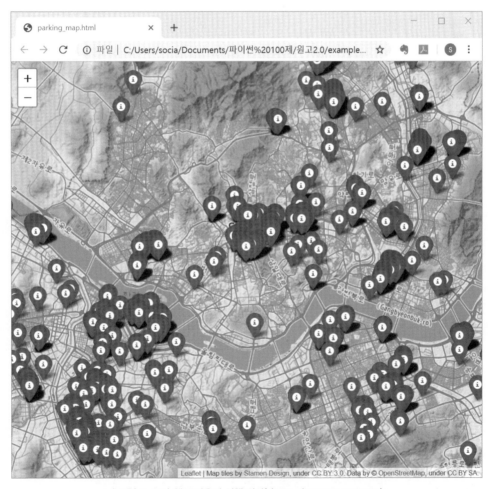

| 그림 3-16 | 웹 브라우저 실행 결과(./output/parking_map.html)

활용 052

구글 지오코딩 ⑥ folium 맵 원형마커(CircleMarker) 표시하기

• **학습 내용 :** 서울시 공영주차장 위치를 원형마커로 표시한다. 주차 가능 대수를 원의 크기로 다르게 표현한다.
• **힌트 내용 :** folium 라이브러리의 CircleMarker( ) 함수를 사용한다.

소스 : 052.py

```
import pandas as pd
import folium

pd.set_option('display.max_columns', 30)

# 서울시 환승주차장 리스트를 데이터프레임 변환
df = pd.read_csv('./data/parking.csv')
df = df[['주차장명', '주차장 위치 좌표 위도', '주차장 위치 좌표 경도', '주차 면(주차 가능 차량 수)']]
df.columns = ['명칭', '위도', '경도', '대수']
df = df.dropna(axis=0)
print(df.head( ))
print("\n")

# 서울 지도 만들기
parking_map = folium.Map(location=[37.55,126.98], tiles='Stamen Terrain',
                         zoom_start=12)

# 위치정보를 CircleMarker로 표시
for name, lat, lng, num in zip(df.명칭, df.위도, df.경도, df.대수):
    folium.CircleMarker([lat, lng],
                        radius=num/30,
                        color='red',
                        linewidth=0.1,
                        fill=True,
                        fill_color='orange',
                        fill_opacity=0.75,
                        popup=name
    ).add_to(parking_map)

# 지도를 HTML 파일로 저장하기
parking_map.save('./output/parking_map_cricle.html')
```

라이브러리를 불러온다. 1~2

IPython 콘솔 화면에 출력할 수 있는 최대 열(column)의 개수를 30개로 설정한다. 4

서울시 환승주차장 데이터를 불러와서 데이터프레임으로 정리한다. 7

4개의 열을 추출하여 새로운 데이터프레임을 만든다. 8

4개의 열의 이름을 간결하게 변경한다. 9

dropna( ) 메소드를 이용하여 결측값이 있는 행을 삭제한다. 10

변경 내용을 확인하기 위해 데이터프레임의 첫 5행을 출력한다. 11

Map( ) 함수를 이용하여 지도 객체를 만든다. 지도 스타일을 'Stamen Terrain'으로 지정한다. 15~16

zip( ) 함수를 사용하여 데이터프레임(df)의 '명칭', '위도', '경도', '대수' 열에 들어 있는 데이터 값을 19
순서대로 짝을 지어서 (명칭, 위도, 경도, 대수) 형태의 투플로 만든다. 각기 짝을 이룬 명칭(name), 위도(lat), 경도(lng), 대수(num) 값으로 마커를 표시하기 위한 for 반복문을 실행한다.

CircleMarker( ) 함수를 정의한다. [위도, 경도] 배열은 마커가 표시될 위치를 지정한다. 20

'대수' 열의 데이터 값인 주차 가능 대수의 크기에 비례하여 원형마커의 반지름을 설정한다. 21

마커 선의 색과 두께를 지정한다. 22~23

마커 안쪽 영역에 색을 채울 것인지의 여부, 색의 종류, 투명도를 지정한다. 24~26

마커에 마우스 커서를 위치시켰을 때 팝업창에 표시할 내용을 정의한다. 27

add_to( ) 메소드를 이용하여 앞에서 만든 지도 객체(parking_map)에 마커 객체를 추가한다. 28

지도 객체의 내용을 HTML 파일로 저장한다. 31

	명칭	위도	경도	대수
0	당산근린공원지하공영(구)	37.525526	126.895794	190
1	대림운동장(구)	37.499657	126.894838	192
2	구로디지털단지역 환승주차장(시)	37.485432	126.901243	93
3	논현로22길(구)	37.481501	127.047813	100
4	남산동 공영주차장(구)	37.559237	126.985624	49

| **그림 3-17** | 웹 브라우저 실행 결과(./output/parking_map_cricle.html)

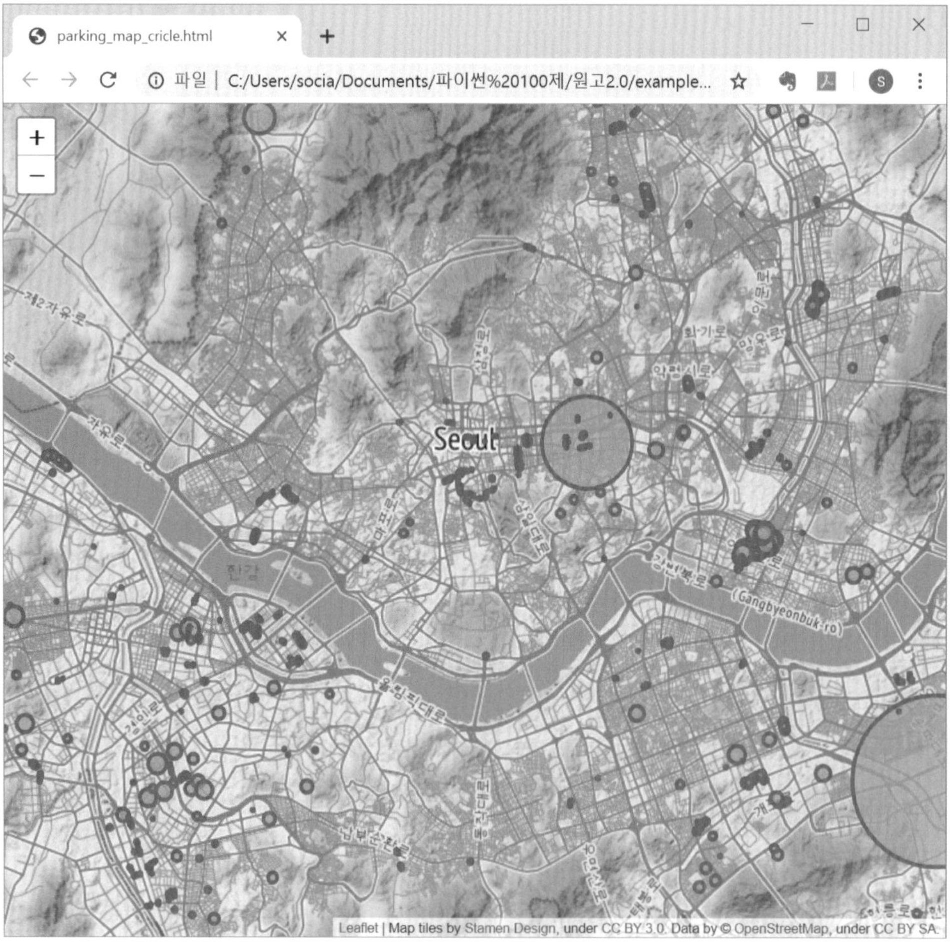

4 PART 실무

오피스 업무 자동화

워드 문서 만들기 ❶ 메일머지(mailmerge) 템플릿 만들기

- **학습 내용 :** MS 워드 문서로 메일머지 템플릿을 만들고 파이썬 객체로 불러오는 과정을 이해한다.
- **힌트 내용 :** 템플릿 파일의 경로를 MailMerge( ) 함수에 전달하면 워드 문서에 지정되어 있는 메일머지 필드를 인식한다.

메일머지 라이브러리 설치

Anaconda Prompt(또는 cmd)를 실행한다. 가능하면 관리자 권한으로 실행하여 pip 또는 conda 명령으로 설치한다. 이 책에서는 'pip install docx-mailmerge'와 같이 pip 설치방법을 사용했다.

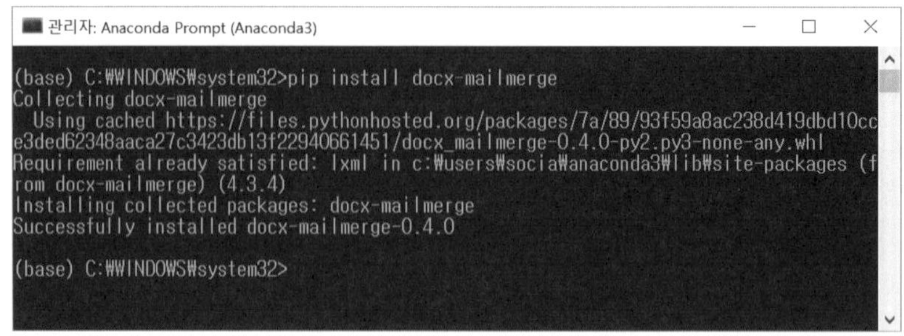

| 그림 4-1 | docx-mailmerge 설치

메일머지 템플릿 만들기

❶ MS Word 프로그램을 실행한다. 다음 [그림 4-2]와 같이 필요한 내용을 입력하여 양식을 준비한다. 메일머지 필드를 삽입할 위치('귀하' 앞쪽)에 커서를 위치시키고, [삽입] 메뉴의 [빠른 문서 요소 - 필드]를 순서대로 선택한다.

| 그림 4-2 | 메일머지 템플릿 - 기본내용 작성

❷ 필드의 종류를 선택하면 추가할 수 있는 팝업창이 실행된다.

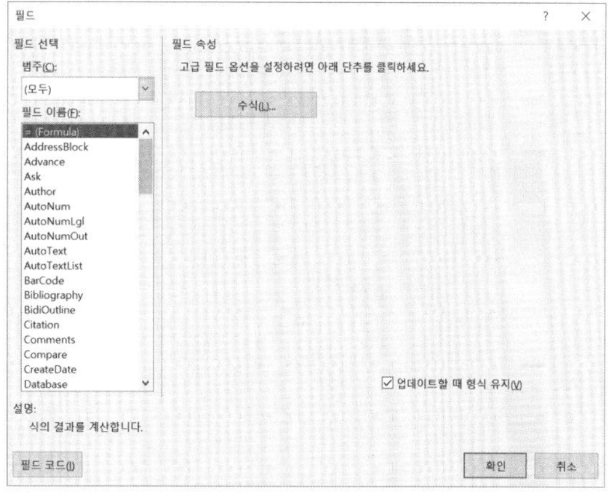

| 그림 4-3 | 메일머지 템플릿 - 필드 속성

❸ 필드 이름에서 MergeField를 선택하고 형식은 없음을 선택한다. 필드 이름(NAME)을 입력하고 [확인] 버튼을 누른다.

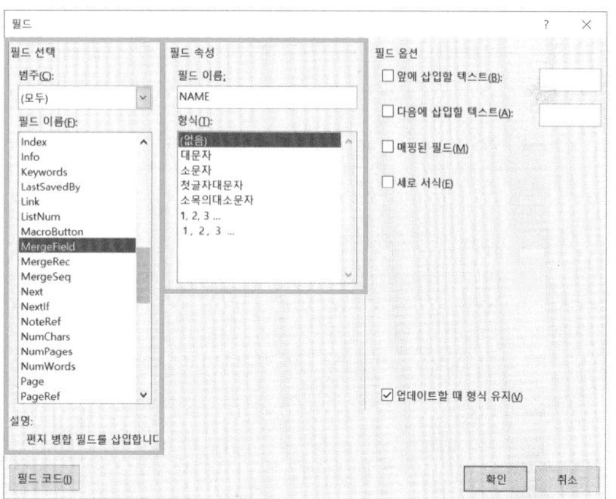

| 그림 4-4 | 메일머지 템플릿 - 필드 속성

❹ 문서의 '귀하' 앞쪽에 《NAME》과 같이 메일머지 필드가 추가되었다.

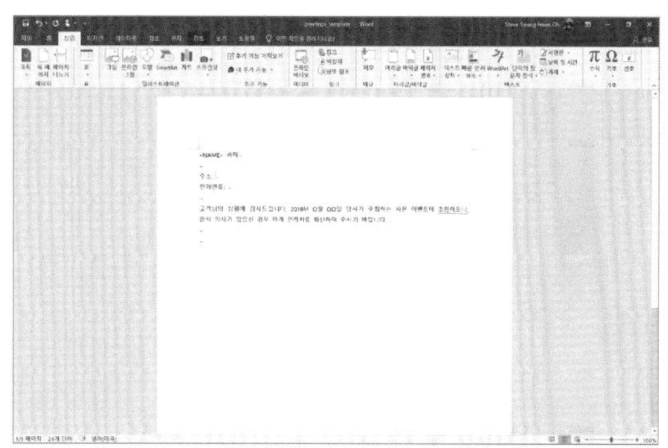

| 그림 4-5 | 메일머지 템플릿

⑤ 나머지 필드에 대해서도 위 과정을 반복하여 추가한다. 주소에 해당하는 《ADDRESS》와 전화번호에 해당하는 《PHONE》을 추가한다. 템플릿 파일(./data/greetings_template.docx)은 정보문화사 자료실에서 다운로드 가능하다.

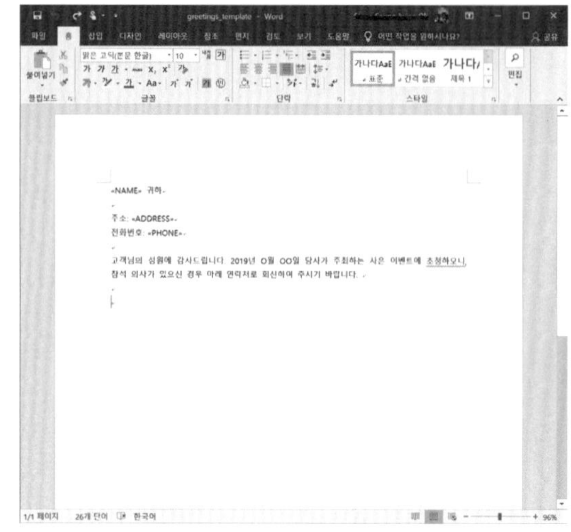

| 그림 4-6 | 메일머지 템플릿 (./data/greetings_template.docx)

소스 : 053.py

```
1: from mailmerge import MailMerge
2: import os
3:
4: # MS Word 템플릿 파일 경로 지정하기
5: cwd = os.getcwd( )
6: template_filename = "greetings_template.docx"
7: template_filepath = os.path.join(cwd, "data", template_filename)
8:
9: # 메일머지 객체 만들기
10: document = MailMerge(template_filepath)
11: print(document.get_merge_fields( ))
```

1~2 ◆ 라이브러리를 불러온다.

5~7 ◆ os 모듈의 getcwd( ) 함수로 현재 폴더를 확인한다. 미리 준비해둔 메일머지 템플릿 워드 파일명을 결합하여 파일 경로를 완성한다(현재 폴더의 하위 폴더 data에 저장된 것으로 가정).

10 ◆ MailMerge( ) 명령을 이용하여 템플릿 파일을 가져와서 메일머지 객체를 생성한다. 변수 document에 저장한다.

document 변수에 저장되어 있는 메일머지 객체의 필드명(템플릿 문서를 만들 때 지정한)을 확인한다. get_merge_fields() 메소드를 이용한다. 워드 프로그램에서 삽입한 3개의 메일머지 필드명을 그대로 가져온다.

결과

```
{'PHONE', 'ADDRESS', 'NAME'}
```

워드 문서 만들기 ❷
팩스 표지(1 페이지)

• **학습 내용 :** 워드 템플릿의 메일머지 필드에 해당하는 값을 입력하여 팩스 표지 문서를 완성한다.
• **힌트 내용 :** 메일머지 필드와 대응하는 값을 merge( ) 메소드를 이용하여 메일머지 객체에 통합한다.

소스 : 054.py

```
from mailmerge import MailMerge
import os
from datetime import datetime as dt

# MS Word 템플릿 파일 불러오기
cwd = os.getcwd( )
template_filename = "fax_cover_template.docx"
template_filepath = os.path.join(cwd, "data", template_filename)

# 템플릿 파일로 메일머지(mail-merge) 객체 만들기
document = MailMerge(template_filepath)

# 수신자 정보 입력하고, 메일머지 객체에 전달하기
document.merge(
        name = '박수민',
        fax = '031-777-7777',
        phone = '031-777-7700',
        date = '%s년 %s월 %s일' % (dt.now( ).year, dt.now( ).month, dt.now( ).day),
        title = '세금계산서 재발행 요청의 건',
        memo = '2019년 8월분',
        )

# 메일머지 객체를 MS Word 문서로 저장하기
output_filepath = os.path.join(cwd, "output", "fax_cover_output.docx")
document.write(output_filepath)
```

라이브러리를 불러온다. 1~3

os 모듈의 getcwd() 함수로 현재 폴더를 확인한다. 미리 준비해둔 메일머지 템플릿 워드 파일명을 결합하여 파일 경로를 완성한다(자료실에서 다운로드 받아서 활용한다). 6~8

MailMerge() 명령을 이용하여 템플릿 파일을 가져와서 메일머지 객체를 생성한다. 11

메일머지 객체에 전달할 필드값을 입력한다. 워드 문서 템플릿에 지정해둔 6개의 필드(name, fax, phone, date, title, memo)에 해당하는 값을 지정한다. 18번 라인에서 datetime 라이브러리를 활용하여 발송일자를 현재 날짜로 표시한다. 14~21

파일 경로를 지정하여 메일머지 객체를 워드 문서로 저장한다. [그림 4-7]과 같이 각 메일머지 필드 위치에 지정한 값들이 반영된다. 24~25

결과

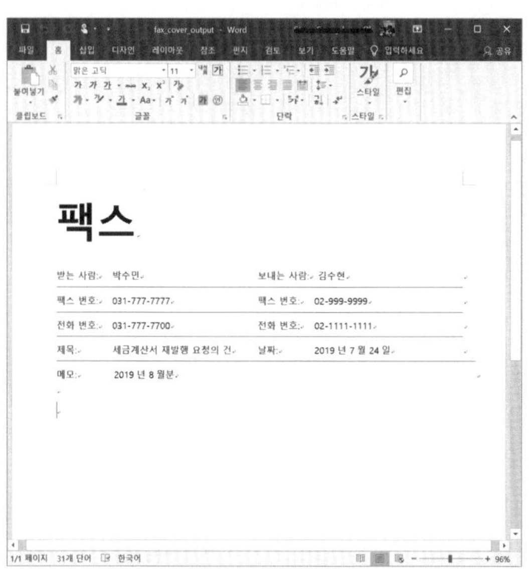

| 그림 4-7 | 저장된 Word 문서(./output/fax_cover_output.docx)

워드 문서 만들기 ③
팩스 표지(여러 페이지)

- **학습 내용 :** 수신자가 여러 명일 경우 하나의 템플릿으로 각 사용자에게 보낼 팩스 표지에 서로 다른 내용을 입력하여 각각 다른 페이지로 만들 수 있다.
- **힌트 내용 :** 수신자별로 딕셔너리를 만들고, merge_templates() 함수를 이용한다.

소스 : 055.py

```
from mailmerge import MailMerge
import os
from datetime import datetime as dt

# MS Word 템플릿 파일 불러오기
cwd = os.getcwd()
template_filename = "fax_cover_template.docx"
template_filepath = os.path.join(cwd, "data", template_filename)

# 템플릿 파일로 메일머지(mail-merge) 객체 만들기
document = MailMerge(template_filepath)

# 수신자 정보 입력 - 딕셔너리 형태
respondent1 = {
        'name' : '이수민',
        'fax' : '031-777-7777',
        'phone' : '031-777-7700',
        'date' : '%s년 %s월 %s일' % (dt.now().year, dt.now().month, dt.now().day),
        'title' : '세금계산서 재발행 요청의 건',
        'memo' : '2019년 8월분',
        }

respondent2 = {
        'name' : '박솔',
        'fax' : '032-333-0007',
        'phone' : '032-333-0800',
        'date' : '%s년 %s월 %s일' % (dt.now().year, dt.now().month, dt.now().day),
        'title' : '견적 문의',
        'memo' : '공급 예정일 포함',
```

```
30:         }
31:
32: # 수신자 리스트를 메일머지 객체에 전달
33: respondents_list = [respondent1, respondent2]
34: document.merge_templates(respondents_list, separator='page_break')
35:
36: # 메일머지 객체를 MS Word 문서로 저장하기
37: output_filepath = os.path.join(cwd, "output", "fax_cover_output_multi_pages.docx")
38: document.write(output_filepath)
```

라이브러리를 불러온다. ◆ 1~3

os 모듈의 getcwd() 함수로 현재 폴더를 확인한다. 미리 준비해둔 메일머지 템플릿 워드 파일명을 결합하여 파일 경로를 완성한다(예제 054에서 활용한 템플릿과 동일하다). ◆ 6~8

MailMerge() 명령을 이용하여 템플릿 파일을 가져와서 메일머지 객체를 생성한다. 변수 document 에 저장한다. ◆ 11

메일머지 객체에 전달하기 위한 수신자(respondent) 1에 대한 필드 값을 입력한다. ◆ 14~21

메일머지 객체에 전달하기 위한 수신자(respondent) 2에 대한 필드 값을 입력한다. ◆ 23~30

[수신자 1, 수신자 2]의 형태로 수신자 리스트를 메일머지 객체에 전달한다. 수신자가 여럿일 경우에는 merge_templates() 메소드를 사용한다. ◆ 33~34

메일머지 객체를 워드 문서로 저장한다. ◆ 37~38

결과

팩스

받는 사람:	이수민	보내는 사람:	김수현
팩스 번호:	031-777-7777	팩스 번호:	02-999-9999
전화 번호:	031-777-7700	전화 번호:	02-1111-1111
제목:	세금계산서 재발행 요청의 건	날짜:	2019 년 7 월 24 일
메모:	2019 년 6 월분		

| **그림 4-8** | 저장된 Word 문서 1페이지(./output/fax_cover_output_multi_pages.docx)

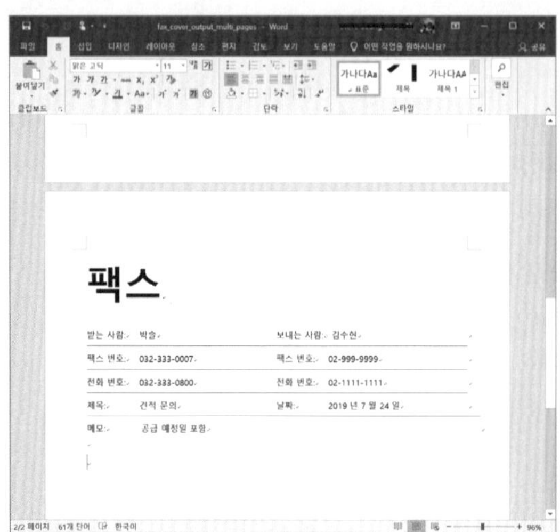

팩스

받는 사람:	박솔	보내는 사람:	김수현
팩스 번호:	032-333-0007	팩스 번호:	02-999-9999
전화 번호:	032-333-0800	전화 번호:	02-1111-1111
제목:	견적 문의	날짜:	2019 년 7 월 24 일
메모:	공급 예정일 포함		

| **그림 4-9** | 저장된 Word 문서 2페이지(./output/fax_cover_output_multi_pages.docx)

워드 문서 만들기 ④
팩스 표지(엑셀 데이터 활용)

실무 056

• **학습 내용 :** 엑셀 파일로 정리된 수신자 리스트가 있는 경우, 메일머지 기능을 활용하는 방법을 살펴본다.
• **힌트 내용 :** 엑셀 파일을 판다스 데이터프레임으로 읽은 다음 데이터프레임의 값을 딕셔너리 형태로 재정리한다.

소스 : 056.py

```
from mailmerge import MailMerge
import os
from datetime import datetime as dt
import pandas as pd

# MS Word 템플릿 파일 불러오기
cwd = os.getcwd( )
template_filename = "fax_cover_template.docx"
template_filepath = os.path.join(cwd, "data", template_filename)

# 템플릿 파일로 메일머지(mail-merge) 객체 만들기
document = MailMerge(template_filepath)

# 수신자 정보 불러오기 - MS Excel 파일
respondents_filename = "fax_respondents_list.xlsx"
respondents_filepath = os.path.join(cwd, "data", respondents_filename)

respondents = pd.read_excel(respondents_filepath, engine="openpyxl")

respondents_list = [ ]
today = '%s년 %s월 %s일' % (dt.now( ).year, dt.now( ).month, dt.now( ).day)

for index in respondents.index:
    new_respondent = { }
    new_respondent['name'] = respondents.loc[index, 'name']
    new_respondent['fax'] = respondents.loc[index, 'fax']
    new_respondent['phone'] = respondents.loc[index, 'phone']
    new_respondent['date'] = today
    new_respondent['title'] = respondents.loc[index, 'title']
```

```
30:     new_respondent['memo'] = respondents.loc[index, 'memo']
31:     respondents_list.append(new_respondent)
32:
33: # 수신자 리스트를 메일머지 객체에 전달
34: document.merge_templates(respondents_list, separator='page_break')
35:
36: # 메일머지 객체를 MS Word 문서로 저장하기
37: output_filepath = os.path.join(cwd, "output", "fax_cover_multi_pages_excel_data.docx")
38: document.write(output_filepath)
```

1~4 라이브러리를 불러온다.

7~9 미리 준비해둔 메일머지 템플릿 워드 파일명을 결합하여 파일 경로를 완성한다.

12 MailMerge() 명령을 이용하여 템플릿 파일을 가져와서 메일머지 객체를 생성한다.

15~16 수신자 리스트 목록을 담고 있는 엑셀 파일의 경로를 지정한다.

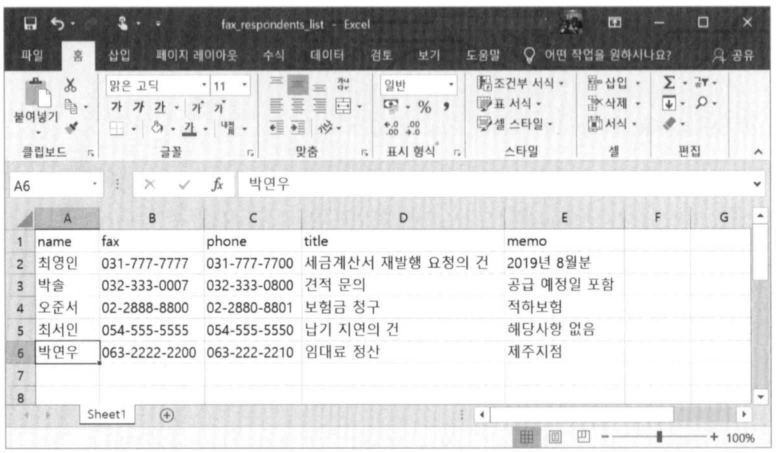

	A	B	C	D	E
1	name	fax	phone	title	memo
2	최영인	031-777-7777	031-777-7700	세금계산서 재발행 요청의 건	2019년 8월분
3	박솔	032-333-0007	032-333-0800	견적 문의	공급 예정일 포함
4	오준서	02-2888-8800	02-2880-8801	보험금 청구	적하보험
5	최서인	054-555-5555	054-555-5550	납기 지연의 건	해당사항 없음
6	박연우	063-2222-2200	063-222-2210	임대료 정산	제주지점

| **그림 4-10** | 수신자 리스트 목록(./data/fax_respondents_list.docx)

18 판다스 read_excel() 함수를 사용하여 수신자 목록 엑셀 파일을 읽어 들인다. 결과는 데이터프레임으로 저장된다.

20 메일머지 객체에 전달할 수신자 리스트를 만들기 위해 비어 있는 리스트를 정의한다.

발송일에 사용하기 위해 오늘 날짜 값을 생성한다. 21

데이터프레임의 각 행(인덱스)에 대하여 for 반복문을 실행한다. 각 수신자 정보는 필드명을 key로 갖는 딕셔너리이므로, 형식에 맞추어 데이터프레임의 각 행의 해당 필드에 들어 있는 값을 추출하여 정리한다. 23~31

앞에서 정리한 수신자 리스트를 메일머지 객체에 전달한다. 34

메일머지 객체를 워드 문서로 저장한다. 37~38

결과

* 왼쪽 밑의 페이지를 보면 5페이지 분량의 문서가 생성된 것을 알 수 있다.

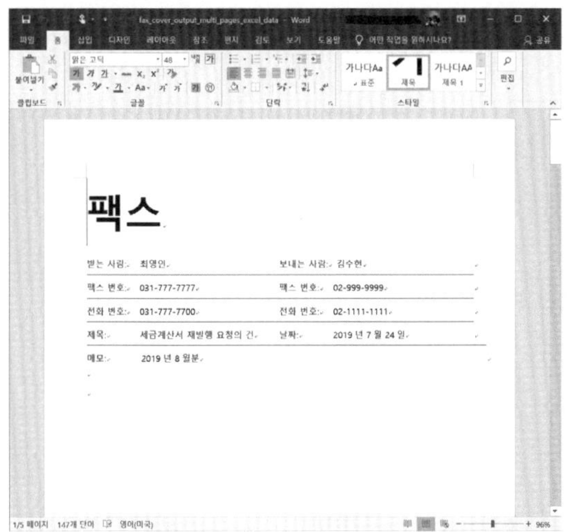

| 그림 4-11 | 저장된 Word 문서 1페이지(./output/fax_cover_multi_pages_excel_data.docx)

엑셀 문서 다루기 ❶ openpyxl 모듈로 엑셀 문서 열기

- **학습 내용 :** 엑셀 문서의 워크북과 시트 등을 파이썬 객체로 불러와서 조작한다.
- **힌트 내용 :** load_workbook( ) 함수에 파일 경로를 전달하면 엑셀 파일을 파이썬 워크북 객체로 변환한다.

소스 : 057.py

```
 1: import openpyxl
 2: import os
 3:
 4: # 예제 024에서 저장한 Excel 파일 경로 지정
 5: cwd = os.getcwd( )
 6: filename = "df.xlsx"
 7: filepath = os.path.join(cwd, "output", filename)
 8:
 9: # 워크북(Workbook) 객체
10: wb = openpyxl.load_workbook(filepath)
11: print(wb)
12: print(type(wb))
13: print(wb.sheetnames)
14:
15: # 시트(Sheet) 객체
16: ws = wb['Sheet1']
17: print(ws)
18: print(ws.title)
19:
20: active_sheet = wb.active
21: print(active_sheet)
```

1~2 ◆ 라이브러리를 불러온다.

5~7 ◆ 예제 024에서 저장한 엑셀 파일을 사용한다. os 모듈을 사용하여 경로를 지정한다.

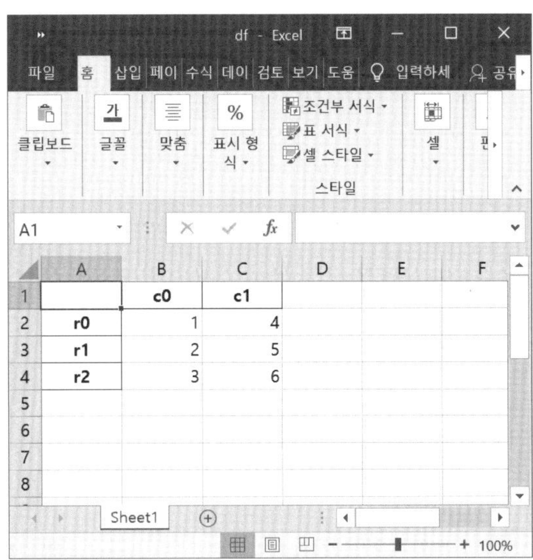

	A	B	C	D	E	F
1		c0	c1			
2	r0	1	4			
3	r1	2	5			
4	r2	3	6			
5						
6						
7						
8						

| **그림 4-12** | Excel 파일(./data/df.xlsx)

openpyxl 라이브러리의 load_workbook( ) 함수의 매개변수로 엑셀 파일의 경로를 전달하면 엑셀 파일을 파이썬 실행환경으로 가져온다. 워크북(Workbook) 클래스 객체라고 부르며, 변수 wb에 저장한다. ◆ 10

wb를 출력하면 워크북 객체라는 것을 확인할 수 있다. ◆ 11

wb의 자료형을 type( ) 함수로 보면, openpyxl 라이브러리의 워크북 클래스임을 알 수 있다. ◆ 12

wb 워크북 객체의 sheetnames 속성에는 엑셀 파일의 시트 이름이 들어 있다. 엑셀 파일에는 'Sheet1' 라는 이름을 갖는 시트가 들어 있다. ◆ 13

wb 워크북 객체의 시트를 선택할 수 있다. 'Sheet1' 시트를 선택하고, ws라는 변수에 저장한다. ◆ 16

ws 객체를 출력하면, 〈Worksheet 'Sheet1'〉이라고 표시된다. ◆ 17

ws 객체의 title 속성값을 확인하면, 시트 이름인 'Sheet1'을 따로 추출할 수 있다. ◆ 18

현재 워크북에서 활성화되어 있는 시트를 선택하는 방법이 있다. 워크북 객체의 active 속성을 지정하면 된다. ◆ 20~21

```
<openpyxl.workbook.workbook.Workbook object at 0x01523FF0>
<class 'openpyxl.workbook.workbook.Workbook'>
['Sheet1']
<Worksheet "Sheet1">
Sheet1
<Worksheet "Sheet1">
```

엑셀 문서 다루기 ❷
셀 선택, 변경

- **학습 내용 :** 엑셀 시트의 셀을 선택하고 셀에 저장되어 있는 값을 변경한다.
- **힌트 내용 :** 셀을 나타내는 주소(예시: A2) 체계를 이용하여 셀을 선택할 수 있다.

소스 : 058.py

```
import openpyxl
import openpyxl.utils.cell as ut_cell
import os

# 예제 024에서 저장한 Excel 파일 경로 지정
cwd = os.getcwd( )
filename = "df.xlsx"
filepath = os.path.join(cwd, "output", filename)

wb = openpyxl.load_workbook(filepath)
ws = wb['Sheet1']

# 셀(Cell) 객체
b2 = ws['B2']
print(b2, b2.coordinate, b2.column, b2.row, b2.value)
print(ut_cell.get_column_letter(b2.column))
print(ut_cell.column_index_from_string('AB'))

c4 = ws.cell(row=4, column=3)
print(c4, c4.coordinate, c4.value)

b2.value = 50
c4.value = 50
print(b2.value)
print(c4.value)

# 워크북의 변경 내용을 새로운 파일에 저장
wb.save(os.path.join(cwd, "output", "df2.xlsx"))
```

1~3 라이브러리를 불러온다.

6~8 예제 024에서 저장한 엑셀 파일을 사용한다. os 모듈을 사용하여 경로를 지정한다.

10 load_workbook() 함수로 엑셀 파일을 워크북 객체로 읽어 들인다. 변수 wb에 저장한다.

11 wb 워크북 객체의 'Sheet1' 시트를 선택하고, ws라는 변수에 저장한다.

14 ws 시트 객체의 'B2' 셀을 선택하고, b2라는 변수에 저장한다.

15 변수 b2에 대하여 "셀 객체, 셀 주소, 열 주소, 행 주소, 입력 값"을 출력하여 확인한다. 열 주소는 "B"가 아니라 숫자 "2"로 출력되는 점에 유의한다.

16 15번 라인에서 열 주소가 Excel 고유의 알파벳 주소가 아니라 숫자로 표시되었다. 알파벳 주소를 확인하기 위해서는, openpyxl.utils.cell 모듈의 get_column_letter() 함수를 이용한다.

17 알파벳 열 주소를 숫자형 열 주소로 변환하는 column_index_from_string() 함수도 지원하고 있다.

19 cell() 메소드에 열 주소, 행 주소를 입력하는 방식으로, 셀을 선택하는 방법이다.

20 c4 객체, 셀 주소, 입력 값을 순서대로 출력한다.

22~25 셀 객체의 value 속성은 입력 값을 가지고 있는데, 여기에 새로운 값을 할당할 수 있다. b2와 c4 셀 객체에 각각 50을 할당하고 각 객체의 value 속성이 저장하고 있는 값을 출력해본다.

28 워크북 객체(wb)의 변경 사항이 반영된 최종 내용을 새로운 엑셀 파일로 저장한다(단, 동일한 파일명을 사용하면 기존 파일에 저장할 수 있다). B2셀과 C4셀의 값이 50으로 저장된 것을 볼 수 있다.

```
<Cell 'Sheet1'.B2> B2 2 2 1
B
28
<Cell 'Sheet1'.C4> C4 6
50
50
```

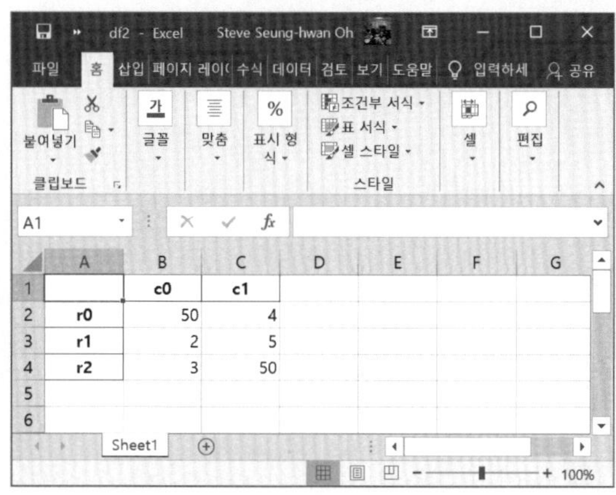

| **그림 4-13** | Excel 파일(./output/df2.xlsx)

실무 059

엑셀 문서 다루기 ③

열, 행

- **학습 내용 :** 열 단위, 행 단위로 셀을 여러 개 선택하는 방법을 이해한다.
- **힌트 내용 :** 열 단위는 columns 속성, 행 단위는 rows 속성으로 지정하여 선택한다..

소스 : 059.py

```
import openpyxl
import os

# 예제 024에서 저장한 Excel 파일 경로 지정
cwd = os.getcwd( )
filename = "df.xlsx"
filepath = os.path.join(cwd, "output", filename)

wb = openpyxl.load_workbook(filepath)
ws = wb['Sheet1']

# 열(columns), 행(rows) 객체
cols = tuple(ws.columns)
rows = tuple(ws.rows)

print(cols[0])
print(rows[0])

for col_idx, col in enumerate(cols):
    for each_cell in col:
        print("%s번째 열: %s" % (col_idx, each_cell))

a3 = cols[0][2]
print(a3.value)
a3.value = 'row1'
print(a3.value)

# 워크북의 변경 내용을 새로운 파일에 저장
wb.save(os.path.join(cwd, "output", "df3.xlsx"))
```

라이브러리를 불러온다. 1~2

예제 024에서 저장한 엑셀 파일을 사용한다. os 모듈을 사용하여 경로를 지정한다. 5~7

load_workbook( ) 함수로 엑셀 파일을 워크북 객체로 읽어 들이고 변수 wb에 저장한다. 워크북 객체의 'Sheet1' 시트를 선택하고, ws라는 변수에 저장한다. 9~10

ws 시트 객체의 columns 속성값을 투플로 변환한다. 13

ws 시트 객체의 rows 속성을 투플로 변환한다. 14

시트의 첫 번째 열인 "A"열을 출력한다. 입력 값이 들어 있는 4개의 셀을 원소로 갖는다. 16

시트의 첫 번째 행인 "1"행을 출력한다. 입력 값이 들어 있는 3개의 셀을 원소로 갖는다. 17

열 객체(cols)의 각 열에 대하여 for 반복문을 실행한다. 19

각 열의 셀에 대해서 for 반복문을 적용한다. 20

각 열에 들어 있는 셀을 하나씩 출력한다. 21

열 객체(cols)의 첫 번째 원소([0])은 첫 번째 열이다. 이 열의 세 번째 원소([2])는 세 번째 행에 속하는 셀이 된다. 즉, "A3" 셀이다. 이 셀 객체를 변수 a3에 저장한다. 23

a3 셀의 입력 값을 출력한다. "A3" 셀의 값인 'r1'이 표시된다. 24

a3 셀의 입력 값을 'row1'이라는 값으로 변경하고 출력하여 확인한다. 25~26

워크북 객체를 엑셀 파일로 저장한다. 29

결과

```
(<Cell 'Sheet1'.A1>, <Cell 'Sheet1'.A2>, <Cell 'Sheet1'.A3>, <Cell 'Sheet1'.A4>)
(<Cell 'Sheet1'.A1>, <Cell 'Sheet1'.B1>, <Cell 'Sheet1'.C1>)
0번째 열: <Cell 'Sheet1'.A1>
0번째 열: <Cell 'Sheet1'.A2>
0번째 열: <Cell 'Sheet1'.A3>
0번째 열: <Cell 'Sheet1'.A4>
1번째 열: <Cell 'Sheet1'.B1>
```

```
1번째 열: <Cell 'Sheet1'.B2>
1번째 열: <Cell 'Sheet1'.B3>
1번째 열: <Cell 'Sheet1'.B4>
2번째 열: <Cell 'Sheet1'.C1>
2번째 열: <Cell 'Sheet1'.C2>
2번째 열: <Cell 'Sheet1'.C3>
2번째 열: <Cell 'Sheet1'.C4>
r1
row1
```

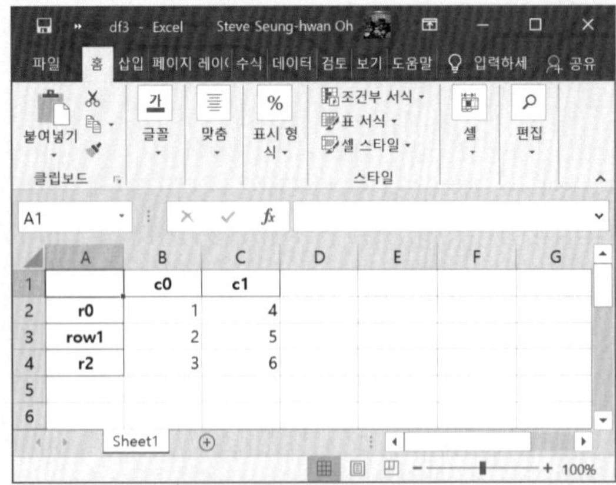

| 그림 4-14 | Excel 파일(./output/df3.xlsx)

엑셀 문서 다루기 ④ 새로운 엑셀 문서 만들기

실무 060

- **학습 내용 :** 파이썬 파일을 실행하여 새로운 엑셀 파일을 생성할 수 있다.
- **힌트 내용 :** 새로운 엑셀 워크북 객체를 만들 때 Workbook( ) 함수를 사용한다.

소스 : 060.py

```
1: import openpyxl
2: import os
3:
4: # 워크북(Workbook) 객체 만들기
5: wb = openpyxl.Workbook( )
6: print(wb.sheetnames)
7:
8: # 워크북의 변경내용을 새로운 파일에 저장
9: wb.save(os.path.join(os.getcwd( ), "output", "create_workbook.xlsx"))
```

라이브러리를 불러온다. ◆ 1~2

openpyxl 라이브러리의 Workbook( ) 함수로 새로운 워크북 객체를 생성한다. ◆ 5

앞서 생성한 워크북 객체의 시트 이름을 확인한다. 'Sheet'라는 이름의 시트가 있다. ◆ 6

워크북 객체를 Excel 파일로 저장한다. ◆ 9

['Sheet']

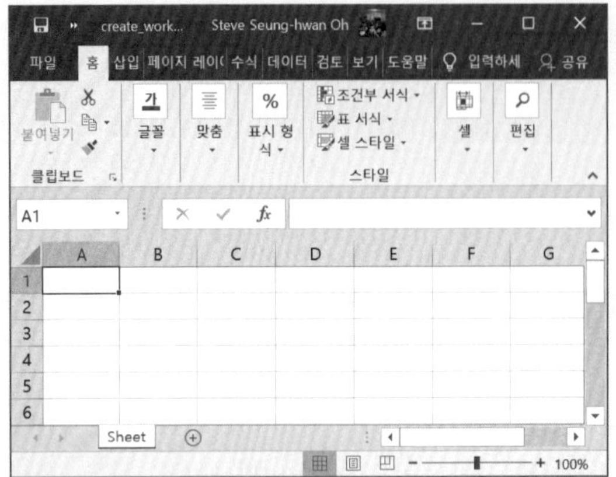

| **그림 4-15** | Excel 파일(./output/create_workbook.xlsx)

엑셀 문서 다루기 ⑤
시트 추가, 데이터 입력, 서식 지정(폰트, 정렬)

실무 061

- **학습 내용 :** 워크북 객체에 새로운 시트를 추가하고, 값을 입력하고 서식을 지정하는 방법을 이해한다.
- **힌트 내용 :** 셀 단위로 값을 입력하고, 폰트 서식을 지정하고 정렬할 수 있다.

소스 : 061.py

```
import openpyxl
import openpyxl.utils.cell as ut_cell
from openpyxl.styles import Alignment, Font
import os

# 워크북(Workbook) 객체 만들기
wb = openpyxl.Workbook( )

# 시트(Sheet) 객체 만들기
ws1 = wb.create_sheet(index=0, title='Column')
print(wb.sheetnames)
wb.remove(wb['Sheet'])
print(wb.sheetnames)
ws2 = wb.create_sheet(index=1, title='Row')
print(wb.sheetnames)

for col in ws1.iter_cols(min_row=1, min_col=1, max_row=3, max_col=6):
    print(col)
    for each_cell in col:
        each_cell.value = ut_cell.get_column_letter(each_cell.column)
        each_cell.alignment = Alignment(horizontal='right', vertical='center')
        each_cell.font = Font(bold=True, name='Arial', size=12, underline='single', color='1bb638')

for row in ws2.iter_rows(min_row=1, min_col=1, max_row=6, max_col=3):
    print(row)
    for each_cell in row:
        each_cell.value = each_cell.row
        each_cell.alignment = Alignment(horizontal='center', vertical='center')
        each_cell.font = Font(italic=True, name='Consoras', size=10, color='ff0000')
```

```
30:
31: # 워크북의 변경 내용을 새로운 파일에 저장
32: wb.save(os.path.join(os.getcwd( ), "output", "create_workbook2.xlsx"))
```

1~4 ◆ 라이브러리를 불러온다.

7 ◆ openpyxl 라이브러리의 Workbook( ) 함수로 워크북 객체를 생성한다.

10 ◆ create_sheet( ) 메소드를 워크북 객체에 적용하여 새로운 시트(ws1)을 추가한다. index=0은 시트 중에서 가장 앞에 위치시킨다는 뜻이고, title='Column'은 시트 이름을 'Column'으로 지정하는 명령이다.

11 ◆ 워크북 객체의 시트 이름을 출력하여 확인한다. 디폴트로 생성되는 'Sheet' 앞에 'Column' 시트가 위치한다.

12~13 ◆ remove( ) 메소드를 사용하여, 'Sheet' 객체를 제거한다. 시트 이름을 확인해보면 'Sheet'가 사라지고 'Column'만 남은 것을 알 수 있다.

14~15 ◆ 워크북 객체에 새로운 시트(ws2)을 추가한다. index=1은 시트 중에서 두 번째 위치에 놓는다는 뜻이다. 시트 이름을 'Row'라고 지정한다. 시트 이름을 확인해보면 'Row'가 'Column' 다음에 위치하게 된다.

17 ◆ iter_cols( ) 메소드는 시트 객체에 들어 있는 각 셀을 열 단위로 반복할 때 사용된다. 포함되는 셀의 범위를 1행~3행, 1열("A"열)~6열("F"열)까지 정의한다.

18 ◆ 각 열을 하나씩 출력한다.

19 ◆ 각 열에 들어 있는 셀 단위로 반복문을 수행한다.

20 ◆ 각 셀의 값에는 셀의 열 주소에 해당하는 알파벳을 입력한다.

21 ◆ Alignment( ) 명령을 사용하여, 수평 및 수직 정렬을 처리한다. 여기서는 수평 정렬은 오른쪽 맞춤(right), 수직 정렬은 가운데 맞춤(center)으로 지정했다.

22 ◆ Font( ) 명령을 사용하여 폰트 서식을 지정한다. 여기서는 굵게(bold), 글꼴(name), 크기(size), 밑줄(underline), 글꼴 색(color)을 지정했다.

iter_rows() 메소드는 시트 객체에 들어 있는 각 셀을 행 단위로 반복할 때 사용된다. 포함되는 셀의 범위를 1행~6행, 1열("A"열)~3열("C"열)까지 정의한다. 24

각 행을 하나씩 출력한다. 25

각 행에 들어 있는 셀 단위로 반복문을 수행한다. 26

각 셀의 값에는 셀의 행 주소에 해당하는 숫자를 입력한다. 27

Alignment() 명령을 사용하여 수평 및 수직 정렬을 처리한다. 여기서는 수평, 수직 정렬 모두 가운데 맞춤(center)으로 지정했다. 28

Font() 명령을 사용하여 폰트 서식을 지정한다. 여기서는 기울임꼴(italic), 글꼴(name), 크기(size), 글꼴 색(color)을 지정했다. 29

워크북 객체를 엑셀 파일로 저장한다. 입력 값과 서식 지정 결과를 확인한다. 32

결과

```
['Column', 'Sheet']
['Column']
['Column', 'Row']
(<Cell 'Column'.A1>, <Cell 'Column'.A2>, <Cell 'Column'.A3>)
(<Cell 'Column'.B1>, <Cell 'Column'.B2>, <Cell 'Column'.B3>)
(<Cell 'Column'.C1>, <Cell 'Column'.C2>, <Cell 'Column'.C3>)
(<Cell 'Column'.D1>, <Cell 'Column'.D2>, <Cell 'Column'.D3>)
(<Cell 'Column'.E1>, <Cell 'Column'.E2>, <Cell 'Column'.E3>)
(<Cell 'Column'.F1>, <Cell 'Column'.F2>, <Cell 'Column'.F3>)
(<Cell 'Row'.A1>, <Cell 'Row'.B1>, <Cell 'Row'.C1>)
(<Cell 'Row'.A2>, <Cell 'Row'.B2>, <Cell 'Row'.C2>)
(<Cell 'Row'.A3>, <Cell 'Row'.B3>, <Cell 'Row'.C3>)
(<Cell 'Row'.A4>, <Cell 'Row'.B4>, <Cell 'Row'.C4>)
(<Cell 'Row'.A5>, <Cell 'Row'.B5>, <Cell 'Row'.C5>)
(<Cell 'Row'.A6>, <Cell 'Row'.B6>, <Cell 'Row'.C6>)
```

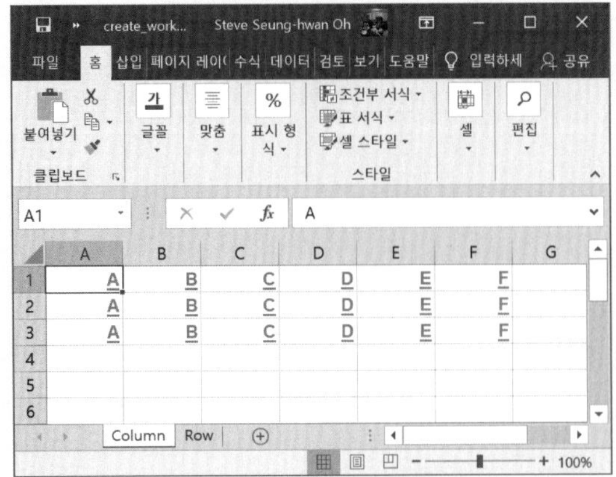

| **그림 4-16** | Column 시트(./output/create_workbook2.xlsx)

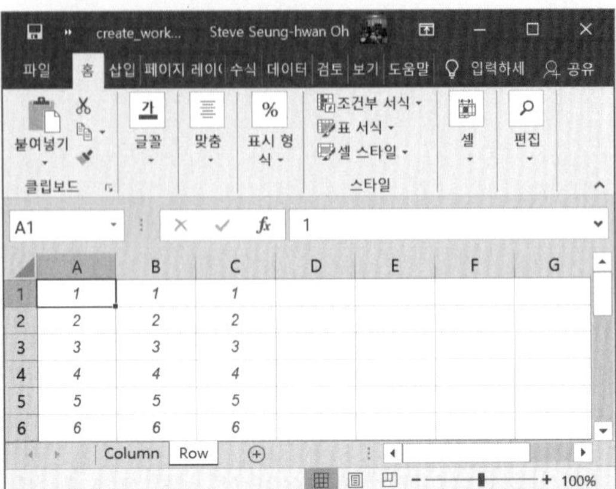

| **그림 4-17** | Row 시트(./output/create_workbook2.xlsx)

엑셀 문서 다루기 ⑥
셀 병합

• **학습 내용 :** 여러 개의 셀을 하나의 셀로 병합할 수 있다.
• **힌트 내용 :** 병합하려는 셀의 범위를 지정하고, merge_cells( ) 함수에 전달한다.

소스 : 062.py

```
import openpyxl
from openpyxl.styles import Alignment
import os

# 워크북(Workbook) 객체 만들기
wb = openpyxl.Workbook( )

# 시트(Sheet) 객체 만들기
ws = wb.create_sheet(index=0, title='Merge')
wb.remove(wb['Sheet'])

# 데이터 입력하기
tuple_of_rows = ((1, 2),
                 (3, 4),
                 (5, 6),
                 (7, 8),
                 (9, 10),
                 )

for row in tuple_of_rows:
    ws.append(row)
    print(row)

ws.merge_cells(start_row=1, start_column=1, end_row=2, end_column=2)
A1 = ws.cell(row=1, column=1)
A1.value = "Merged"
A1.alignment = Alignment(horizontal='center', vertical='center')

# 워크북의 변경내용을 새로운 파일에 저장
wb.save(os.path.join(os.getcwd( ), "output", "create_workbook3.xlsx"))
```

1~3 라이브러리를 불러온다.

6 openpyxl 라이브러리의 Workbook( ) 함수로 워크북 객체를 생성한다.

9 create_sheet( ) 메소드를 워크북 객체에 적용하여 새로운 시트(ws)를 추가한다. 가장 앞순서(index=0)에 위치시키고 시트 이름을 'Merge'라고 지정한다.

10 remove( ) 메소드를 사용하여 디폴트로 생성되는 시트('Sheet' 객체)를 제거한다.

13~18 투플 자료구조를 이용하여 데이터를 입력한다. 5개의 행(row)과 2개의 열(column)을 갖도록 2차원 배열로 나타낸다.

20~22 앞서 생성한 2차원 배열의 각 행에 해당하는 부분에 대하여 반복문을 처리한다. append( ) 메소드를 사용하여 각 행에 해당하는 (1, 2), (3, 4), (5, 6) 등을 'Merge' 시트(ws)에 하나씩 행으로 추가한다.

24 merge_cells( ) 메소드를 사용하여 여러 셀을 하나로 병합한다. 병합 범위는 1행~2행, 1열~2열 사이에 해당하는 셀을 모두 포함한다.

25 1행, 1열 위치에 해당하는 셀을 변수 A1에 저장한다. 앞서 24번 라인에서 병합된 셀이므로 병합된 셀을 가리키게 된다.

26 병합된 셀(A1)의 입력 값을 "Merged"로 변경한다.

27 병합된 셀(A1)에 대한 텍스트 정렬 위치를 지정한다.

30 워크북 객체를 엑셀 파일로 저장한다.

결과

```
(1, 2)
(3, 4)
(5, 6)
(7, 8)
(9, 10)
```

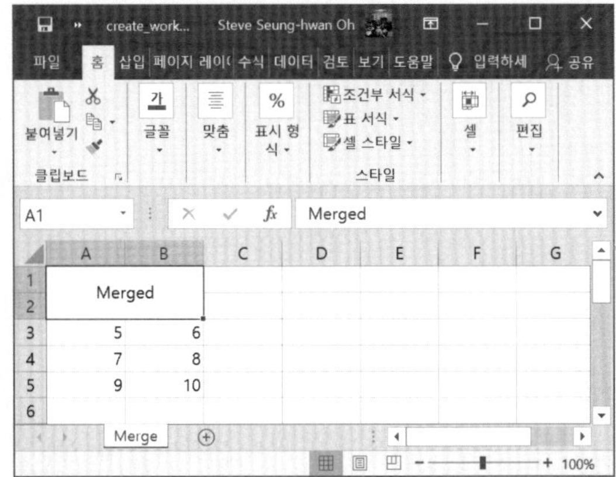

| 그림 4-18 | Merged 시트(./output/create_workbook3.xlsx)

실무

063

엑셀 문서 다루기 ⑦
차트 그리기

- **학습 내용 :** 엑셀 시트에 입력되어 있는 숫자 데이터를 이용하여 막대 그래프를 그린다.
- **힌트 내용 :** BarChart( ) 함수를 이용한다.

소스 : 063.py

```
import openpyxl
from openpyxl.chart import BarChart, Reference
from openpyxl.utils.dataframe import dataframe_to_rows
import os
import pandas as pd

cwd = os.getcwd( )
filename = "financials.xlsx"
filepath = os.path.join(cwd, "data", filename)

df = pd.read_excel(filepath, engine="openpyxl", headers=0, index_col=0)
tdf = df.T

wb = openpyxl.Workbook( )
ws = wb.create_sheet(index=0, title='Chart')
wb.remove(wb['Sheet'])

for row in dataframe_to_rows(tdf, index=True, header=True):
    if len(row) > 1:
        ws.append(row)
        print(row)

chart = BarChart( )
chart.type = "col"
chart.style = 10
chart.title = "매출액/영업이익"
chart.y_axis.title = "금액(억원)"
chart.x_axis.title = "연도"

data = Reference(ws, min_col=2, max_col=3, min_row=1, max_row=5)
```

```
31: cats = Reference(ws, min_col=1, min_row=2, max_row=5)
32: chart.add_data(data, titles_from_data=True)
33: chart.set_categories(cats)
34: ws.add_chart(chart, "A8")
35:
36: wb.save(os.path.join(os.getcwd( ), "data", "financials_barchart.xlsx"))
```

라이브러리를 불러온다. ◆ 1~5

그래프(차트)를 그릴 데이터를 갖고 있는 외부 파일(financials.xlsx)의 경로를 지정한다. ◆ 7~9

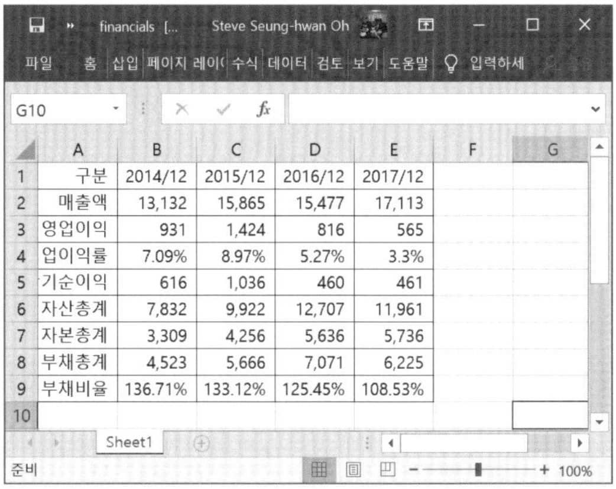

	A	B	C	D	E	F	G
1	구분	2014/12	2015/12	2016/12	2017/12		
2	매출액	13,132	15,865	15,477	17,113		
3	영업이익	931	1,424	816	565		
4	업이익률	7.09%	8.97%	5.27%	3.3%		
5	기순이익	616	1,036	460	461		
6	자산총계	7,832	9,922	12,707	11,961		
7	자본총계	3,309	4,256	5,636	5,736		
8	부채총계	4,523	5,666	7,071	6,225		
9	부채비율	136.71%	133.12%	125.45%	108.53%		
10							

| **그림 4-19** | Excel 파일(./data/financial.xlsx)

판다스 read_excel( ) 함수를 이용하여 Excel 파일을 읽어 들이고 데이터프레임으로 변환한다. 행과 열의 위치를 바꿔서(전치하여) 변수 tdf에 저장한다. 이때 데이터프레임의 행, 열의 위치를 전치하는 이유는 연도 데이터를 그래프의 x축에 반영하기 위해서이다. ◆ 11~12

openpyxl 라이브러리의 Workbook 클래스를 사용하여 워크북 객체를 생성한다. 'Chart' 라는 이름을 갖는 시트를 추가하고, 디폴트로 생성된 'Sheet' 객체를 제거한다. ◆ 14~16

dataframe_to_rows( ) 함수는 데이터프레임의 행 단위로 반복문을 수행할 때 사용된다. 각 행의 값들을 'Chart' 시트에 행 단위로 하나씩 추가한다. ◆ 18~21

openpyxl.chart 모듈의 BarChart 객체를 생성하고, 차트에 적용할 서식을 지정한다. type 속성에 "col"을 지정하면 수직 막대 그래프를 그리고, "bar"를 지정하면 수평 막대 그래프를 나타낸다. style 속성의 숫자를 바꿔주면 그래프 스타일이 변경 적용된다. 예 10, 11, 12, … ◆ 23~28

30~31 Reference 클래스는 시트에서 참조하는 셀의 영역을 지정할 때 사용한다. 막대 그래프에 표시할 데이터 범위를 지정하고 변수 data에 저장한다. x축에 사용할 셀의 범위를 지정하여 cats 변수에 저장한다.

32~33 차트 객체에 데이터를 탑재한다. add_data( ) 메소드에 데이터 값(data)을 전달하고, set_categories( ) 메소드에 x축 범위 값(cats)을 입력하여 x축 값을 범주로 표시한다.

34 "A8" 셀에 차트를 삽입한다.

36 워크북 객체를 엑셀 파일로 저장한다.

```
[None, '매출액', '영업이익', '영업이익률', '당기순이익', '자산총계', '자본총계', '부채총계', '부채비율']
['2014/12', 13132, 931, '7.09%', 616, 7832, 3309, 4523, '136.71%']
['2015/12', 15865, 1424, '8.97%', 1036, 9922, 4256, 5666, '133.12%']
['2016/12', 15477, 816, '5.27%', 460, 12707, 5636, 7071, '125.45%']
['2017/12', 17113, 565, '3.3%', 461, 11961, 5736, 6225, '108.53%']
```

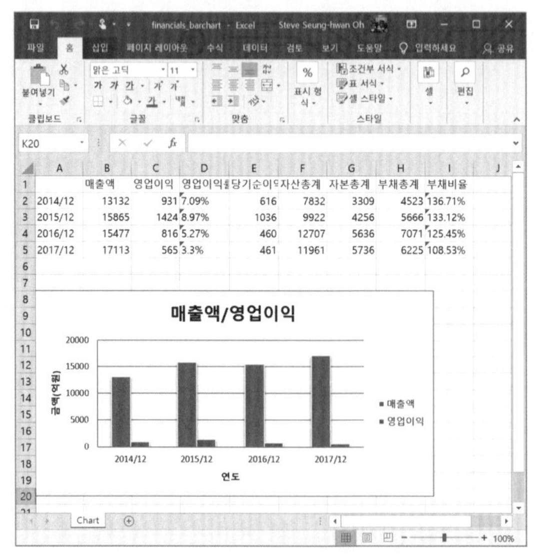

| 그림 4-20 | 차트 그리기(./output/financials_barchart.xlsx)

실무 064

엑셀 문서 다루기 ⑧
그림 삽입하기

- **학습 내용 :** 외부 이미지 파일을 불러와서 Excel 시트에 삽입할 수 있다.
- **힌트 내용 :** Image( ) 함수로 이미지 파일을 파이썬 객체로 변환하고 add_image( ) 메소드로 시트 객체에 위치를 지정하여 삽입한다.

소스 : 064.py

```
 1: import openpyxl
 2: from openpyxl.drawing.image import Image
 3: import os
 4:
 5: # 예제 030에서 저장한 박스플롯 이미지 파일을 가져와서 Image 객체 생성
 6: cwd = os.getcwd( )
 7: filename = "boxplot.png"
 8: filepath = os.path.join(cwd, "output", filename)
 9: img = Image(filepath)
10: print(img)
11:
12: wb = openpyxl.Workbook( )
13: ws = wb.create_sheet(index=0, title='Image')
14: wb.remove(wb['Sheet'])
15:
16: ws['A1'] = "Box Plot"
17: ws.add_image(img, 'B3')
18:
19: wb.save(os.path.join(os.getcwd( ), "output", "insert_image.xlsx"))
```

라이브러리를 불러온다. ◆ 1~3

예제 030에서 저장한 박스플롯 그림 파일을 Image 함수로 가져와서 이미지 객체를 생성한다. 생성된 객체를 출력하여 확인한다. ◆ 6~10

워크북 객체에 'Image' 시트를 추가하고 기존 시트를 삭제한다. ◆ 12~14

'A1' 셀에 그림 제목을 입력한다. ◆ 16

17 ◆ add_image( ) 메소드를 이용하여 이미지 객체를 'B3' 셀에 삽입한다.

19 ◆ 워크북 객체를 엑셀 파일로 저장한다.

<openpyxl.drawing.image.Image object at 0x01211490>

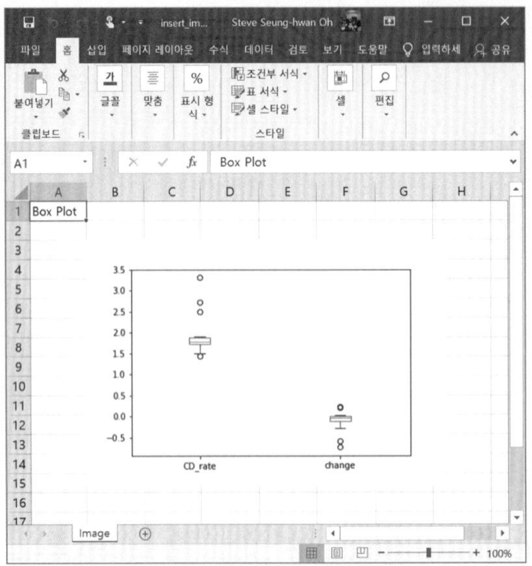

| **그림 4-21** | 그림 삽입하기(./output/ insert_image.xlsx)

엑셀 문서 다루기 ⑨ 구글 뉴스 클리핑 결과를 엑셀 파일로 저장하기

실무 **065**

- **학습 내용 :** 예제 011의 구글 뉴스 클리핑 함수를 활용하여 수집한 뉴스 목록을 엑셀 파일로 저장한다.
- **힌트 내용 :** 행, 열의 위치를 나타내는 인덱스를 for 반복문으로 각각 순회하며 셀 단위로 값을 입력한다.

소스 : 065.py

```
import requests
from bs4 import BeautifulSoup
import urllib
import openpyxl
import os

# 예제 011의 구글 뉴스 클리핑 함수를 다시 사용
def google_news_clipping_keyword(keyword_input='파이썬', limit=5):

    keyword = urllib.parse.quote(keyword_input)

    base_url = "https://news.google.com"
    url = base_url + "/search?q=" + keyword + "&hl=ko&gl=KR&ceid=KR%3Ako"

    resp = requests.get(url)
    html_src = resp.text
    soup = BeautifulSoup(html_src, 'lxml')

    news_items = soup.select('div[class="xrnccd"]')

    links=[ ]; titles=[ ]; contents=[ ]; agencies=[ ]; reporting_dates=[ ]; reporting_times=[ ];

    for item in news_items[:limit]:
        link = item.find('a', attrs={'class':'VDXfz'}).get('href')
        news_link = base_url + link[1:]
        links.append(news_link)

        news_title = item.find('a', attrs={'class':'DY5T1d'}).getText( )
        titles.append(news_title)
```

```
        news_content = item.find('span', attrs={'class':'xBbh9'}).text
        contents.append(news_content)

        news_agency = item.find('a', attrs={'class':'wEwyrc AVN2gc uQIVzc Sksgp'}).text
        agencies.append(news_agency)

        news_reporting = item.find('time', attrs={'class':'WW6dff uQIVzc Sksgp'})
        news_reporting_datetime = news_reporting.get('datetime').split('T')
        news_reporting_date = news_reporting_datetime[0]
        news_reporting_time = news_reporting_datetime[1][:-1]
        reporting_dates.append(news_reporting_date)
        reporting_times.append(news_reporting_time)

    result = {'link':links, 'title':titles, 'contents':contents, 'agency':agencies, \
              'date':reporting_dates, 'time':reporting_times}

    return result


if __name__ == "__main__":
    # 함수를 실행하여 뉴스 목록 정리
    search_word = input("검색어를 입력하세요: ")
    news = google_news_clipping_keyword(search_word, 5)

    wb = openpyxl.Workbook( )
    ws = wb.create_sheet(title=search_word)
    wb.remove(wb['Sheet'])

    col_nums = { }
    for i, k in enumerate(news.keys( )):
        col_nums[k] = i + 1

    for k in col_nums:
        for row_num in range(1, len(news[k])+1):
            if row_num == 1:
                ws.cell(row=row_num, column=col_nums[k]).value = k
            else:
                ws.cell(row=row_num, column=col_nums[k]).value = news[k][row_num-1]

    wb.save(os.path.join(os.getcwd( ), "output", "google_news_to_excel.xlsx"))
```

라이브러리를 불러온다. 1~5

예제 011에서 만든 구글 뉴스 클리핑 함수의 코드를 다시 사용한다. 8~47

현재 파일에서만 다음 블록에 나오는 코드를 실행한다는 뜻이다. 50

뉴스를 가져올 검색어를 입력한다. 책에서는 "파이썬"을 입력했다. 52

구글 뉴스 클리핑 함수를 실행한다. 최대 5개까지 뉴스를 검색하도록 하고, 결과를 news라는 변수에 저장한다. 53

워크북 객체를 생성하고, 검색어(search_word)를 이름으로 하는 시트를 추가하고 기존 시트('Sheet')를 삭제한다. 55~57

뉴스 클리핑 결과를 셀을 지정하여 구분, 입력한다. 59~68

열 순서를 나타내는 값을 담을 빈 딕셔너리(col_nums)를 만든다. 59

뉴스 목록이 들어있는 딕셔너리(news)의 key는 6개(link, title, contents, agency, date, time)이다. enumerate( ) 함수로 각 key값을 순회하며 반복한다. 각 키(k)의 정수형 순서(i)에 1을 더한 값을 매칭하여 딕셔너리(col_nums)에 추가한다. link는 1의 값을 갖고, time은 6의 값을 갖는다. 셀의 위치를 지정할 때 열의 순서를 나타내는 데 사용한다. 60~61

뉴스 목록의 열(6개 필드)과 행(뉴스의 개수, 예제는 4개)을 중첩 반복문을 사용하여 셀의 위치를 나타낸다. 63~64

행 위치(row_num)가 1인 경우 처리하는 과정이다. 1행을 나타내며 각 필드에 해당하는 셀에 키(k)값을 입력한다. 예를 들어, 1행의 첫 번째 열(A1셀)에는 'link'라는 필드명이 입력된다. 65~66

행 위치(row_num)가 2 이상인 경우 처리하는 과정이다. 2행 이후를 나타내며 각 필드에 해당하는 셀에 각 키(k)에 해당하는 뉴스 데이터를 행의 순서에 맞춰 입력한다. 예를 들어, 2행의 첫 번째 열(A2셀)에는 첫 번째 뉴스의 'link'에 해당하는 URL 주소가 입력된다. 67~68

워크북 객체를 엑셀 파일로 저장한다. 70

결과

검색어를 입력하세요: 파이썬

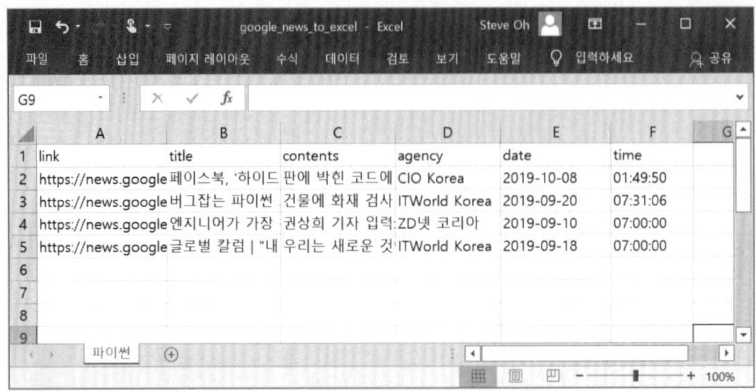

link	title	contents	agency	date	time
https://news.google	페이스북, '하이드	판에 박힌 코드에	CIO Korea	2019-10-08	01:49:50
https://news.google	버그잡는 파이썬	건물에 화재 검사	ITWorld Korea	2019-09-20	07:31:06
https://news.google	엔지니어가 가장	권상희 기자 입력:	ZD넷 코리아	2019-09-10	07:00:00
https://news.google	글로벌 칼럼 | "내	우리는 새로운 것	ITWorld Korea	2019-09-18	07:00:00

| **그림 4-22** | 구글 뉴스 클리핑(./output/google_news_to_excel.xlsx)

엑셀 문서 다루기 ⑩ 구글 뉴스 클리핑 결과를 데이터프레임 변환, 엑셀 파일로 저장하기

실무 066

- **학습 내용 :** 뉴스 목록을 데이터프레임으로 먼저 변환하고, 다시 엑셀로 변환하는 방법이다.
- **힌트 내용 :** 뉴스 목록을 딕셔너리로 정리하면, DataFrame( ) 함수를 이용해 데이터프레임으로 변환할 수 있다. 데이터프레임을 엑셀로 변환하려면 to_excel( ) 메소드를 사용한다.

소스 : 066.py

```
import requests
from bs4 import BeautifulSoup
import urllib
import openpyxl
import os

# 예제 011의 구글 뉴스 클리핑 함수를 다시 사용
def google_news_clipping_keyword(keyword_input='파이썬', limit=5):

    keyword = urllib.parse.quote(keyword_input)

    base_url = "https://news.google.com"
    url = base_url + "/search?q=" + keyword + "&hl=ko&gl=KR&ceid=KR%3Ako"

    resp = requests.get(url)
    html_src = resp.text
    soup = BeautifulSoup(html_src, 'lxml')

    news_items = soup.select('div[class="xrnccd"]')

    links=[ ]; titles=[ ]; contents=[ ]; agencies=[ ]; reporting_dates=[ ]; reporting_times=[ ];

    for item in news_items[:limit]:
        link = item.find('a', attrs={'class':'VDXfz'}).get('href')
        news_link = base_url + link[1:]
        links.append(news_link)

        news_title = item.find('a', attrs={'class':'DY5T1d'}).getText( )
        titles.append(news_title)
```

```
30:
31:         news_content = item.find('span', attrs={'class':'xBbh9'}).text
32:         contents.append(news_content)
33:
34:         news_agency = item.find('a', attrs={'class':'wEwyrc AVN2gc uQIVzc Sksgp'}).text
35:         agencies.append(news_agency)
36:
37:         news_reporting = item.find('time', attrs={'class':'WW6dff uQIVzc Sksgp'})
38:         news_reporting_datetime = news_reporting.get('datetime').split('T')
39:         news_reporting_date = news_reporting_datetime[0]
40:         news_reporting_time = news_reporting_datetime[1][:-1]
41:         reporting_dates.append(news_reporting_date)
42:         reporting_times.append(news_reporting_time)
43:
44:     result = {'link':links, 'title':titles, 'contents':contents, 'agency':agencies, \
45:               'date':reporting_dates, 'time':reporting_times}
46:
47:     return result
48:
49: # 함수를 실행하여 뉴스 목록 정리
50: search_word = input("검색어를 입력하세요: ")
51: news = google_news_clipping_keyword(search_word, 5)
52: df = pd.DataFrame(news)
53: print(df.head( ))
54:
55: filepath = os.path.join(os.getcwd( ), "output", "google_news_to_dataframe_excel.xlsx")
56: df.to_excel(filepath)
```

1~47 ◆ 예제 065에서 이용한 구글 뉴스 클리핑 함수를 다시 활용한다.

50 ◆ 뉴스를 가져올 검색어를 입력한다. 책에서는 "파이썬"을 키보드에 입력했다.

51 ◆ 구글 뉴스 클리핑 함수를 실행한다. 최대 5개까지 뉴스를 검색하고, 결과를 news라는 변수에 저장한다.

52 ◆ 뉴스 검색 결과(news)를 판다스 DataFrame( ) 함수를 사용하여 데이터프레임(df)으로 변환한다.

53 ◆ 데이터프레임의 첫 5행을 출력한다.

55~56 ◆ 판다스 to_excel( ) 메소드를 사용하여, 데이터프레임을 엑셀 파일로 저장한다.

```
검색어를 입력하세요: 파이썬
                                                    link  ...      time
0  https://news.google.com/articles/CAIiECtXCrSdX...  ...  07:00:00
1  https://news.google.com/articles/CBMiI2h0dHA6L...  ...  01:49:50
2  https://news.google.com/articles/CAIiEB69bHAPf...  ...  07:31:06
3  https://news.google.com/articles/CBMiL2h0dHBzO...  ...  07:00:00
4  https://news.google.com/articles/CAIiEClrPKou8...  ...  07:00:00

[5 rows x 6 columns]
```

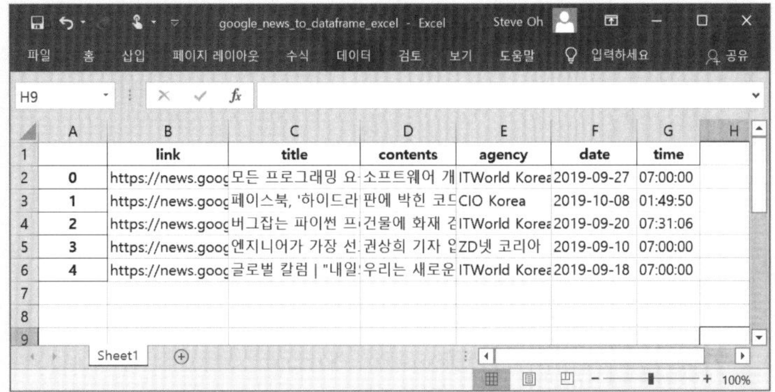

	A	B	C	D	E	F	G	H
1		link	title	contents	agency	date	time	
2	0	https://news.goog	모든 프로그래밍 요	소프트웨어 개	ITWorld Korea	2019-09-27	07:00:00	
3	1	https://news.goog	페이스북, '하이드라	판에 박힌 코드	CIO Korea	2019-10-08	01:49:50	
4	2	https://news.goog	버그잡는 파이썬 프	건물에 화재 긴	ITWorld Korea	2019-09-20	07:31:06	
5	3	https://news.goog	엔지니어가 가장 선	권상희 기자 인	ZD넷 코리아	2019-09-10	07:00:00	
6	4	https://news.goog	글로벌 칼럼 | "내일	우리는 새로운	ITWorld Korea	2019-09-18	07:00:00	
7								
8								
9								

| 그림 4-23 | 구글 뉴스 클리핑(./output/google_news_to_dataframe_excel.xlsx)

PDF 문서 다루기 ❶ PDF 문서의 텍스트 읽기

- **학습 내용 :** PDF 문서에서 텍스트를 추출한다.
- **힌트 내용 :** PyPDF2, PDFMiner 등 여러 라이브러리의 기능을 활용한다.

라이브러리 설치

Anaconda Prompt 또는 윈도우 명령 프롬프트를 열고, 'pip install PyPDF2'를 입력하여 PyPDF2를 먼저 설치한다. 그다음 'pip install pdfminer.six'를 입력하여 pdfminer.six를 설치한다.

PyPDF2의 경우 파이썬3에서는 많은 기능이 제한된다. 이처럼 PDF 파일을 완벽하게 지원해주는 라이브러리는 없다고 볼 수 있다. 예제에서는 여러 종류의 라이브러리의 기능을 조합하여 한글 텍스트를 최대한 추출하는 것을 목표로 한다.

소스 : 067.py

```
import PyPDF2
from pdfminer.pdfinterp import PDFResourceManager, PDFPageInterpreter
from pdfminer.converter import TextConverter
from pdfminer.layout import LAParams
from pdfminer.pdfpage import PDFPage
from io import StringIO
import os

# PyPDF2로 페이지 수 계산하기
filename = "north_korea_economic_growth.pdf"
filepath = os.path.join(os.getcwd( ), "data", filename)
fp = open(filepath, 'rb')
total_pages = PyPDF2.PdfFileReader(fp).numPages
print(total_pages)

# pdfminer로 페이지별 텍스트 가져오기
page_text = {}
for page_no in range(total_pages):

```

```
20:     rsrcmgr = PDFResourceManager( )
21:     retstr = StringIO( )
22:     codec = 'utf-8'
23:     laparams = LAParams( )
24:     device = TextConverter(rsrcmgr, retstr, codec=codec, laparams=laparams)
25:     fp = open(filepath, 'rb')
26:     password=None
27:     maxpages=0
28:     interpreter = PDFPageInterpreter(rsrcmgr, device)
29:     caching = True
30:     pagenos=[page_no]
31:
32:     for page in PDFPage.get_pages(fp, pagenos, maxpages=maxpages, password=password,
33:                                   caching=caching, check_extractable=True):
34:         interpreter.process_page(page)
35:
36:     page_text[page_no] = retstr.getvalue( )
37:
38:     fp.close( )
39:     device.close( )
40:     retstr.close( )
41:
42: # 첫 페이지 내용 출력하기
43: print(page_text[0][:-1])
```

라이브러리를 불러온다. ◆ 1~7

텍스트를 따로 추출하려면 PDF 파일의 경로를 지정한다. ◆ 10~11

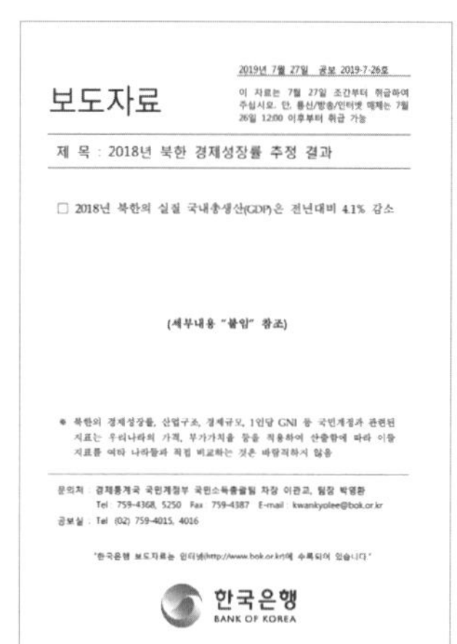
2019년 7월 27일 공보 2019-7-26호

보도자료

이 자료는 7월 27일 조간부터 취급하여 주십시오. 단, 통신/방송/인터넷 매체는 7월 26일 12:00 이후부터 취급 가능

제 목 : 2018년 북한 경제성장률 추정 결과

□ 2018년 북한의 실질 국내총생산(GDP)은 전년대비 4.1% 감소

(세부내용 "붙임" 참조)

※ 북한의 경제성장률, 산업구조, 경제규모, 1인당 GNI 등 국민계정과 관련된 지표는 우리나라의 가격, 부가가치율 등을 적용하여 산출함에 따라 이들 지표를 여타 나라들과 직접 비교하는 것은 바람직하지 않음

문의처 : 경제통계국 국민계정부 국민소득총괄팀 차장 이관교, 팀장 박영환
Tel : 759-4368, 5250 Fax : 759-4387 E-mail : kwankyolee@bok.or.kr
공보실 : Tel (02) 759-4015, 4016

"한국은행 보도자료는 인터넷(http://www.bok.or.kr)에 수록되어 있습니다."

한국은행
BANK OF KOREA

| 그림 4-24 | PDF 파일 내용 보기(./data/north_korea_economic_growth.pdf)

12 ◆ 파일 처리를 위해 open() 함수로 파일 객체를 생성하고 변수 fp에 저장한다. 'rb' 옵션은 이진(binary) 파일 읽기 전용으로 처리한다는 뜻이다.

13~14 ◆ PyPDF2 라이브러리의 PdfFileReader() 함수는 이진 파일 객체(fp)를 읽어서 PDF로 변환한다. numPages 속성에서 페이지 수를 추출하여 total_pages라는 변수에 저장하고 출력해본다. 총 11개의 페이지가 확인된다.

17 ◆ 각 페이지로부터 추출한 텍스트를 저장할 비어 있는 딕셔너리(page_text)를 만든다.

18 ◆ 각 페이지에 대하여 for 반복문을 정의한다.

20~30 ◆ PDFMiner 라이브러리를 활용한다. 코드 32번 라인에서 사용할 get_pages() 함수의 매개변수, 텍스트 변환기(device)와 PDF 번역기(interpreter) 등을 정의한다. 26번 라인의 password는 PDF 파일 보호를 위해 암호를 설정한 경우, None 값 대신 실제 암호를 설정해준다. 세부 항목에 대한 상세한 설명은 이 책이 다루는 범위를 벗어나므로 생략한다. PDFMiner 공식 깃허브(https://github.com/euske/pdfminer)를 참조한다.

32~33 ◆ PDFMiner 라이브러리의 PDFPage 모듈을 사용하여 각 페이지에서 텍스트를 추출한다. 이때 get_pages() 함수에 전달할 매개변수들은 앞서 20~30번 라인에서 설정한 값들을 활용한다.

34 ◆ 28번 라인에서 정의한 PDF 번역기 객체(interpreter)에 process_page() 메소드를 적용한다. 각 페이지의 텍스트 문자열이 파일 형태로 변환되어 StringIO 객체(retstr)로 저장된다.

36 ◆ StringIO 객체(retstr)에서 문자열 값을 가져와서 페이지별 추출한 텍스트를 담을 딕셔너리(page_text)에 추가한다. 페이지 번호(page_no)를 딕셔너리의 key로 정의한다.

38~40 ◆ 파일 객체(fp), 텍스트 변환기(device), StringIO 객체(retstr)를 닫는다.

43 ◆ 첫 번째 페이지의 내용을 전부 출력해본다.

결과

11
2019년 7월 27일 공보 2019-7-26호

이 자료는 7월 27일 조간부터 취급하여
주십시오. 단, 통신/방송/인터넷 매체는 7월
26일 12:00 이후부터 취급 가능

제 목 : 2018년 북한 경제성장률 추정 결과

ㅁ 2018년 북한의 실질 국내총생산(GDP)은 전년대비 4.1% 감소

(세부내용 "붙임" 참조)

※ 북한의 경제성장률, 산업구조, 경제규모, 1인당 GNI 등 국민계정과 관련된
지표는 우리나라의 가격, 부가가치율 등을 적용하여 산출함에 따라 이들
지표를 여타 나라들과 직접 비교하는 것은 바람직하지 않음

문의처 : 경제통계국 국민계정부 국민소득총괄팀 차장 이관교, 팀장 박영환
Tel : 759-4368, 5250 Fax : 759-4387 E-mail : kwankyolee@bok.or.kr
공보실 : Tel (02) 759-4015, 4016

"한국은행 보도자료는 인터넷(http://www.bok.or.kr)에 수록되어 있습니다."

PDF 문서 다루기 ❷
PDF 문서의 텍스트를 추출하여 텍스트(.txt) 파일로 저장하기

- **학습 내용 :** PDF 문서의 텍스트를 추출하고, 별도의 텍스트 파일로 저장한다.
- **힌트 내용 :** 파일 처리 함수 open()과 write() 함수를 사용한다.

소스 : 068.py

```
import PyPDF2
from pdfminer.pdfinterp import PDFResourceManager, PDFPageInterpreter
from pdfminer.converter import TextConverter
from pdfminer.layout import LAParams
from pdfminer.pdfpage import PDFPage
from io import StringIO
import os

def pdf_to_txt(filepath):

    fp = open(filepath, 'rb')
    total_pages = PyPDF2.PdfFileReader(fp).numPages

    page_text = {}
    for page_no in range(total_pages):

        rsrcmgr = PDFResourceManager()
        retstr = StringIO()
        codec = 'utf-8'
        laparams = LAParams()
        device = TextConverter(rsrcmgr, retstr, codec=codec, laparams=laparams)
        fp = open(filepath, 'rb')
        password=None
        maxpages=0
        interpreter = PDFPageInterpreter(rsrcmgr, device)
        caching = True
        pagenos=[page_no]

        for page in PDFPage.get_pages(fp, pagenos, maxpages=maxpages, password=password,
```

```
30:                                     caching=caching, check_extractable=True):
31:                 interpreter.process_page(page)
32: 
33:             page_text[page_no] = retstr.getvalue( )
34: 
35:             fp.close( )
36:             device.close( )
37:             retstr.close( )
38: 
39:         return page_text
40: 
41: 
42: if __name__ == "__main__":
43:     #  pdf 파일 경로를 지정하여 텍스트 추출하기
44:     filename = "north_korea_economic_growth.pdf"
45:     filepath = os.path.join(os.getcwd( ), "data", filename)
46:     pdf_text = pdf_to_txt(filepath)
47: 
48:     # txt 파일로 저장하기
49:     text_file = os.path.join(os.getcwd( ), "output", filename.split('.')[0]+".txt")
50:     f = open(text_file, 'w', -1, "utf-8")
51: 
52:     for k, v in pdf_text.items( ):
53:         first_row = "-----------------%s 페이지의 내용입니다------------------- \n" % k
54:         f.write(first_row + v)
55: 
56:     f.close( )
```

라이브러리를 불러온다. ◆ 1~7

예제 067의 코드를 이용하여 PDF 파일의 페이지별 텍스트를 추출하여 딕셔너리 형태로 정리하는 함수를 정의한다. ◆ 9~39

PDF 파일의 경로를 지정하고, 앞서 정의한 pdf_to_txt( ) 함수를 적용한다. 텍스트를 추출한 결과를 pdf_text라는 변수에 저장한다. ◆ 44~46

파일 처리 함수 open( ) 명령을 이용하여, 텍스트 파일(*.txt)로 저장한다. 50번 라인의 'w'는 쓰기 전용 모드(mode)를 나타내고, 숫자 −1은 임시 데이터 저장공간을 제공하는 버퍼링(buffering) 옵션 값이다. ◆ 49~50

52~54 ◆ PDF 파일에서 추출한 각 페이지별 텍스트를 페이지 구분선(-----)과 함께 파일로 저장한다.

56 ◆ 파일 객체를 닫는다.

결과

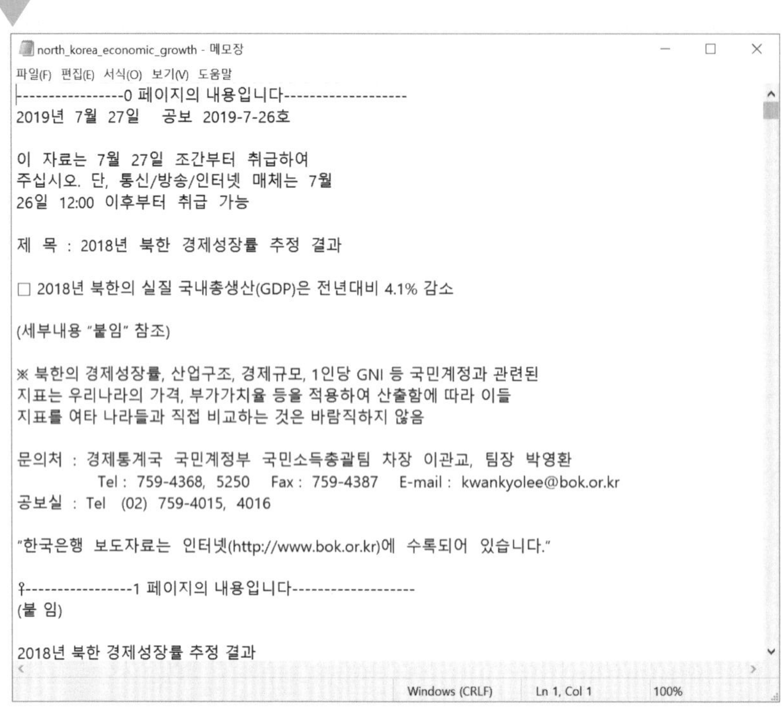
north_korea_economic_growth - 메모장

파일(F) 편집(E) 서식(O) 보기(V) 도움말

----------------0 페이지의 내용입니다-------------------
2019년 7월 27일 공보 2019-7-26호

이 자료는 7월 27일 조간부터 취급하여
주십시오. 단, 통신/방송/인터넷 매체는 7월
26일 12:00 이후부터 취급 가능

제 목 : 2018년 북한 경제성장률 추정 결과

□ 2018년 북한의 실질 국내총생산(GDP)은 전년대비 4.1% 감소

(세부내용 "붙임" 참조)

※ 북한의 경제성장률, 산업구조, 경제규모, 1인당 GNI 등 국민계정과 관련된
지표는 우리나라의 가격, 부가가치율 등을 적용하여 산출함에 따라 이들
지표를 여타 나라들과 직접 비교하는 것은 바람직하지 않음

문의처 : 경제통계국 국민계정부 국민소득총괄팀 차장 이관교, 팀장 박영환
Tel : 759-4368, 5250 Fax : 759-4387 E-mail : kwankyolee@bok.or.kr
공보실 : Tel (02) 759-4015, 4016

"한국은행 보도자료는 인터넷(http://www.bok.or.kr)에 수록되어 있습니다."

♀----------------1 페이지의 내용입니다-------------------
(붙 임)

2018년 북한 경제성장률 추정 결과

Windows (CRLF) Ln 1, Col 1 100%

| **그림 4-25** | 텍스트 변환 결과(./output/north_korea_economic_growth.txt)

PDF 문서 다루기 ③
다량의 PDF 문서에서 텍스트 추출 자동화하기

실무 069

- **학습 내용 :** 여러 개의 PDF 문서가 들어 있는 폴더에서 각각의 PDF 문서를 텍스트 문서로 변환한다.
- **힌트 내용 :** os 모듈의 listdir( ) 함수를 이용하여 특정 폴더에 들어 있는 모든 파일의 이름을 리스트 구조로 정리한다.

소스 : 069.py

```
import PyPDF2
from pdfminer.pdfinterp import PDFResourceManager, PDFPageInterpreter
from pdfminer.converter import TextConverter
from pdfminer.layout import LAParams
from pdfminer.pdfpage import PDFPage
from io import StringIO
import os

def pdf_to_txt(filepath):

    fp = open(filepath, 'rb')
    total_pages = PyPDF2.PdfFileReader(fp).numPages

    page_text = {}
    for page_no in range(total_pages):

        rsrcmgr = PDFResourceManager()
        retstr = StringIO()
        codec = 'utf-8'
        laparams = LAParams()
        device = TextConverter(rsrcmgr, retstr, codec=codec, laparams=laparams)
        fp = open(filepath, 'rb')
        password=None
        maxpages=0
        interpreter = PDFPageInterpreter(rsrcmgr, device)
        caching = True
        pagenos=[page_no]

        for page in PDFPage.get_pages(fp, pagenos, maxpages=maxpages, password=password,
                                      caching=caching, check_extractable=True):
```

```
31:             interpreter.process_page(page)
32:
33:         page_text[page_no] = retstr.getvalue( )
34:
35:         fp.close( )
36:         device.close( )
37:         retstr.close( )
38:
39:     return page_text
40:
41:
42: folder_path = os.path.join(os.getcwd( ), "data", "pdf")
43: file_list = os.listdir(folder_path)
44:
45: for file_name in file_list:
46:
47:     pdf_text = pdf_to_txt(folder_path + "\\" + file_name)
48:
49:     text_file = os.path.join(folder_path, file_name.split('.')[0]+".txt")
50:     f = open(text_file, 'w', -1, "utf-8")
51:
52:     for v in pdf_text.values( ):
53:         f.write(v)
54:
55:     f.close( )
56:
57:     print("%s.txt 파일이 저장되었습니다. \n" % file_name.split('.')[0])
```

1~39 ◆ 예제 068에서 정의한 pdf_to_txt( ) 함수를 활용한다.

42~43 ◆ 여러 개의 PDF 파일이 저장되어 있는 폴더 경로를 지정하고, os 라이브러리의 listdir( ) 명령을 이용하여 해당 폴더에 있는 모든 PDF 파일의 이름이 담긴 리스트(file_list)를 만든다.

이름	수정한 날짜	유형	크기
(참고자료) WTO 일반이사회 계기, 일 조치의...	2019-07-27 오후 4:07	Adobe Acrobat Doc...	301KB
(참고자료)통상교섭본부장, 미 경제통상인사...	2019-07-27 오후 4:07	Adobe Acrobat Doc...	413KB
[보도자료] 2018년 북한 경제성장률 추정 결...	2019-07-27 오후 12:...	Adobe Acrobat Doc...	219KB
0724 (25일석간) 신재생에너지정책과, 재생...	2019-07-27 오후 4:07	Adobe Acrobat Doc...	822KB
0724 (25일조간) 산업표준혁신과, 수소가스 ...	2019-07-27 오후 4:08	Adobe Acrobat Doc...	543KB
0725 (26일석간) 기술규제협력과 국표원, 해...	2019-07-27 오후 4:07	Adobe Acrobat Doc...	387KB

| 그림 4-26 | PDF 파일 목록(data/pdf/)

file_list에 들어 있는 각각의 파일명에 대하여 for 반복문을 정의한다. 각 PDF 파일을 pdf_to_txt() 45~57
함수를 이용하여 텍스트로 변환하고, 그 결과를 같은 이름의 텍스트 파일(*.txt)로 저장한다.

```
0724 (25일석간) 신재생에너지정책과, 재생에너지민관협의회.txt 파일이 저장되었습니다.

0724 (25일조간) 산업표준혁신과, 수소가스 충전소 고압가스 밸브 등 KS인증으로 품질 안정화.txt 파일이
저장되었습니다.

0725 (26일석간) 기술규제협력과 국표원, 해외 기술규제 선제 대응.txt 파일이 저장되었습니다.
```

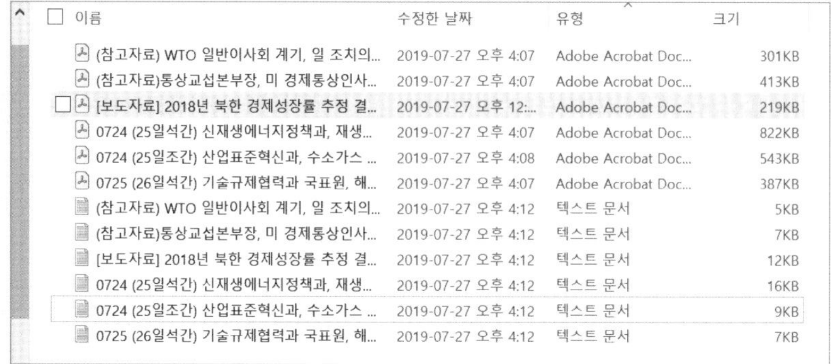

| **그림 4-27** | PDF 파일 텍스트 변환 결과(./data/pdf/)

구글 Gmail 계정으로 이메일 보내기 ①
이메일 서버(SMTP) 접속하기

• **학습 내용 :** 구글 Gmail 계정을 이용하여 이메일 서버에 접속하고 종료하는 과정을 이해한다.
• **힌트 내용 :** 파이썬 기본 내장 모듈인 smptlib을 이용한다.

파이썬의 smptlib 라이브러리는 SMTP(Simple Mail Transfer Protocol) 프로토콜을 이용하여 이메일을 발송하는 기능을 지원한다. SMPT 서버의 암호화 방식에는 TLS 방식과 SSL 방식이 있는데, TLS 방식이 조금 더 보안성이 강화된 방식으로 알려져 있다. 이 책은 TLS 암호화 방식으로 구글 Gmail 계정을 이용하여 발송하는 예제를 다룬다.

소스 : 070.py

```
1: import smtplib
2:
3: # SMTP 서버 접속 - TSL 방식
4: smtp_server = smtplib.SMTP(host='smtp.gmail.com', port=587)
5:
6: # SMTP 서버에 hello 메시지 보내기
7: hello_message = smtp_server.ehlo( )
8: print(hello_message)
9: print("\n")
10:
11: # 이메일 서버 종료하기
12: bye_message = smtp_server.quit( )
13: print(bye_message)
```

1 ◆ 라이브러리를 불러온다.

4 ◆ SMTP( ) 메소드는 SMTP 서버에 접속할 때 사용한다. host 속성에는 Gmail의 SMTP 서버 주소를 입력하고, 포트번호는 587을 사용한다.

7~8 ◆ 서버가 정상 작동 중인지 확인하기 위해 ehlo( ) 메소드를 이용하여 hello 메시지를 서버에 요청한다. 실행 결과 화면에서 응답 코드 250은 서버에 대한 요청이 정상 처리되었다는 뜻이다.

SMTP 서버를 종료하고, 종료 메시지를 출력한다. 12~13

결과

```
(250, b'smtp.gmail.com at your service, [175.114.203.153]\nSIZE 35882577\n8BITMIME\
nSTARTTLS\nENHANCEDSTATUSCODES\nPIPELINING\nCHUNKING\nSMTPUTF8')


(221, b'2.0.0 closing connection e17sm46762369pgm.21 - gsmtp')
```

구글 Gmail 계정으로 이메일 보내기 ❷ TLS 방식

- **학습 내용 :** TLS 보안 방식의 SMPT 서버 이용방법을 이해한다.
- **힌트 내용 :** TLS 암호화를 동작시키는 starttls( ) 메소드를 활용한다.

구글 계정 관리 – "보안 수준이 낮은 앱 허용" 설정하기

만일 다음과 같은 에러가 표시된다면, 구글이 smtplib 접속을 보안 위험이 있다고 판단하기 때문이다. 따라서 이런 에러가 표시되는 경우에는 구글 계정 관리에 들어가서 "보안 수준이 낮은 앱 허용" 설정을 해주어야 한다.

SMTPAuthenticationError: (535, b'5.7.8 Username and Password not accepted. Learn more at \n5.7.8 https://support.google.com/mail/?p=BadCredentials u69sm74340277pgu.77 - gsmtp')

구글 앱 비밀번호 발급 받기

이메일 서버에 접속할 때 구글 계정 로그인 정보(아이디, 비밀번호)를 직접 사용하는 것보다 구글에서 제공하는 앱 비밀번호를 발급받아서 사용하는 편이 더욱 안전하다. 앱 비밀번호란 구글 이외의 앱 또는 기기가 구글 계정에 액세스할 수 있도록 해주는 16자리 비밀번호를 말한다. 상세한 발급방법은 링크(https://support.google.com/accounts/answer/185833?hl=ko)를 참조한다.

❶ 구글 계정 화면의 보안 탭을 클릭한다.

| 그림 4-28 | 구글 계정–보안

❷ [로그인] 버튼을 클릭하여 로그인한 다음 2단계 인증을 선택한다.

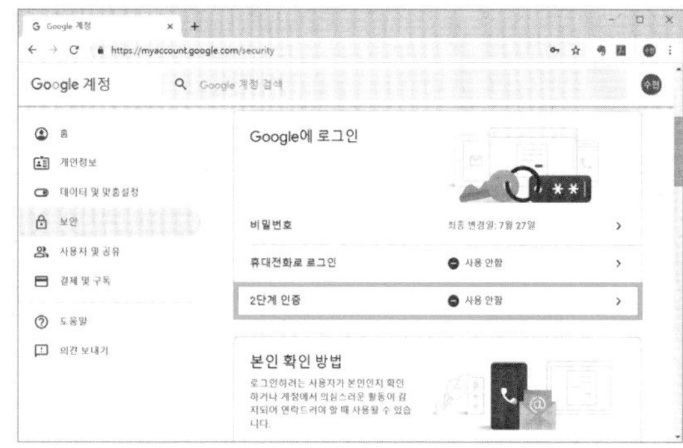

| 그림 4-29 | 앱 비밀번호 발급

❸ [시작하기] 버튼을 클릭하여 2단계 인증을 먼저 진행한다.

| 그림 4-30 | 앱 비밀번호 발급

❹ 2단계 인증이 완료되면 앱 비밀번호를 선택한다.

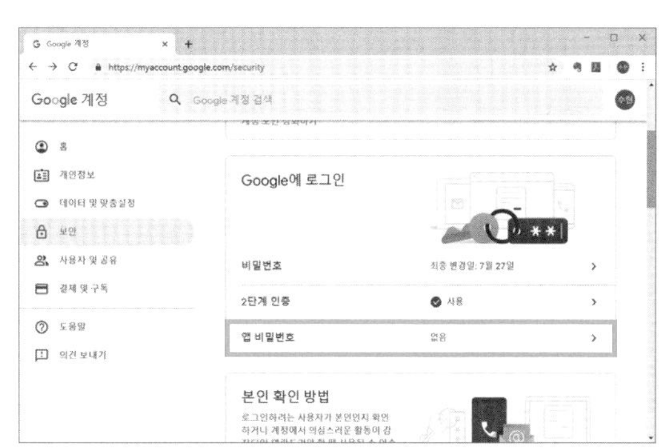

| 그림 4-31 | 앱 비밀번호 발급

❺ 앱 비밀번호를 생성할 앱과 기기를 선택한다.

| **그림 4-32** | 앱 비밀번호 발급

❻ 앱과 기기를 선택하고 [생성] 버튼을 누른다. 여기서는 윈도우 PC에서 메일 앱에 접속하는 것을 가정한다.

| **그림 4-33** | 앱 비밀번호 발급

소스 : 071.py

```
import smtplib
from email.mime.text import MIMEText

# SMTP 서버 접속 - TLS 방식
smtp_server = smtplib.SMTP(host='smtp.gmail.com', port=587)
smtp_server.ehlo( )
smtp_server.starttls( )   # TLS Encription 동작

# 이메일 서버 로그인 - 이메일 주소, 앱 비밀번호 입력
my_addr = '이메일_아이디@gmail.com'
my_pw = '앱 비밀번호'
smtp_server.login(user=my_addr, password=my_pw)

# 이메일 메시지 구성
```

```
15: subject = '제목 테스트'
16: body = '본문 테스트'
17:
18: recipients = '받는사람 이메일주소 1'
19:
20: my_msg = MIMEText(body)
21: my_msg['Subject'] = subject
22: my_msg['To'] = recipients
23:
24: # 이메일 발송
25: smtp_server.sendmail(from_addr=my_addr,
26:                      to_addrs=recipients,
27:                      msg=my_msg.as_string( ))
28:
29: # 이메일 서버 종료하기
30: smtp_server.quit( )
31: print("%s 님에게 이메일을 발송하였습니다." % recipients)
```

라이브러리를 불러온다. ◆ 1~2

SMTP( ) 함수를 사용하여 SMTP 서버 객체를 생성한다. ◆ 5

서버에 hello 메시지를 보낸다. ◆ 6

starttls( ) 메소드로 TLS 암호화를 작동시킨다. ◆ 7

보내는 사람의 이메일 주소, 앱 비밀번호를 입력한다. 이 값을 login( ) 메소드를 통해 서버 객체에 전달하여 사용자 인증을 처리한다. 이때 사용자 계정의 비밀번호 대신 앱 비밀번호를 사용하는 것이 좋다. ◆ 10~12

이메일 제목으로 사용할 문자열을 입력한다. ◆ 15

이메일 본문으로 사용할 문자열을 입력한다. ◆ 16

받는 사람의 이메일 주소(예 python100@naver.com)를 입력한다. ◆ 18

email 라이브러리의 MIMEText 클래스를 사용하여 이메일 표준 포맷인 MIME 구조의 이메일 객체를 생성한다. 단순 텍스트(text/plain) 타입으로 지정되고, 이메일 본문(body)으로 사용할 한글 문자열을 유니코드로 변환한다. ◆ 20

21 이메일 객체에 제목을 추가한다.

22 이메일 객체에 받는 사람의 이메일 주소(예 python100@naver.com)를 추가한다.

25~27 SMTP 서버를 이용하여 이메일을 발송한다. sendmail() 메소드에 보내는 사람의 주소, 받는 사람의 주소, 보내려는 이메일 객체를 전달한다. 이메일 객체는 as_string() 메소드를 사용하여 문자열로 변환한다.

30 SMTP 서버를 종료한다.

python100@naver.com 님에게 이메일을 발송하였습니다.

| 그림 4-34 | 네이버 메일에서 받는 이메일 내용 확인

실무 072

구글 Gmail 계정으로 이메일 보내기 ③
수신자 여러 명에게 동시 발송하기

- **학습 내용 :** MIME 구조의 이메일 객체를 구성하고, 수신자 여러 명에게 이메일을 동시에 발송한다.
- **힌트 내용 :** 수신자가 여러 명일 경우 이메일 주소를 쉼표로 구분한다.

소스 : 072.py

```
import smtplib
from email.mime.text import MIMEText

# SMTP 서버 접속 - TLS 방식
smtp_server = smtplib.SMTP(host='smtp.gmail.com', port=587)
smtp_server.ehlo( )
smtp_server.starttls( )   # TLS Encription 동작

# 이메일 서버 로그인 - 이메일 주소, 앱 비밀번호 입력
my_addr = '이메일_아이디@gmail.com'
my_pw = '앱 비밀번호'
smtp_server.login(user=my_addr, password=my_pw)

# 이메일 메시지 구성
subject = '다중 발송 테스트'
body = '본문 테스트1 \n본문테스트2 \n본문테스트3 \n'

recipients = ['받는사람 이메일주소 1', '받는사람 이메일주소 2']
recipients_join = ','.join(recipients)
print(recipients_join)

my_msg = MIMEText(body)
my_msg['Subject'] = subject
my_msg['To'] = recipients_join

# 이메일 발송
smtp_server.sendmail(from_addr=my_addr,
                     to_addrs=recipients,
                     msg=my_msg.as_string( ))

# 이메일 서버 종료하기
smtp_server.quit( )
print("%s 님에게 이메일을 발송하였습니다." % recipients_join)
```

1~2 라이브러리를 불러온다.

5~7 SMTP 서버 객체를 생성하고, TLS 암호화를 작동시킨다.

10~12 보내는 사람의 이메일 주소, 앱 비밀번호를 입력하여 서버에 로그인한다.

15 이메일 제목으로 사용할 문자열을 입력한다.

16 이메일 본문으로 사용할 문자열을 입력한다.

18 받는 사람들의 이메일 주소를 리스트 구조로 입력한다.

19~20 MIME 타입 이메일 객체에 받는 사람의 주소를 전달할 때는 쉼표(,)로 구분한다. 따라서 join() 메소드를 이용하여 이메일 주소를 쉼표로 구분되는 형태로 하나의 문자열로 합친다. 문자열을 출력하여 내용을 확인해본다.

22~24 MIMEText() 함수는 텍스트 메시지 형태의 이메일 객체를 생성한다. 제목과 받는 사람의 주소를 추가한다.

27~29 sendmail() 메소드를 이용하여 이메일을 발송한다. 이메일 객체에 메시지(my_msg)를 전달할 때 as_string() 메소드로 문자열을 변환해야 한다.

32 SMTP 서버를 종료한다.

```
받는사람1@naver.com, 받는사람2@naver.com
받는사람1@naver.com, 받는사람2@naver.com 님에게 이메일을 발송하였습니다.
```

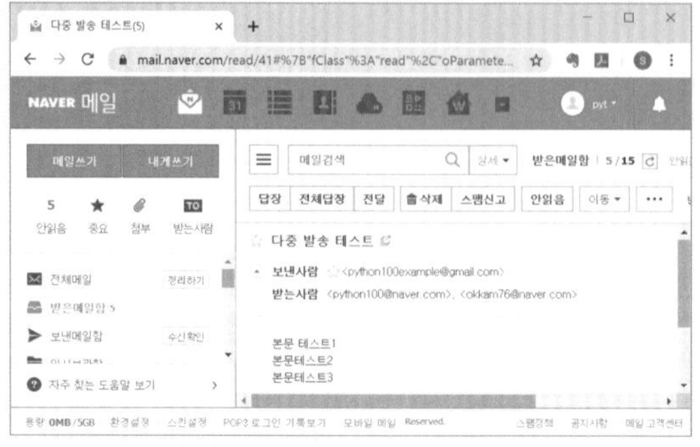

| 그림 4-35 | 네이버 메일에서 수신한 이메일 내용 확인

구글 Gmail 계정으로 이메일 보내기 ④ 파일 첨부

실무 073

• **학습 내용 :** 이메일에 파일을 첨부하는 기능을 살펴본다.
• **힌트 내용 :** 첨부파일이 있는 경우 MIMEBase( ) 함수로 이메일 객체를 만든다. 첨부파일을 이진 데이터로 변환하는 별도의 프로세스가 필요하다.

소스 : 073.py

```
import smtplib
from email.mime.text import MIMEText
from email.mime.base import MIMEBase
from email import encoders
import os

# SMTP 서버 접속 - TLS 방식
smtp_server = smtplib.SMTP(host='smtp.gmail.com', port=587)
smtp_server.ehlo( )
smtp_server.starttls( )    # TLS Encription 동작

# 이메일 서버 로그인 - 이메일 주소, 앱 비밀번호 입력
my_addr = '이메일_아이디@gmail.com'
my_pw = '앱 비밀번호'
smtp_server.login(user=my_addr, password=my_pw)

# 이메일 베이스 객체 (본문 메시지 + 첨부 파일)
my_msg = MIMEBase('multipart', 'mixed')

# 이메일 메시지 구성
subject = '파일 첨부 테스트'
body = '''
파일 첨부를 위한 테스트입니다.

첨부 파일을 확인해 주세요.

감사합니다.

'''

```

```
31: recipients = '받는사람 이메일주소'
32:
33: my_msg.attach(MIMEText(body, 'plain', 'utf-8'))
34: my_msg['Subject'] = subject
35: my_msg['To'] = recipients
36:
37:
38: # 첨부 파일 구성
39: file_name = 'financials.xlsx'
40: file_path = os.path.join(os.getcwd( ), 'data', file_name)
41:
42: my_attach = MIMEBase('application', 'octet-stream')
43: my_attach.set_payload(open(file_path, 'rb').read( ))
44: encoders.encode_base64(my_attach)
45: my_attach.add_header('Content-Disposition', 'attachment; filename=%s' % file_name)
46: my_msg.attach(my_attach)
47:
48: # 이메일 발송
49: smtp_server.sendmail(from_addr=my_addr,
50:                      to_addrs=recipients,
51:                      msg=my_msg.as_string( ))
52:
53: # 이메일 서버 종료하기
54: smtp_server.quit( )
55: print("%s 님에게 이메일을 발송하였습니다." % recipients)
```

1~5 ◆ 라이브러리를 불러온다.

8~10 ◆ SMTP 서버 객체를 생성하고, TLS 암호화를 작동시킨다.

13~15 ◆ 보내는 사람의 이메일 주소, 앱 비밀번호를 입력하여 서버에 로그인한다.

18 ◆ MIMEBase 클래스 함수를 이용하여 텍스트 메시지와 첨부파일이 있는 이메일 객체를 생성한다. MIME 데이터 타입은 메시지 내용에 서로 다른 성격의 여러 부분이 포함되는 multipart/mixed로 설정한다.

21~29 ◆ 이메일 제목, 본문으로 사용할 문자열을 입력한다.

31 ◆ 받는 사람의 이메일 주소(예 python100@naver.com)를 입력한다.

MIMEText( ) 함수를 이용하여 이메일 본문을 텍스트 형태로 변환하여 이메일 객체에 추가한다. 33

이메일 제목과 받는 사람의 주소를 이메일 객체에 추가한다. 34~35

이메일에 첨부할 파일의 경로를 지정한다. 39~40

첨부 파일을 이진(binary) 데이터로 전송하기 위해서 MIMEBase( ) 함수의 데이터 타입을 'application/octet-stream'으로 지정하여 파일 객체(my_attach)를 생성한다. 42

첨부할 파일('financials.xlsx')을 이진 파일 읽기 모드('rb')로 열어서, set_payload( ) 메소드에 매개변수로 전달하면 my_attach 파일 객체에 이진 데이터로 탑재된다. 43

이진 파일을 Base64 포맷의 텍스트로 인코딩한다. 44

이메일 헤더 부분의 attachment 속성에 파일명을 입력한다. 45

첨부 파일 객체(my_attach)를 이메일 객체에 추가한다. 46

sendmail( ) 함수를 이용하여 이메일을 발송한다. 이메일 객체에 메시지(my_msg)를 전달할 때 as_string( ) 메소드로 문자열을 변환해야 한다. 49~51

SMTP 서버를 종료한다. 54

결과

python100@naver.com 님에게 이메일을 발송하였습니다.

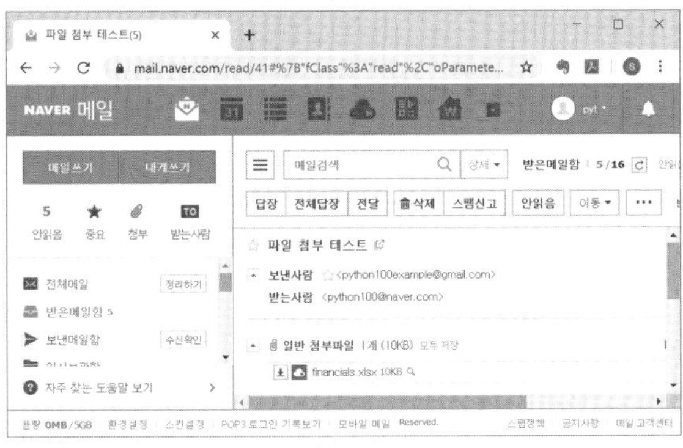

| 그림 4-36 | 네이버 메일에서 받는 이메일 내용 확인(첨부 파일 1개)

실무 074

구글 Gmail 계정으로 이메일 보내기 ⑤
이메일 대량 발송 함수 만들기

- **학습 내용 :** 엑셀 문서에 정리된 이메일 수신자 리스트를 활용하여 대량 이메일을 발송한다.
- **힌트 내용 :** 이메일을 발송하는 함수를 정의하고, for 반복문으로 각 수신자에게 발송한다.

소스 : 074.py

```
import smtplib
from email.mime.text import MIMEText
from email.mime.base import MIMEBase
from email import encoders
import os
import pandas as pd


def send_gmail_tls(recipient_email, title_text='', body_text='', attach_file_name=None):

    if not recipient_email:
        print("수신자 이메일이 입력되지 않았습니다…")

    else:
        # 이메일 베이스 객체 (본문 메시지 + 첨부 파일)
        my_msg = MIMEBase('multipart', 'mixed')

        # 이메일 메시지 구성
        subject = title_text
        body = body_text

        recipients = recipient_email

        my_msg.attach(MIMEText(body, 'plain', 'utf-8'))
        my_msg['Subject'] = subject
        my_msg['To'] = recipients


        try:
```

```
            # 첨부 파일 구성
            file_name = attach_file_name
            file_path = os.path.join(os.getcwd( ), 'data', file_name)

            my_attach = MIMEBase('application', 'octet-stream')
            my_attach.set_payload(open(file_path, 'rb').read( ))
            encoders.encode_base64(my_attach)
            my_attach.add_header('Content-Disposition', \
                                 'attachment; filename=%s' % file_name)
            my_msg.attach(my_attach)

        except:
            pass

        # 이메일 발송
        smtp_server.sendmail(from_addr=my_addr,
                             to_addrs=recipients,
                             msg=my_msg.as_string( ))

        print("%s 님에게 이메일을 발송하였습니다." % recipients)


if __name__ == "__main__":

    # SMTP 서버 접속 - TLS 방식
    smtp_server = smtplib.SMTP(host='smtp.gmail.com', port=587)
    smtp_server.ehlo( )
    smtp_server.starttls( )  # TLS Encription 동작

    # 이메일 서버 로그인 - 이메일 주소, 앱 비밀번호 입력
    my_addr = '이메일_아이디@gmail.com'
    my_pw = '앱 비밀번호'
    smtp_server.login(user=my_addr, password=my_pw)


    # 이메일 발송 리스트 가져오기
    mail_list_file = 'sendmail_list.xlsx'
    mail_list_path = os.path.join(os.getcwd( ), 'data', mail_list_file)
    mail_list = pd.read_excel(mail_list_path)

```

```
70:     # 이메일 발송하기
71:     for idx in mail_list.index:
72:         recipient_email = mail_list.loc[idx, 'email']
73:         title_text = mail_list.loc[idx, 'title']
74:         body_text = mail_list.loc[idx, 'body']
75:         attach_file_name = mail_list.loc[idx, 'attach']
76:
77:         send_gmail_tls(recipient_email, title_text, body_text, attach_file_name)
78:
79:     # 이메일 서버 종료하기
80:     smtp_server.quit( )
```

1~6 ◆ 라이브러리를 불러온다.

9 ◆ 이메일을 발송 함수를 정의한다. 매개변수에는 받는 사람의 주소, 제목, 분문 메시지, 첨부파일의 이름을 입력받는다.

11~12 ◆ 받는 사람의 주소가 입력되지 않을 경우, 오류 메시지를 출력한다.

14~49 ◆ 받는 사람의 주소가 입력된 경우 처리된다. 예제 073의 코드를 이용하여, 이메일 본문의 텍스트 메시지와 파일을 첨부하는 기능을 구현한다. 29~42번 라인의 try-except 구문은 파일첨부 오류에 대한 예외처리를 수행한다.

55~57 ◆ SMTP 서버 객체를 생성하고, TLS 암호화를 작동시킨다.

60~62 ◆ 보내는 사람의 이메일 주소, 앱 비밀번호를 입력하여 서버에 로그인한다.

66~68 ◆ 받는 사람의 이메일 주소 목록을 엑셀 파일로 정리한다. 예제파일을 이용하여 보내려는 수신자 이메일 주소를 추가 입력하고, 판다스 데이터프레임(mail_list)으로 불러온다.

71~77 ◆ mail_list 데이터프레임의 행 인덱스(idx)를 for 반복문으로 하나씩 꺼내서 처리한다. 따라서, 각 행 단위로 명령을 수행하게 된다. 받는 사람의 이메일 주소, 제목, 본문, 첨부파일명 순서로 데이터프레임의 각 열에서 데이터를 추출하고, 이메일 발송 함수의 매개변수로 전달하여 메일을 발송 처리한다.

80 ◆ SMTP 서버를 종료한다.

결과

OOO 님에게 이메일을 발송하였습니다.
OOO 님에게 이메일을 발송하였습니다.

구글 Gmail 계정에서 이메일 가져오기 ❶
편지함 선택하기

- **학습 내용 :** 이메일 서버에 접속하여 받은 편지함을 선택한다.
- **힌트 내용 :** 구글 Gmail의 IMAP 설정을 사용으로 변경하고, imaplib와 imapclient를 사용한다.

imapclient 설치

파이썬 내장 모듈인 imaplip은 설치할 필요가 없다. imapclient은 Anaconda Prompt(또는 윈도우 명령 프롬프트)에서 'pip install imapclient'라고 입력한다.

구글 Gmail의 IMAP 사용 설정

파이썬 환경에서 Gmail 편지함에 접근하고 메일을 가져오려면 IMAP 사용 설정이 되어 있어야 한다. 자세한 설정 방법은 구글 고객지원(https://support.google.com/mail/answer/7126229?hl=ko)을 참조한다.

소스 : 075.py

```
import imaplib
import imapclient

# IMAP 서버 접속 - SSL 방식
imap_server = imaplib.IMAP4_SSL(host='imap.gmail.com', port='993')

# 이메일 서버 로그인 - 이메일 주소, 앱 비밀번호 입력
my_addr = '이메일_아이디@gmail.com'
my_pw = '앱 비밀번호'
imap_server.login(user=my_addr, password=my_pw)

# 메일박스 리스트 확인
resp_list, mailbox_list = imap_server.list( )
print(resp_list, '\n')
print(mailbox_list, '\n')

```

```
17: for mailbox in mailbox_list:
18:     print(imapclient.imap_utf7.decode(mailbox))
19:
20: # 받는 편지함('INBOX') 선택
21: mailbox = "INBOX"
22: mailbox_code = imap_server.select(mailbox)
23: print('\n', mailbox_code)
24:
25: # 이메일 서버 종료하기
26: imap_server.close( )
```

라이브러리를 불러온다. ◆ 1~2

IMAP4_SSL( ) 함수를 사용하여 IMAP 서버 객체를 만든다. Gmail의 경우 포트번호로 993을 사용 ◆ 5
한다.

보내는 사람의 이메일 주소, 앱 비밀번호를 입력하고 login( ) 메소드를 이용하여 서버에 로그인 ◆ 8~10
한다.

list( ) 메소드는 IMAP 서버의 편지함 목록을 가져온다. 서버 응답코드(resp_list)는 'OK'로 정상을 나 ◆ 13~15
타내고, 편지함 목록(mailbox_list)을 출력하면 받은 편지함("INBOX")과 함께 다른 여러 종류의 편
지함이 확인된다.

imapclient 라이브러리의 imap_utf7 모듈의 decode( ) 함수를 이용하면, 메일함의 한글 이름을 디코 ◆ 17~18
딩할 수 있다.

받는 편지함을 선택한다. select( ) 메소드의 리턴 값을 출력해 보면, 'OK' 응답코드와 편지함에 들어 ◆ 21~23
있는 이메일 개수를 확인할 수 있다.

IMAP 서버를 종료한다. ◆ 26

결과

```
OK

[b'(\\HasNoChildren) "/" "INBOX"', b'(\\HasChildren \\Noselect) "/" "[Gmail]"', b'(\\Flagged \\HasNoChildren) "/" "[Gmail]/&vMTUXNO4ycDVaA-"', b'(\\HasNoChildren \\Sent) "/" "[Gmail]/&vPSwuNO4ycDVaA-"', b'(\\HasNoChildren \\Junk) "/" "[Gmail]/&wqTTONVo-"', b'(\\Drafts \\HasNoChildren) "/" "[Gmail]/&x4TC3Lz0rQDVaA-"', b'(\\All \\HasNoChildren) "/" "[Gmail]/&yATMtLz0rQDVaA-"', b'(\\HasNoChildren \\Important) "/" "[Gmail]/&yRHGlA-"', b'(\\HasNoChildren \\Trash) "/" "[Gmail]/&1zTJwNG1-"']

(\HasNoChildren) "/" "INBOX"
(\HasChildren \Noselect) "/" "[Gmail]"
(\Flagged \HasNoChildren) "/" "[Gmail]/별표편지함"
(\HasNoChildren \Sent) "/" "[Gmail]/보낸편지함"
(\HasNoChildren \Junk) "/" "[Gmail]/스팸함"
(\Drafts \HasNoChildren) "/" "[Gmail]/임시보관함"
(\All \HasNoChildren) "/" "[Gmail]/전체보관함"
(\HasNoChildren \Important) "/" "[Gmail]/중요"
(\HasNoChildren \Trash) "/" "[Gmail]/휴지통"

('OK', [b'7'])
```

구글 Gmail 계정에서 이메일 가져오기 ❷
편지함의 이메일 검색하기

실무 076

- **학습 내용 :** IMAP 서버의 편지함에서 이메일을 검색한다.
- **힌트 내용 :** IMAP 서버 객체에 search( ) 메소드를 적용한다.

소스 : 076.py

```
import imaplib

# IMAP 서버 접속 - SSL 방식
imap_server = imaplib.IMAP4_SSL(host='imap.gmail.com', port='993')

# 이메일 서버 로그인 - 이메일 주소, 앱 비밀번호 입력
my_addr = '이메일_아이디@gmail.com'
my_pw = '앱 비밀번호'
imap_server.login(user=my_addr, password=my_pw)

# 받은 편지함('INBOX') 선택
mailbox = 'INBOX'
mailbox_code = imap_server.select(mailbox)

# 받은 편지함('INBOX')에서 편지 검색 - 모든 편지
code1, mail_all = imap_server.search(None, 'ALL')
print('모든 편지 리스트: ')
print(code1)
print(mail_all)
print('\n')

# 읽지 않은 편지
code2, mail_unseen = imap_server.search(None, 'UNSEEN')
print('읽지 않은 편지 리스트: ')
print(code2)
print(mail_unseen)
print('\n')

# 제목에 '첨부' 문자열이 포함된 편지
```

```
30: search1 = '첨부'.encode('utf-8')
31: imap_server.literal = search1
32: code3, mail_subject = imap_server.search('utf-8', 'SUBJECT')
33: print('제목에 특정 단어가 있는 편지 리스트: ')
34: print(code3)
35: print(mail_subject)
36: print('\n')
37:
38: # 본문에 '엑셀' 문자열이 포함된 편지
39: search2 = '엑셀'.encode('utf-8')
40: imap_server.literal = search2
41: code4, mail_body = imap_server.search('utf-8', 'BODY')
42: print('본문에 특정 단어가 있는 편지 리스트: ')
43: print(code4)
44: print(mail_body)
45:
46: # 이메일 서버 종료하기
47: imap_server.close( )
```

1 라이브러리를 불러온다.

4 Gmail의 IMAP 서버 접속 객체를 생성한다.

7~9 Gmail 서버 로그인에 필요한 이메일 주소와 앱 비밀번호를 입력한다.

12~13 select( ) 메소드로 받은 편지함을 나타내는 'INBOX' 메일박스를 선택한다.

16~20 search( ) 메소드를 이용하여 현재 선택한 메일박스의 이메일을 검색한다. 매개변수는 (문자 인코딩 유형, 검색 옵션) 순서로 입력한다. None은 문자 인코딩 유형을 나타내고, 'ALL' 검색 옵션은 편지함에 들어 있는 모든 메일을 선택한다. 응답코드, 메일 UID 값 순서대로 출력한다.

23~27 'UNSEEN' 옵션은 읽지 않은 메일을 선택한다. 응답코드, 메일 UID 값을 순서대로 출력한다.

30~36 제목에 특정 문자열을 포함하고 있는 메일을 검색하는 코드 부분이다. 30번 라인에서 '첨부'라는 단어를 utf-8 인코딩하고, 31번 라인에서 IMAP 서버 객체의 literal 속성값으로 지정한다. 32번 라인에서 이메일 제목 중에서 '첨부'라는 문자열을 갖고 있는 메일을 검색하여 메일 UID값을 가져온다. 이때 문자 인코딩은 'utf-8'로 지정하고, 제목을 나타내는 'SUBJECT' 옵션을 적용한다.

본문에 특정 문자열을 포함하고 있는 메일을 검색하는 코드 부분이다. 39번 라인에서 '엑셀'이라는 단어를 utf-8 인코딩하고, 40번 라인에서 IMAP 서버 객체의 literal 속성값으로 지정한다. 41번 라인에서 본문 중에서 '엑셀' 문자열을 갖고 있는 메일을 검색하여 메일 UID값을 가져온다. 이때 문자 인코딩은 'utf-8'로 지정하고, 본문을 나타내는 'BODY' 옵션을 적용한다. 39~44

서버 연결을 종료한다. 47

```
모든 편지 리스트:
OK
[b'1 2 3 4 5 6 7']


읽지 않은 편지 리스트:
OK
[b'']


제목에 특정 단어가 있는 편지 리스트:
OK
[b'1 4']


본문에 특정 단어가 있는 편지 리스트:
OK
[b'1 2 3']
```

실무 077

구글 Gmail 계정에서 이메일 가져오기 ③
제목, 본문, 날짜 등 이메일 정보 파싱하기

• **학습 내용 :** 주소, 제목, 본문, 날짜 등 이메일의 내용을 해석하는 방법을 살펴본다.
• **힌트 내용 :** fetch( ) 메소드를 이용하면 서버로부터 이메일 데이터를 가져올 수 있다.

소스 : 077.py

```
import imaplib
import email
from email.utils import parseaddr
from email.header import decode_header

# IMAP 서버 접속 - SSL 방식
imap_server = imaplib.IMAP4_SSL(host='imap.gmail.com', port='993')

# 이메일 서버 로그인 - 이메일 주소, 앱 비밀번호 입력
my_addr = '이메일_아이디@gmail.com'
my_pw = '앱 비밀번호'
imap_server.login(user=my_addr, password=my_pw)

# 받는 편지함('INBOX') 선택
mailbox = "INBOX"
mailbox_code = imap_server.select(mailbox)

# 받는 편지함('INBOX')에서 모든 편지 검색
code1, mail_all = imap_server.search(None, 'ALL')

# 메일 내용 파싱하기
result = {}
mail_ids = mail_all[0].split( )
print(mail_ids)

for mid in mail_ids:
    code2, data = imap_server.fetch(mid, '(RFC822)')
    mail = {}

```

```
30:     msg = email.message_from_string(data[0][1].decode('utf-8'))
31:
32:     mail['From'] = parseaddr(msg['From'])[1]
33:     mail['To'] = parseaddr(msg['To'])[1]
34:
35:     subject = decode_header(msg['Subject'])
36:     mail['Subject'] = subject[0][0].decode('utf-8')
37:
38:     if msg.is_multipart( ):
39:         for part in msg.walk( ):
40:             if part.get_content_type( ) == 'text/plain':
41:                 body = part.get_payload(decode=True)
42:                 body = body.decode( )
43:     else:
44:         body = msg.get_payload( )
45:
46:     mail['Body'] = body
47:
48:     result[int(mid.decode('utf-8'))] = mail
49:
50: print(result)
51:
52: # 이메일 서버 종료하기
53: imap_server.close( )
```

라이브러리를 불러온다. 1~4

Gmail의 IMAP 서버 접속 객체를 생성한다. 7

Gmail 서버 로그인에 필요한 이메일 주소와 앱 비밀번호를 입력한다. 10~12

받은 편지함을 나타내는 "INBOX" 메일박스를 선택한다. 15~16

search( ) 메소드를 이용하여, 현재 선택한 메일박스의 모든('ALL') 이메일을 검색한다. 19

메일 내용을 파싱한 결과를 저장할 비어 있는 딕셔너리(result)를 생성한다. 22

19번 라인의 search( ) 메소드로 찾은 메일 UID 값(mail_all[0])은 공백(" ")으로 구분되어 있는 문자열이다. 문자열을 split( ) 명령으로 공백을 기준으로 나눠주고 그 결과를 mail_ids 변수에 담는다. 출력해보면, [b'1', b'2', b'3', b'4', b'5', b'6', b'7']과 같이 리스트 구조로 정리된다. 23~24

26~48 ◆ 메일 UID 값을 기준으로 for 반복문을 통해 개별 이메일을 하나씩 가져와서 발신자 주소, 수신자 주소, 이메일 제목, 본문 메시지 내용 등을 파싱한다.

27 ◆ 각각의 메일 UID 값(mid)을 fetch( ) 메소드에 전달하면, 응답코드(code2)와 이메일 데이터(data)를 가져온다. '(RFC822)' 옵션은 이메일 표준 메시지 형식을 가리킨다.

28 ◆ 각각의 메일 내용을 파싱한 결과를 저장할 비어 있는 딕셔너리(mail)을 생성한다.

30 ◆ email 라이브러리의 message_from_string( ) 명령은 문자열 형태의 데이터를 읽을 때 사용하는 함수이다. 이메일 데이터(data) 객체의 메시지 문자열을 'utf-8' 형식으로 디코딩하여 함수의 매개변수로 전달한다. 생성된 메시지 객체를 msg라는 변수에 저장한다.

32 ◆ msg 객체에서 발신자 주소('From')를 파싱한다. 이메일 주소를 파싱하기 위하여 email.utils 모듈의 parseaddr( ) 함수를 사용한다. mail 딕셔너리의 'From' 키에 대응되는 값으로 추가한다.

33 ◆ msg 객체에서 수신자 주소('To')를 파싱한다. mail 딕셔너리의 'To' 키에 대응되는 값으로 추가한다.

35~36 ◆ msg 객체에서 이메일 제목('Subject')을 파싱한다. email.header 모듈의 decode_header( ) 명령을 사용하여 헤더 부분에서 관련 데이터를 추출한다. 'utf-8' 형식으로 디코딩하여 mail 딕셔너리의 'Subject' 키에 대응되는 값으로 추가한다.

38~42 ◆ 메시지 본문을 파싱하는 부분이다. 메시지 객체(msg)의 형식이 multipart 타입인 경우와 single 객체인 경우를 구분하여 처리한다. multipart 타입은 여러 개의 부분(part)으로 구성되므로 메시지 본문을 담고 있는 'text/plain' 부분을 선택하여 get_payload( ) 함수로 추출한다.

43~44 ◆ 한편, single 메시지 객체의 경우에는 하나의 문자열 데이터를 가지고 있기 때문에, 전처리 없이 get_payload( ) 함수를 바로 적용한다.

46 ◆ 파싱한 본문 메시지 내용을 mail 딕셔너리의 'Body' 키에 대응되는 값으로 추가한다.

48 ◆ 각각의 메일 UID 값(mid)을 키 값으로 하는 딕셔서리(result)에 개별 이메일 파싱 경과(mail)를 매칭하여 정리한다.

50 ◆ 이메일 파싱 결과를 출력하여 확인한다.

53 ◆ 서버 연결을 종료한다.

```
[b'1', b'2', b'3', b'4', b'5', b'6', b'7']
{1: {'From': 'python100@naver.com', 'To': 'python100example@gmail.com', 'Subject': '테스트 3 -
본문 메시지와 첨부 파일이 함께 있는 이메일', 'Body': '본문 메시지와 첨부 파일이 함께 있는
이메일입니다.  \n첨부 파일은 엑셀 파일입니다. \n'}, 2: {'From': 'python100@naver.com', 'To':
'python100example@gmail.com', 'Subject': '테스트 3 - 본문 메시지와 청부파일이 함께 있는 이메일',
'Body': '본문 메시지와 청부파일이 함께 있는 이메일입니다.  \n첨부파일은 엑셀 파일입니다. \n'}, 3:
{'From': 'python100@naver.com', 'To': 'python100example@gmail.com', 'Subject': '테스트 3 - 본문
메시지와 청부파일이 함께 있는 이메일', 'Body': '본문 메시지와 청부파일이 함께 있는 이메일입니다.
\n첨부파일은 엑셀 파일입니다. \n'}, 4: {'From': 'python100@naver.com', 'To': 'python100example@
gmail.com', 'Subject': '테스트 2 - 첨부 파일만 있는 이메일', 'Body': ' \n'}, 5: {'From': 'python100@
naver.com', 'To': 'python100example@gmail.com', 'Subject': '테스트 1 - 본문 메시지만 있는 이메일',
'Body': '본문 메시지만 있는 이메일 테스트입니다. \n'}, 6: {'From': 'okkam76@nate.com', 'To':
'python100example@gmail.com', 'Subject': 'test2', 'Body': 'PGRpdiBjbGFzcz0id2Nfd3JhcHBlcilgc3
R5bGU9Im1hcmdpbjo0MHB4IDAgMCAyMHB4O2ZvbnQt\r\nZmFtaWx5Ouq1tOumvDtmb250LXNp
emU6MTBwdCI+PGRpdj4mbmJzcDt2dnY8L2Rpdj48L2Rpdj48\r\naW1nIHNyYz0iaHR0cHM6Ly9tYWl
sMy5uYXRlLmNvbS9hcHAvbXNnL2NvbmZpcm0vP3Vzbj0xMTY0\r\nMzE5JmVtYWlsPW9ra2FtNzZAb
mF0ZS5jb20ma2V5PTQ4YTkyZDBiZjc3MDU4M2UwMTE3ZGZjN2E5\r\nZjYxZWRmJGMyZDg3ZDI0Q
G1haWwzLm5hdGUuY29tIiBoZWlnaHQ9IjEiIHdpZHRoPSIxIiAvPg==\r\n\r\n\r\n\r\n'}, 7: {'From':
'okkam76@nate.com', 'To': 'python100example@gmail.com', 'Subject': 'test 1', 'Body': 'PGRpdiB
jbGFzcz0id2Nfd3JhcHBlcilgc3R5bGU9Im1hcmdpbjo0MHB4IDAgMCAyMHB4O2ZvbnQt\r\nZmFtaWx
5Ouq1tOumvDtmb250LXNpemU6MTBwdCI+PGRpdj4mbmJzcDtmZmY8L2Rpdj48L2Rpdj48\r\naW1
nIHNyYz0iaHR0cHM6Ly9tYWlsMy5uYXRlLmNvbS9hcHAvbXNnL2NvbmZpcm0vP3Vzbj0xMTY0\r\
nMzE5JmVtYWlsPW9ra2FtNzZAbmF0ZS5jb20ma2V5PTk0NDg3ZWVkYjY0YWRmYzJiY2UzNWVlMj
cx\r\nOWI1ZGEwJGMyZDg3ZDI0QG1haWwzLm5hdGUuY29tIiBoZWlnaHQ9IjEiIHdpZHRoPSIxIiAv
Pg==\r\n\r\n\r\n\r\n'}}
```

실무

078 구글 Gmail 계정에서 이메일 가져오기 ④ 첨부파일 가져오기

- **학습 내용 :** 이메일에 첨부된 파일을 가져와서 PC에 다운로드하는 방법을 살펴본다.
- **힌트 내용 :** 첨부파일은 이메일 메시지가 multipart 타입이고, 콘텐츠 유형이 'application/'인 부분에 위치한다.

소스 : 078.py

```
import imaplib
import email
import os
from email.header import decode_header

# IMAP 서버 접속 - SSL 방식
imap_server = imaplib.IMAP4_SSL(host='imap.gmail.com', port='993')

# 이메일 서버 로그인 - 이메일 주소, 앱 비밀번호 입력
my_addr = '이메일_아이디@gmail.com'
my_pw = '앱 비밀번호'
imap_server.login(user=my_addr, password=my_pw)

# 받는 편지함('INBOX') 선택
mailbox = "INBOX"
mailbox_code = imap_server.select(mailbox)

# 받는 편지함('INBOX')에서 모든 편지 검색
code1, mail_all = imap_server.search(None, 'ALL')
print(mail_all, '\n')

# 첨부 파일 저장하기
mail_ids = mail_all[0].split( )
print(mail_ids)

for mid in mail_ids:
    code2, data = imap_server.fetch(mid, '(RFC822)')
    mail = {}
```

```
30:         msg = email.message_from_string(data[0][1].decode('utf-8'))
31:
32:         if msg.is_multipart( ):
33:             for part in msg.walk( ):
34:                 if part.get_content_type( ).startswith('application/'):
35: #
36:                     filename = decode_header(part.get_filename( ))[0][0].decode('utf-8')
37:                     download_path = os.path.join(os.getcwd( ), 'output', mid.decode('utf-8') + filename)
38:
39:                     fp = open(download_path, 'wb')
40:                     fp.write(part.get_payload(decode=True))
41:                     fp.close( )
42:
43:
44: # 이메일 서버 종료하기
45: imap_server.close( )
```

라이브러리를 불러온다. ◆ 1~4

Gmail의 IMAP 서버 접속 객체를 생성한다. ◆ 7

Gmail 서버 로그인에 필요한 이메일 주소와 앱 비밀번호를 입력한다. ◆ 10~12

편지함을 선택한다. 예제에서는 받은 편지함을 나타내는 "INBOX"를 선택한다. ◆ 15~16

search( ) 메소드를 이용하여 현재 선택한 메일박스의 모든('ALL') 이메일을 검색한다. ◆ 19~20

19번 라인의 search( ) 메소드로 찾은 메일 UID 값(mail_all[0])은 공백(" ")으로 구분되어 있는 문자열이다. 문자열을 split( ) 명령으로 공백을 기준으로 나눠주고 그 결과를 mail_ids 변수에 담는다. ◆ 23~24

앞에서 정리한 메일 UID 값은 개별 이메일을 구분하는 기준이 되는 값이다. for 반복문을 통해 개별 이메일을 하나씩 가져와서 첨부 파일을 추출하는 부분이다. ◆ 26~42

각각의 메일 UID 값(mid)을 fetch( ) 메소드에 전달하면, 응답코드(code2)와 이메일 데이터(data)를 가져온다. '(RFC822)' 옵션은 이메일 표준 메시지 형식을 가리킨다. ◆ 27

메일 내용을 파싱한 결과를 저장할 비어 있는 딕셔너리(mail)을 생성한다. ◆ 28

30 ◆ email 라이브러리의 message_from_string( ) 명령을 사용하여, 이메일 데이터(data) 객체의 메시지 문자열을 'utf-8' 형식으로 디코딩하여 함수의 매개변수로 전달한다. 생성된 메시지 객체를 msg라는 변수에 저장한다.

32~42 ◆ 첨부파일을 사용자 PC에 저장하는 부분이다.

32~34 ◆ 메시지 객체(msg)의 형식이 multipart 타입이고, 콘텐츠 유형이 'application/'으로 시작되는 part로부터 첨부파일을 추출한다.

36 ◆ msg 객체의 헤더 부분에서 첨부 파일의 이름(filename)을 파싱한다. 메시지 part의 파일 이름을 get_filename( ) 메소드로 추출하고, decode_header( ) 함수에 전달한다. 헤더 부분에서 추출한 문자열을 'utf-8' 형식으로 디코딩하여 filename이라는 변수에 저장한다.

37~42 ◆ 파일 저장 경로를 output 폴더로 지정하고, 파일 객체를 생성하여 write( ) 명령으로 첨부 파일을 변환하여 저장한다. 이때, get_payload( ) 함수를 이용하여 메시지 part로부터 첨부파일 데이터를 가져와서 write( ) 함수의 매개변수로 전달한다.

45 ◆ 서버 연결을 종료한다.

```
[b'1 2 3 4 5 6 7']

[b'1', b'2', b'3', b'4', b'5', b'6', b'7']
```

구분	2014/12	2015/12	2016/12	2017/12
매출액	13,132	15,865	15,477	17,113
영업이익	931	1,424	816	565
업이익률	7.09%	8.97%	5.27%	3.3%
기순이익	616	1,036	460	461
자산총계	7,832	9,922	12,707	11,961
자본총계	3,309	4,256	5,636	5,736
부채총계	4,523	5,666	7,071	6,225
부채비율	136.71%	133.12%	125.45%	108.53%

| **그림 4-37** | 첨부파일 저장 내용(./output/1financials.xlsx)

구글 Gmail 계정에서 이메일 가져오기 ⑤
이메일 삭제하기

실무 079

- **학습 내용 :** 이메일 서버의 이메일을 삭제한다.
- **힌트 내용 :** 삭제할 편지를 휴지통으로 보낸 뒤에 휴지통을 비우는 작업을 수행한다.

소스 : 079.py

```
import imaplib
import datetime
import imapclient

# IMAP 서버 접속 - SSL 방식
imap_server = imaplib.IMAP4_SSL(host='imap.gmail.com', port='993')

# 이메일 서버 로그인 - 이메일 주소, 앱 비밀번호 입력
my_addr = '이메일_아이디@gmail.com'
my_pw = '앱 비밀번호'
imap_server.login(user=my_addr, password=my_pw)

# 받는 편지함('INBOX') 선택
mailbox = "INBOX"
mailbox_code = imap_server.select(mailbox)

# 받는 편지함('INBOX')에서 특정 날짜 이전의 편지를 삭제하기
before_date = datetime.date(2019, 8, 1).strftime('%d-%b-%Y')
code1, mails = imap_server.search(None, 'BEFORE', before_date)
print(mails, '\n')

# 메일 삭제하기 (1) - 휴지통으로 이동
imap_server.store('%s:%s' % (mails[0].split()[0].decode('utf-8'), mails[0].split()[-1].decode('utf-8')),
                  '+X-GM-LABELS', '\\Trash')

# 메일 삭제하기 (2) - 휴지통 비우기
trash = imap_server.select(imapclient.imap_utf7.encode('[Gmail]/휴지통'))
print(trash)

```

```
30: imap_server.store('1:*', '+FLAGS', '\\Deleted')
31: print(trash)
32:
33: imap_server.expunge( )
34: print(trash)
35:
36: # 이메일 서버 종료하기
37: imap_server.close( )
```

1~3 ◆ 라이브러리를 불러온다.

6 ◆ Gmail의 IMAP 서버 접속 객체를 생성한다.

9~11 ◆ Gmail 서버 로그인에 필요한 이메일 주소와 앱 비밀번호를 입력한다.

14~15 ◆ 편지함을 선택한다. 예제는 받은 편지함을 나타내는 "INBOX"를 선택한다.

18 ◆ datetime 모듈을 이용하여 날짜 데이터를 생성하고, strftime( ) 메소드를 적용하여 문자열 포맷(일-월-연)으로 변환한 값을 before_date 변수에 저장한다.

19~20 ◆ search( ) 메소드를 이용하여 특정 날짜(before_date)보다 이전('BEFORE') 날짜에 받은 이메일을 검색한다. 응답코드는 code1에 저장하고, 메일 UID 값들은 mails 변수에 저장한다. 메일 UID 값들을 출력하여 확인해본다.

23~24 ◆ 이메일을 삭제하기 전에 휴지통으로 먼저 이동시켜야 한다. mails 변수의 첫 번째 원소(mails[0])에 UID 값들이 공백으로 구분되는 문자열로 저장되어 있는데, split( ) 명령을 이용해 공백을 기준으로 나눠주면 리스트 객체로 정리된다. 리스트의 첫 번째 원소(mails[0].split( )[0])와 마지막 원소(mails[0].split( )[-1]) 값을 이용하여 이동할 UID 값의 범위를 '첫 번째 UID : 마지막 UID' 형식으로 정리하여 store( ) 메소드의 첫 번째 인자로 전달한다. 두 번째 인자는 Gmail 라벨 옵션(+X-GM-LABELS)을 지정한다. 세 번째 인자에는 Gmail의 휴지통 편지함의 이름('\\Trash')을 입력한다(편지함 이름을 확인하는 방법은 예제 075를 참조한다).

27~28 ◆ 휴지통 편지함을 선택한다.

30~31 ◆ 휴지통에 들어 있는 모든 편지를 선택하여 삭제 표시한다.

33~34 ◆ 휴지통 비우기로 메일 삭제를 실행한다.

서버 연결을 종료한다.

결과

```
[b'6 7']

('OK', [b'2'])
('OK', [b'2'])
('OK', [b'2', b'0'])
```

이메일 편지보관함에 저장되어 있는 이메일에 따라 실행 결과는 다르게 보일 것이다.

5 PART 개발

애플리케이션 활용 및 개발

텔레그램 봇(bot) 만들기

- **학습 내용 :** 텔레그램 채널 운영에 필요한 봇을 만든다.
- **힌트 내용 :** 텔레그램 API를 설치하고, Bot( ) 함수를 사용하여 봇 객체를 생성한다.

텔레그램 API 설치

Anaconda Prompt 또는 윈도우 명령 프롬프트에서 'pip install python-telegram-bot'을 입력한다.

API 토큰 발급

❶ 텔레그램을 실행한 후 검색창에서 'BotFather'를 검색하고 선택하면 대화창이 열린다. 시작 버튼을 누르면 다음과 같이 BotFather를 다루는 기본 명령 리스트를 보여준다.

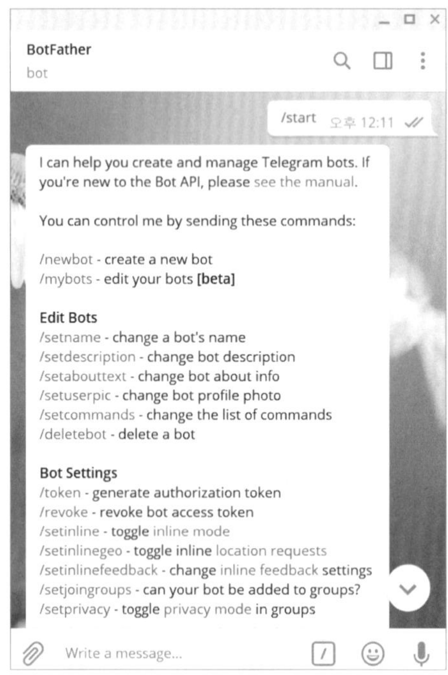

| 그림 5-1 | BotFather 대화창 실행

❷ '/newbot'이라고 입력하면 봇을 생성한다. 봇의 이름을 'py100'으로 입력하고, 봇의 사용자 이름을 'py100_bot'으로 지정했다. BotFather의 메시지 중간 부분에서 토큰(token) 값을 확인할 수 있다.

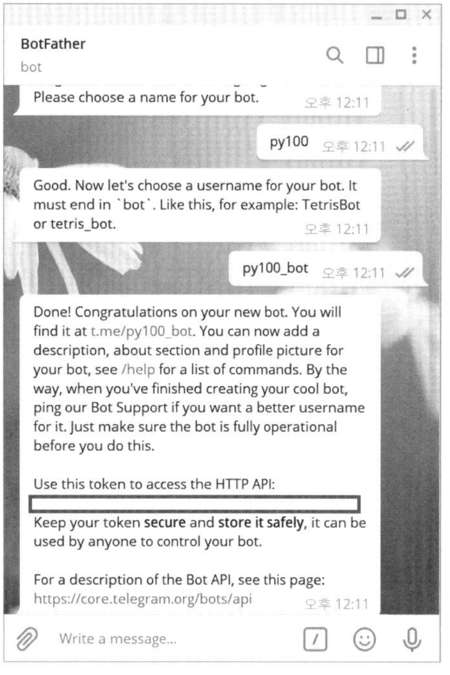

| 그림 5-2 | 봇 생성 및 토큰 발급

소스 : 080.py

```
import telegram

my_token = '-----------발급받은 토큰을 입력하세요----------'

# 봇 생성
bot = telegram.Bot(token=my_token)
print(type(bot))
print(bot)

# 봇(사용자) 정보 확인
bot_info = bot.getMe( )
print(type(bot_info))
print(bot_info)
```

1 ◆ 라이브러리를 불러온다.

3 ◆ 텔레그램 봇파더를 호출하여 발급받은 토큰 값을 따옴표 안에 입력한다.

6 ◆ Bot( ) 클래스 객체를 생성한다. 변수 bot에 저장한다.

7~8 ◆ 앞에서 생성한 bot 객체의 자료형(type)과 객체 내용을 출력하여 확인한다.

11~13 ◆ 봇 정보를 확인하는 명령으로 getMe( ) 메소드를 사용할 수 있다. 자료형과 내용을 출력하여 확인한다. id, username을 확인할 수 있고, 봇의 여부를 나타내는 is_bot 값이 True이다.

결과

```
<class 'telegram.bot.Bot'>
{'id': 657609001, 'username': 'py100_bot', 'first_name': 'py100'}
<class 'telegram.user.User'>
{'id': 657609001, 'first_name': 'py100', 'is_bot': True, 'username': 'py100_bot', 'can_join_groups': True, 'can_read_all_group_messages': False, 'supports_inline_queries': False}
```

대화방에서 메시지 가져오기

개발 081

• **학습 내용 :** 텔레그램 대화방에서 메시지를 가져온다.
• **힌트 내용 :** 봇 객체에 getUpdates( ) 메소드를 적용하면 최근 업데이트 메시지들을 선택한다.

❶ 검색창에 봇의 사용자 이름인 'py100_bot'을 입력하여 검색한다. py100 봇을 클릭하면 대화창이 열린다.

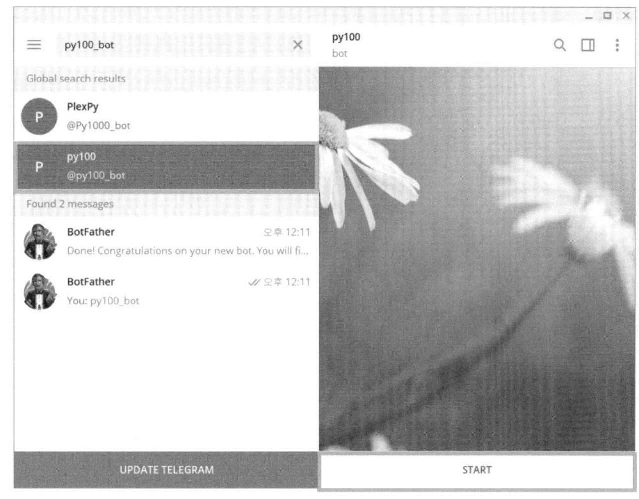

| **그림 5-3** | 봇(py100) 대화창 실행

❷ [START] 버튼을 누르면 '/start'라는 메시지가 전송된다.

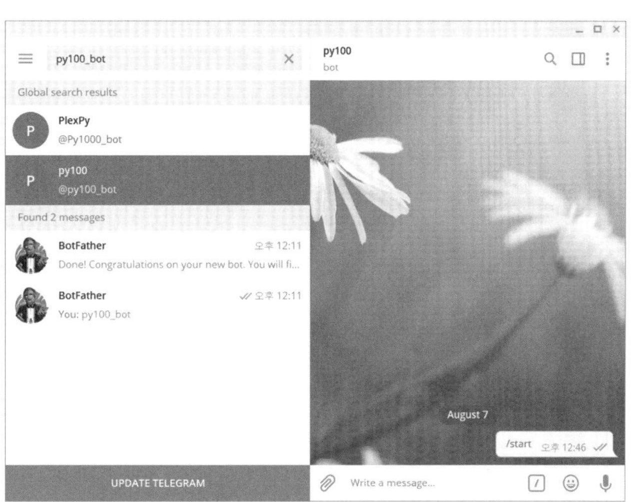

| **그림 5-4** | BotFather 대화창 실행

소스 : 081.py

```
1: import telegram
2:
3: my_token = '----------발급받은 토큰을 입력하세요---------'
4:
5: bot = telegram.Bot(token=my_token)
6:
7: updates = bot.getUpdates( )
8: print(updates)
9: print('\n')
10:
11: for update in updates:
12:     print(update)
13:     print('\n')
14:
15: latest_update = updates[-1]
16: print(latest_update.message.date)
17: print(latest_update.message.chat.id)
18: print(latest_update.message.text)
```

1 라이브러리를 불러온다.

3 텔레그램 봇파더를 호출하여 발급받은 토큰 값을 따옴표 안에 입력한다.

5 Bot( ) 클래스 객체를 생성한다. 변수 bot에 저장한다.

7~8 메시지 업데이트 내용을 가져오는 명령은 getUpdates( ) 메소드이다. bot 객체에 적용하면 최근 업데이트를 가져와서 변수 updates에 저장한다. 변수 updates에 저장된 객체를 직접 출력하면 텔레그램 업데이트 객체라는 것을 확인할 수 있다.

11~13 업데이트 객체(updates)에 들어 있는 각각의 업데이트(update)에 대하여 for 반복문을 이용하여 출력한다. update_id를 기준으로 message를 구성하는 다양한 정보를 담고 있다. 업데이트된 메시지는 방금 입력한 '/start' 메시지 1개이므로 한 개의 값이 출력된다(사용자 id, username 등 개인정보를 노출하지 않기 위해 일부 내용을 변형하여 표시했다).

15 가장 최근 업데이트를 선택한다.

16 날짜를 추출한다.

상대방의 chat_id를 추출한다. 17

메시지 텍스트 내용을 추출한다. 18

```
[<telegram.update.Update object at 0x00D1B930>]


{'update_id': 834215358, 'message': {'message_id': 1, 'date': 1565261986, 'chat': {'id': 999999999, 'type': 'private', 'first_name': OOOOO', 'last_name': 'OO'}, 'text': '/start', 'entities': [{'type': 'bot_command', 'offset': 0, 'length': 6}], 'caption_entities': [ ], 'photo': [ ], 'new_chat_members': [ ], 'new_chat_photo': [ ], 'delete_chat_photo': False, 'group_chat_created': False, 'supergroup_chat_created': False, 'channel_chat_created': False, 'from': {'id': 999999999, 'first_name': 'OOOOO', 'is_bot': False, 'last_name': 'OO', 'language_code': 'ko'}}}


2019-08-08 19:59:46
999999999
/start
```

대화방으로 메시지 보내기

- **학습 내용 :** 텔레그램 대화창을 열지 않고 파이썬 환경에서 메시지를 보낼 수 있다.
- **힌트 내용 :** sendMessage( ) 메소드에 챗아이디(chat_id)와 메시지 내용을 입력한다.

소스 : 082.py

```
 1: import telegram
 2:
 3: def send_telegram_message(message):
 4:
 5:     my_token = '-----------발급받은 토큰을 입력하세요----------'
 6:     bot = telegram.Bot(token=my_token)
 7:
 8:     chat_id = bot.getUpdates( )[-1].message.chat.id
 9:     bot.sendMessage(chat_id=chat_id, text=str(message))
10:
11:
12: if __name__ == '__main__':
13:
14:     message = input('보낼 메시지를 입력하세요:')
15:     send_telegram_message(message)
```

1 ◆ 라이브러리를 불러온다.

3~9 ◆ 텔레그램 메시지를 발송하는 사용자 함수를 정의한다.

5 ◆ 발급받은 토큰 값을 입력한다.

6 ◆ Bot( ) 클래스 객체를 생성한다. 변수 bot에 저장한다.

8 ◆ 가장 최근 메시지를 보낸 상대방의 chat_id를 확인한다.

9 ◆ sendMessage( ) 메소드를 사용하며 메시지를 보낸다. chat_id와 보내는 메시지를 텍스트 형태의 함수 인자로 입력한다.

메시지 내용을 키보드로 입력하고 텔레그램으로 보낸다. 여기서는 '테스트 문자입니다.'라는 문자열을 입력했다. 실행 결과와 같이 텔레그램 대화방에 메시지가 표시되면 정상적으로 발송된 것이다. 12~15

보낼 메시지를 입력하세요:테스트 문자입니다.

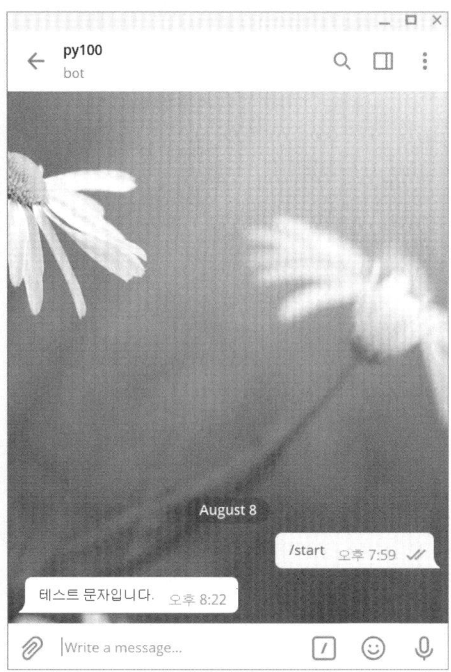

| 그림 5-5 | 실행 결과

개발 083

텔레그램 채널 개설하기

- **학습 내용 :** 텔레그램 채널을 개설하여 메시지를 보내는 방법을 알아본다.
- **힌트 내용 :** 개설한 채널의 chat_id를 지정하여 메시지를 보낼 수 있다.

❶ 텔레그램 좌측 상단 메뉴를 실행하고 New Channel을 선택한다.

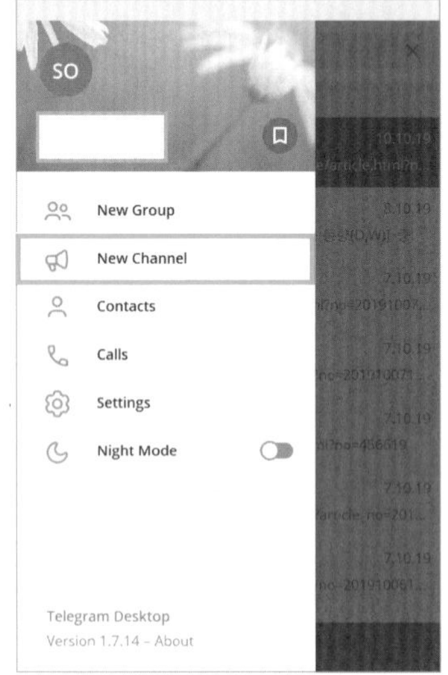

| **그림 5-6** | New Channel 선택

❷ 채널 이름을 입력한다.

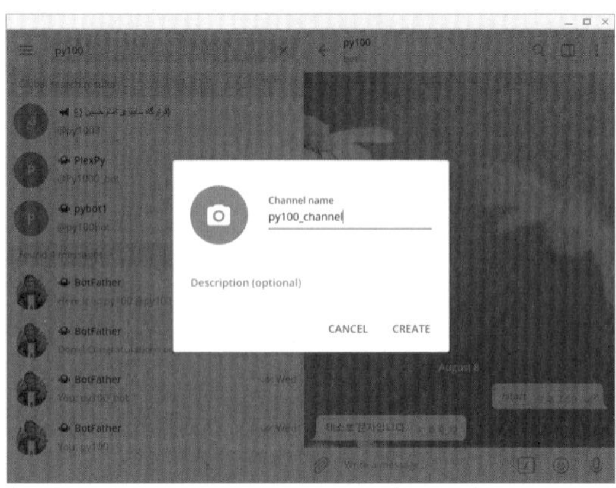

| **그림 5-7** | 채널 이름 설정

③ 공개 대화방(Public Channel) 또는 비밀 대화방(Private Channel) 중에서 선택한 다음 채널 아이디(chat_id)를 입력하여 채널 링크를 완성하고 [SAVE]를 클릭한다.

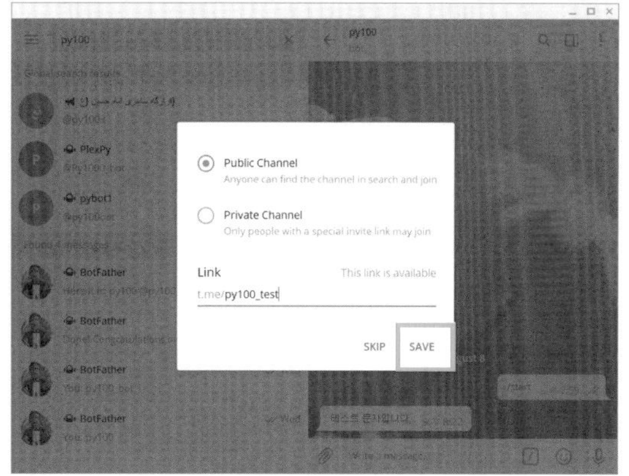

| 그림 5-8 | 채널 공개 여부 설정

④ 채널 대화방 우측 상단의 메뉴를 실행하고 Add Members 옵션을 선택한다. 예제 080에서 만든 봇의 사용자 이름을 검색하여 채널 사용자로 추가한다.

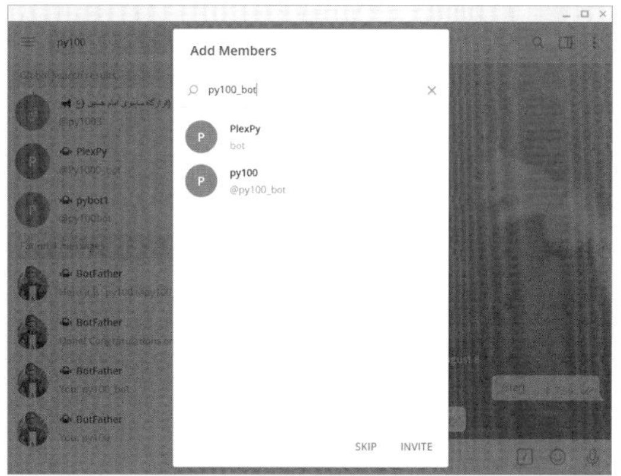

| 그림 5-9 | 채널 사용자 추가

⑤ 팝업 메시지가 표시된다. 봇은 관리자 계정일 때만 채널에 추가할 수 있다는 내용이다. [MAKE ADMIN]를 클릭한다.

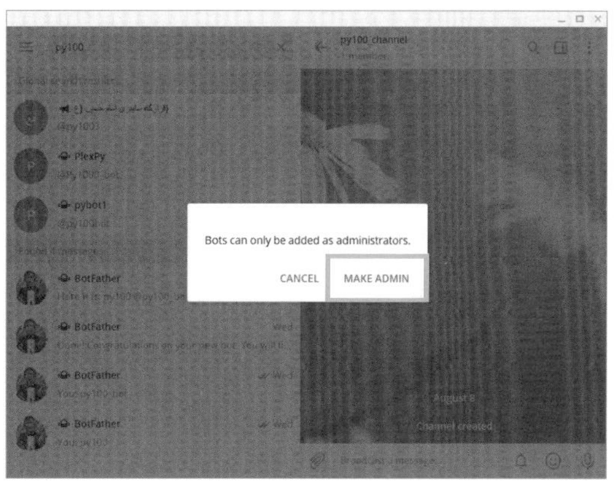

| 그림 5-10 | Admin 계정 추가 팝업 메시지

⑥ 권한을 설정하고 [SAVE]를 클릭한다.

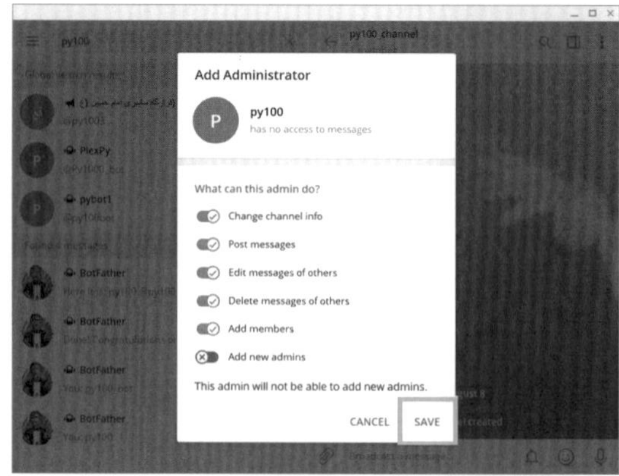

| 그림 5-11 | 관리자 계정으로 추가

소스 : 083.py

```
1: import telegram
2:
3: def send_telegram_channel_message(channel_id, message):
4:
5:     my_token = '-----------발급받은 토큰을 입력하세요----------'
6:     bot = telegram.Bot(token=my_token)
7:
8:     bot.sendMessage(chat_id=channel_id, text=str(message))
9:
10:
11: if __name__ == '__main__':
12:
13:     channel_id = '@py100_test'
14:     message = '채널에 보내는 메시지입니다.'
15:     send_telegram_channel_message(channel_id, message)
```

1 ◆ 라이브러리를 불러온다.

3~8 ◆ 예제 082를 참조하여 텔레그램 메시지를 발송하는 사용자 함수를 정의한다. 메시지를 보낼 채널 아이디(chat_id)값을 함수 매개변수로 추가한다.

13 ◆ 메시지를 보내려는 채널의 chat_id를 입력한다(예 @py100_test).

메시지를 입력한다. 14

앞에서 정의한 함수를 실행하여 메시지를 채널에 보낸다. 15

결과

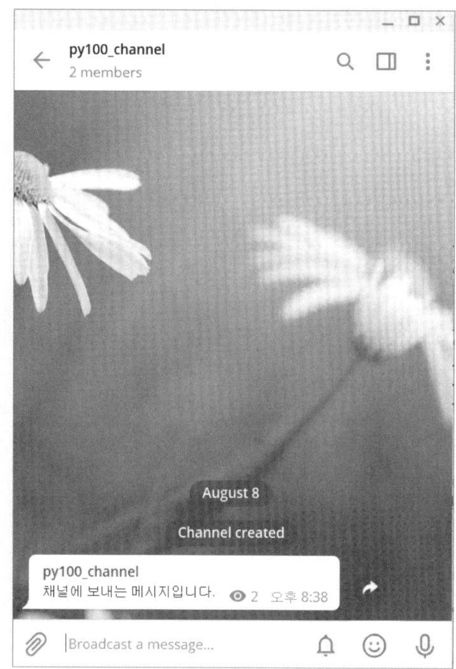

| 그림 5-12 | 실행 결과

다나와 관심상품 목록을 텔레그램 채널로 보내기

- **학습 내용 :** 예제 013에서 다룬 다나와 관심상품 목록을 가져와서 텔레그램 채널 메시지로 발송한다.
- **힌트 내용 :** 데이터프레임으로 정리한 관심상품 목록을 항목별로 구분하여 메시지 내용을 구성한다.

소스 : 084.py

```
import telegram
from selenium import webdriver
from bs4 import BeautifulSoup
import pandas as pd
import re

def read_danawa_wishlist( ):
    '''
    예제 013. 다나와 관심목록 가져오기 활용
    다나와 관심상품 목록을 가져와서 데이터프레임으로 정리하는 함수
    '''

    driver = webdriver.Chrome("./Selenium/chromedriver")
    driver.implicitly_wait(3)
    driver.get("https://www.danawa.com/")

    # 다나와 메인화면의 로그인 버튼을 누르는 작업 실행
    login = driver.find_element_by_css_selector('li.my_page_service > a')
    login.click( )
    driver.implicitly_wait(3)

    # 아이디/비밀번호를 입력하고 로그인하기 버튼을 누르는 작업 실행
    my_id = "----본인 아이디 입력하세요----"
    my_pw = "----본인 패스워드 입력하세요----"

    driver.find_element_by_id('danawa-member-login-input-id').send_keys(my_id)
    driver.implicitly_wait(2)
    driver.find_element_by_name('password').send_keys(my_pw)
    driver.implicitly_wait(2)
```

```
    driver.find_element_by_css_selector('button.btn_login').click( )
    driver.implicitly_wait(2)

    # 관심상품 목록 HTML 페이지 가져오기
    driver.find_element_by_css_selector('li.interest_goods_service > a').click( )
    driver.implicitly_wait(2)
    html_src = driver.page_source
    driver.close( )

    # 관심상품 목록 HTML 페이지를 BeautifulSoup으로 파싱하고, 데이터프레임으로 정리하기
    soup = BeautifulSoup(html_src, 'lxml')

    wish_table = soup.select('table[class="tbl wish_tbl"]')[0]
    wish_items = wish_table.select('tbody tr')


    titles=[ ]; prices=[ ]; links=[ ];

    for item in wish_items:
        title = item.find('div', {'class':'tit'}).text
        price = item.find('span', {'class':'price'}).text
        link = item.find('a', href=re.compile('prod.danawa.com/info/')).get('href')

        titles.append(title)
        prices.append(price)
        links.append(link)

        result = {'title':titles, 'price':prices, 'link':links}

    data = pd.DataFrame(result)

    return data



def send_telegram_channel_message(channel_id, message):
    '''
    예제 083. 텔레그램 채널에 메시지를 보내는 함수를 활용
    '''

```

```
70:     my_token = '-----------발급받은 토큰을 입력하세요----------'
71:     bot = telegram.Bot(token=my_token)
72:
73:     bot.sendMessage(chat_id=channel_id, text=str(message))
74:
75:
76: if __name__ == '__main__':
77:
78:     # 다나와 관심목록 가져오기
79:     df = read_danawa_wishlist( )
80:     print(df)
81:
82:
83:     # 메시지 구성하기
84:     message = ''
85:     for idx in df.index:
86:         message += '''
87:         %s. %s (최저가: %s)
88:             - 링크: %s
89:         ''' % (idx+1, df.loc[idx, 'title'], df.loc[idx, 'price'], df.loc[idx, 'link'])
90:
91:     print(message)
92:
93:
94:     # 텔레그램 체널에 메시지 보내기
95:     channel_id = '---채널 아이디 입력---'
96:     send_telegram_channel_message(channel_id, message)
```

1~5 ◆ 라이브러리를 불러온다.

7~61 ◆ 예제 013을 참조하여 다나와 관심상품 목록을 가져오는 함수를 정의한다.

65~73 ◆ 예제 083를 참조하여 텔레그램 메시지를 발송하는 사용자 함수를 정의한다. 채널 아이디와 메시지 내용을 함수 인자로 입력받는다.

79~80 ◆ 다나와 관심목록을 가져와서 데이터프레임으로 정리한다.

84~91 ◆ 텔레그램으로 보낼 메시지를 구성한다. 데이터프레임의 행 인덱스를 기준으로 for 반복문을 실행한다. 'title' 열에서 제품 목록의 이름, 'price' 열에서 최저가, 'link' 열에서 상세정보 URL을 선택하여 메시지 내용을 완성한다.

각자 자신이 개설한 채널 아이디를 입력한다(예 @py100_test). 95

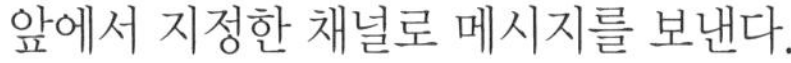

앞에서 지정한 채널로 메시지를 보낸다. 96

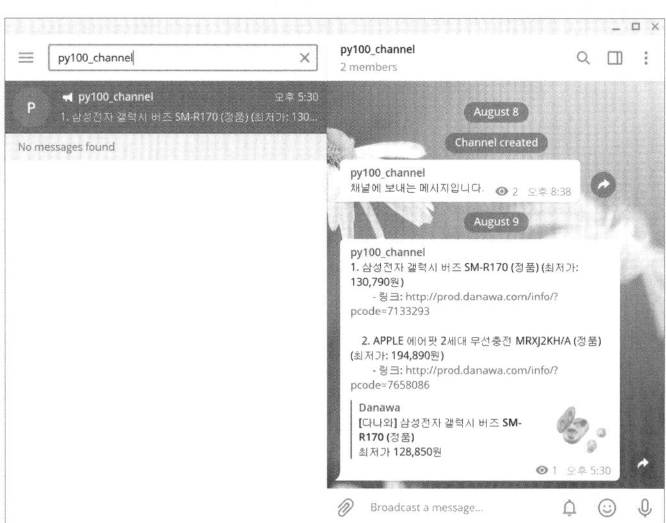


```
                        Title                    ...                    link
0 삼성전자 갤럭시 버즈 SM-R170 (정품)             ... http://prod.danawa.com/info/?pcode=7133293
1 APPLE 에어팟 2세대 무선충전 MRXJ2KH/A (정품) ... http://prod.danawa.com/info/?pcode=7658086

[2 rows x 3 columns]


  1. 삼성전자 갤럭시 버즈 SM-R170 (정품) (최저가: 130,790원)
     - 링크: http://prod.danawa.com/info/?pcode=7133293

  2. APPLE 에어팟 2세대 무선충전 MRXJ2KH/A (정품) (최저가: 194,890원)
     - 링크: http://prod.danawa.com/info/?pcode=7658086
```

SQLite 데이터베이스 만들기

- **학습 내용 :** SQLite 데이터베이스 파일을 생성하고 연결하는 방법을 배운다.
- **힌트 내용 :** 데이터베이스 파일 이름을 connect( ) 함수에 입력하면 데이터베이스 객체가 만들어진다.

SQLite 설치

SQLite는 아나콘다 배포판에 기본 내장되어 있어서 따로 설치할 필요가 없다. 설치가 필요한 경우라면 튜토리얼 홈페이지(https://www.sqlitetutorial.net/download-install-sqlite/)를 참조한다.

소스 : 085.py

```
 1: import sqlite3
 2:
 3: # DB 연결 (DB가 없는 경우, 새로운 DB 파일 생성)
 4: conn = sqlite3.connect('./output/sample.db')
 5: print(conn)
 6:
 7: # Connection 객체에서 Cursor 생성
 8: cur = conn.cursor( )
 9: print(cur)
10:
11: # DB 연결 종료
12: conn.close( )
```

1 ◆ 라이브러리를 불러온다.

4 ◆ connect( ) 함수를 이용하여 'sample.db'라는 데이터베이스에 연결하고, 연결 객체(conn)를 생성한다. 이때 'sample.db'라는 데이터베이스 파일이 없는 경우에는 같은 이름으로 새로운 파일을 생성한다.

5 ◆ 데이터베이스 연결 객체를 출력해본다.

8 ◆ 데이터베이스 연결 객체에 cursor( ) 메소드를 적용하면 데이터베이스에 SQL 쿼리를 보내거나 받을 수 있는 커서를 오픈한다. 커서를 변수 cur에 저장한다.

커서 객체를 출력한다. 9

데이터베이스 연결을 종료한다. 12

결과

```
<sqlite3.Connection object at 0x000001FAA0CCA730>
<sqlite3.Cursor object at 0x000001FAA0E6FCE0>
```

SQL 쿼리 ❶ 테이블 생성(CREATE TABLE)

개발 086

- **학습 내용 :** 예제 085에서 만든 데이터베이스에 새로운 테이블을 추가한다.
- **힌트 내용 :** CREATE TABLE이라는 SQL 구문을 이용하고, 전용 브라우저를 이용하여 SQL 처리 결과를 확인한다.

SQLite 브라우저 설치

❶ SQLite 데이터베이스 내용을 쉽게 확인하도록 지원하는 프로그램인 SQLite 브라우저를 설치한다. 설치파일 다운로드를 위해 공식 홈페이지(https://sqlitebrowser.org/)에 접속한다.

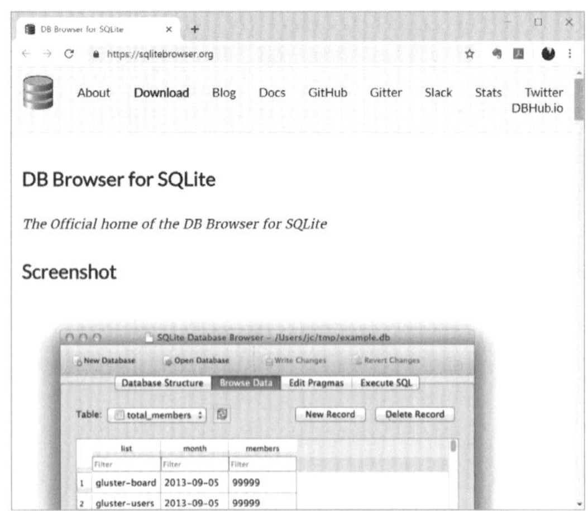

| 그림 5-13 | SQLite 브라우저 공식 홈페이지

❷ Download 메뉴에서 PC 운영체제에 맞는 설치파일을 찾아서 다운로드한다.

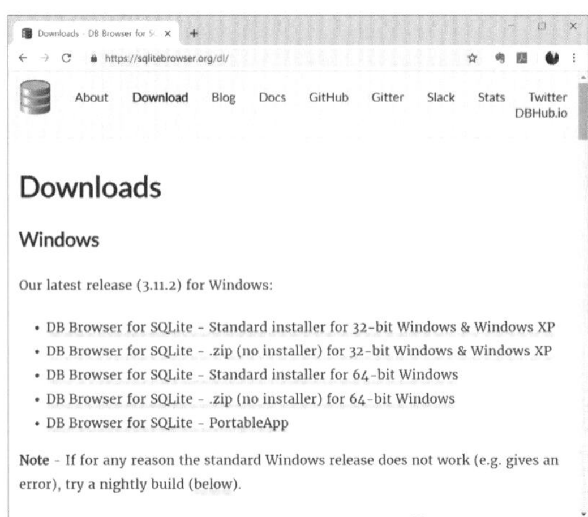

| 그림 5-14 | SQLite 브라우저 설치파일 다운로드

❸ 설치파일을 실행하여 설치를 마무리한다. 프로그램을 실행하면 다음과 같은 화면이 처음 표시된다. 데이터베이스 구조를 살펴보고 내용을 수정하거나 SQL 구문을 실행할 수도 있다.

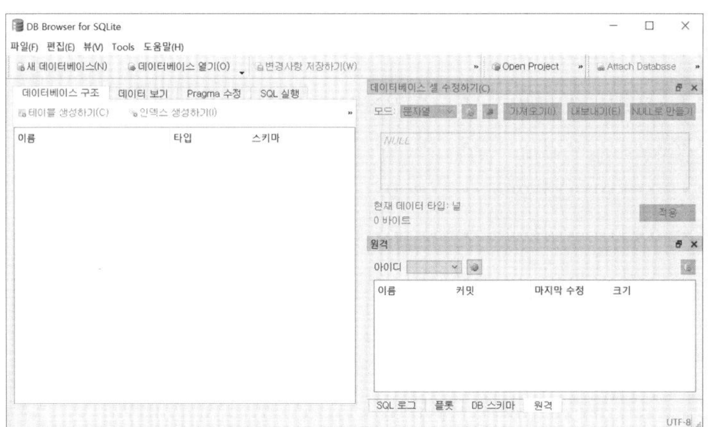

| 그림 5-15 | SQLite 브라우저 실행 화면

```
import sqlite3

# DB 연결
conn = sqlite3.connect('./output/sample.db')
cur = conn.cursor( )

# Cursor를 통해, SQL 쿼리 실행
sql = '''
CREATE TABLE Product (
id integer primary key autoincrement,
title text not null,
price integer,
link text)
'''

cur.execute(sql)

# DB 변경사항 저장
conn.commit( )

# DB 연결 종료
conn.close( )
```

1 라이브러리를 불러온다.

4 connect( ) 함수를 이용하여 'sample.db'라는 데이터베이스에 연결하고, 연결 객체(conn)를 생성한다.

5 데이터베이스에 SQL 쿼리를 보내거나 받을 수 있는 커서 객체를 오픈하여 변수 cur에 저장한다.

8~14 데이터베이스에 보낼 SQL 쿼리를 작성한다. 'CREATE TABLE Product' 명령은 Product라는 이름을 갖는 테이블을 생성한다는 뜻이다. 모두 4개의 컬럼(id, title, price, link)을 생성한다. 각각의 자료형(integer:정수, text:문자열)을 지정하고, id 컬럼을 primary key로 설정한다. autoincrement 옵션은 id 값을 1씩 순차적으로 증가시킨다. text 컬럼에 적용한 not null은 Null 값이 존재하지 않아야 한다는 뜻이다. 따라서 text 컬럼에 값을 입력하지 않으면 오류가 발생한다.

16 커서 객체(cur)에 execute( ) 메소드를 적용하여 SQL 쿼리를 데이터베이스 연결 객체로 전달한다.

19 데이터베이스 연결 객체(conn)에 commit( ) 메소드를 적용하면 SQL 쿼리에 따른 변경사항을 데이터베이스에 최종 반영한다.

22 데이터베이스 연결을 종료한다. SQLite 브라우저를 실행하고 [데이터베이스 열기] 메뉴에서 'sample.db' 파일을 열면 다음 실행 결과와 같이 'Product'라는 테이블이 생성된 것을 볼 수 있다.

결과

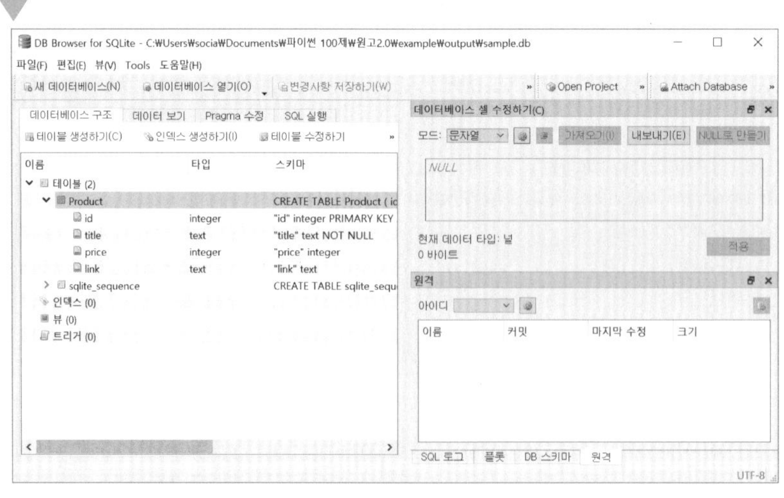

| 그림 5-16 | SQLite 브라우저에서 sample.db 파일을 열어서 확인

SQL 쿼리 ❷ 데이터 추가(INSERT)

개발 087

• **학습 내용 :** 데이터베이스 테이블에 새로운 데이터 레코드를 추가한다.
• **힌트 내용 :** INSERT 구문을 사용하고, execute( ) 메소드 또는 excecutemany( ) 메소드에 SQL 구문을 입력한다.

소스 : 087.py

```
import sqlite3

# DB 연결
conn = sqlite3.connect('./output/sample.db')
cur = conn.cursor( )

# 방법 1 - 각 행의 레코드를 SQL 쿼리에 직접 입력
sqls = [
'''
INSERT INTO Product (id, title, price, link)
VALUES (1, '제품 1', 1000, '/product1.html')
''',

'''
INSERT INTO Product (id, title, price, link)
VALUES (2, '제품 2', 5000, '/product2.html')
''',

]

for sql in sqls:
    cur.execute(sql)


# 방법 2 - ? Placeholder를 활용
sql = '''
INSERT INTO Product (title, price, link) VALUES (?, ?, ?)
'''

```

```
30: cur.execute(sql, ('제품 3', 3000, '/product3.html'))
31:
32:
33: # 방법 3 - executemany 메소드로 여러 개의 행 레코드를 입력
34: sql_m = '''
35: INSERT INTO Product (title, price, link) VALUES (?, ?, ?)
36: '''
37:
38: records = (
39:         ('제품 4', 2000, '/product4.html'),
40:         ('제품 5', 2000, '/product5.html'),
41:         )
42:
43: cur.executemany(sql_m, records)
44:
45: # DB 변경사항 저장
46: conn.commit( )
47:
48: # DB 연결 종료
49: conn.close( )
```

1 ◆ 라이브러리를 불러온다.

4~5 ◆ 'sample.db' 데이터베이스에 연결 객체(conn)를 생성한 후 커서 객체(cur)를 생성한다.

7~22 ◆ 각 행의 레코드를 SQL 쿼리에 직접 입력하는 방법이다(방법 1).

8~19 ◆ 데이터베이스에 보낼 SQL 쿼리 2개를 리스트 형태로 입력한다.

9~12 ◆ Product 테이블에 INSERT(삽입) 명령을 처리하는 SQL 구문이다. 각 컬럼(id, title, price, link)에 VALUES (1, '제품 1', 1000, '/product1.html')에 지정한 값들을 순서대로 입력한다. 예를 들어, title 컬럼에는 '제품 1'이라는 값이 저장되고 price 컬럼에는 '1000'이라는 값이 입력된다.

14~17 ◆ Product 테이블에 '제품 2'에 대한 데이터를 입력하는 SQL 구문이다.

21~22 ◆ for 반복문을 이용하여 SQL 쿼리를 execute( ) 메소드로 데이터베이스 연결 객체에 전달한다.

25~30 ◆ '?' Placeholder를 활용한다(방법 2).

INSERT 문의 VALUES 값이 들어가야 하는 자리에 '?' Placeholder를 입력한다. 27

'?' Placeholder에 들어갈 값들을 투플 형태로 정리하여 execute( ) 메소드에 전달한다. 앞에서 작성한 SQL 구문과 결합하여 SQL 쿼리가 완성된다. 30

executemany( ) 메소드를 활용하여 여러 개의 행 레코드를 한 번에 입력할 수 있다(방법 3). 33~43

INSERT 문의 VALUES 값이 들어가야 하는 자리에 '?' Placeholder를 입력한다. 35

2개의 행 레코드를 투플 형태로 정리하여 입력한다. 38~41

executemany( ) 메소드에 앞에서 작성한 SQL 구문과 행 레코드 데이터를 결합하여 실행한다. 43

SQL 쿼리에 따른 변경사항을 데이터베이스에 최종 반영한다. 46

데이터베이스 연결을 종료한다. 49

결과

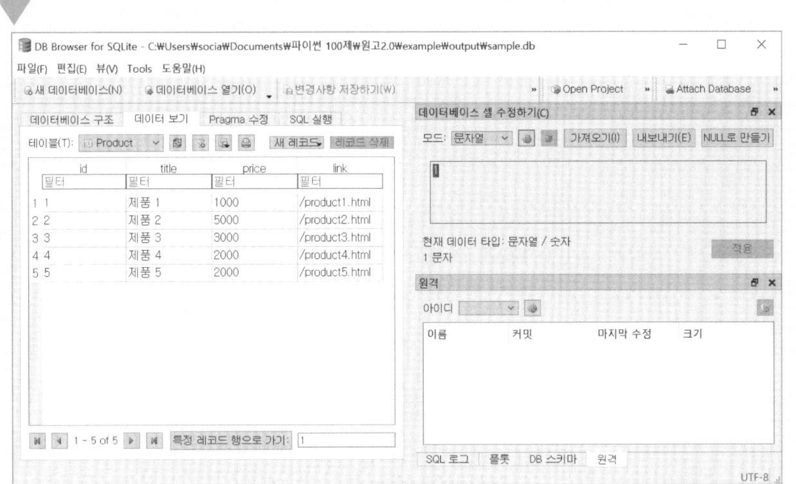

| 그림 5-17 | Product 테이블의 내용 확인(SQLite 브라우저에서 "데이터 보기" 기능 이용)

개발

088

SQL 쿼리 ③ 데이터 선택(SELECT)

- **학습 내용 :** 데이터베이스로부터 필요한 행 레코드를 선택한다.
- **힌트 내용 :** SELECT 구문과 where 조건문을 이용하면 원하는 조건의 데이터를 추출할 수 있다.

소스 : 088.py

```
import sqlite3

# DB 연결
conn = sqlite3.connect('./output/sample.db')
cur = conn.cursor( )

# 방법 1 - 모든 행 레코드를 가져올 때
cur.execute('SELECT * from Product')
rows = cur.fetchall( )
for row in rows:
    print(row)
print('\n')


# 방법 2 - where 조건문
cur.execute('SELECT * from Product where price=2000')
rows = cur.fetchall( )
for row in rows:
    print(row)
print('\n')


# 방법 3 - where 조건문과 ? Placeholder를 활용
cur.execute('SELECT * from Product where id=? and price=?', (5, 2000))
rows = cur.fetchall( )
for row in rows:
    print(row)


```

```
30: # DB 연결 종료
31: conn.close( )
```

라이브러리를 불러온다. ◆ 1

'sample.db' 데이터베이스에 연결 객체(conn)를 생성한 후 커서 객체(cur)를 생성한다. ◆ 4~5

Product 테이블의 모든 행 레코드를 SELECT(선택)하는 방법이다(방법 1). ◆ 7~11

모든(*) 행 레코드를 선택하는 SQL 쿼리를 execute( ) 메소드를 이용하여 실행한다. ◆ 8

fetchall( ) 메소드를 커서 객체에 적용하고, 앞에서 선택한 행 레코드를 모두 가져와 rows라는 변수에 저장한다. ◆ 9

각 row에 저장되어 있는 행 레코드를 출력한다. ◆ 10~12

where 조건문을 추가하여 price 컬럼의 값이 2000인 행을 추출하는 방법이다(방법 2). ◆ 15~19

SQL 쿼리를 execute( ) 메소드를 이용하여 실행하고, fetchall( ) 명령을 사용하여 행 레코드를 가져와 rows 변수에 저장한다. ◆ 16~17

각 row에 저장되어 있는 행 레코드를 출력한다. ◆ 18~20

'?' Placeholder를 사용하는 방법이다(방법 3). ◆ 23~27

id 값이 5이고 price 값이 2000인 모든 행 레코드를 선택하는 SQL 쿼리를 execute( ) 메소드로 실행한다. ◆ 24

fetchall( ) 명령을 사용하여 행 레코드를 가져와 rows 변수에 저장한다. ◆ 25

각 row에 저장되어 있는 행 레코드를 출력한다. ◆ 26~27

데이터베이스 연결을 종료한다. ◆ 31

```
(1, '제품 1', 1000, '/product1.html')
(2, '제품 2', 5000, '/product2.html')
(3, '제품 3', 3000, '/product3.html')
(4, '제품 4', 2000, '/product4.html')
(5, '제품 5', 2000, '/product5.html')


(4, '제품 4', 2000, '/product4.html')
(5, '제품 5', 2000, '/product5.html')


(5, '제품 5', 2000, '/product5.html')
```

SQL 쿼리 ④ 데이터 수정(UPDATE)

개발 089

• **학습 내용 :** 데이터베이스 특정 행 레코드의 데이터 값을 수정할 수 있다.
• **힌트 내용 :** UPDATE 구문을 사용한다. where 조건문으로 수정할 행 레코드를 지정할 수 있다.

소스 : 089.py

```
1: import sqlite3
2:
3: # DB 연결
4: conn = sqlite3.connect('./output/sample.db')
5: cur = conn.cursor( )
6:
7: # Product 테이블의 id=1인 행 레코드의 가격을 7000원으로 수정
8: cur.execute('UPDATE Product set title="새 제품", price=7000 where id=1')
9: conn.commit( )
10:
11: # 변경 내용 확인
12: cur.execute('SELECT * from Product where id=1')
13: rows = cur.fetchall( )
14: for row in rows:
15:     print(row)
16:
17: # DB 연결 종료
18: conn.close( )
```

라이브러리를 불러온다. ◆ 1

'sample.db' 데이터베이스에 연결 객체(conn)를 생성한 후 커서 객체(cur)를 생성한다. ◆ 4~5

Product 테이블의 id가 1인 행 레코드를 변경한다. title을 "새 제품", price를 7000으로 업데이트하는 SQL 쿼리를 execute( ) 메소드의 매개변수로 전달하여 실행한다. ◆ 8

SQL 쿼리에 따른 변경사항을 데이터베이스에 반영한다. ◆ 9

12 Product 테이블의 id가 1인 행 레코드의 값을 가져오는 SQL 쿼리를 실행한다.

13 fetchall() 명령을 사용하여 가져온 행 레코드를 rows 변수에 저장한다.

14~15 각 row에 저장되어 있는 행 레코드를 출력한다. id가 1인 행 레코드는 유일하므로 한 개의 레코드가 출력된다. 제품명과 가격 데이터가 업데이트된 것을 확인할 수 있다.

18 데이터베이스 연결을 종료한다.

```
(1, '새 제품', 7000, '/product1.html')
```

SQL 쿼리 ⑤ 데이터 삭제(DELETE)

개발 090

- **학습 내용 :** 데이터베이스로부터 필요한 행 레코드를 선택하여 삭제할 수 있다.
- **힌트 내용 :** DELETE 구문을 사용한다. where 조건문으로 삭제할 행 레코드를 지정할 수 있다.

소스 : 090.py

```
 1: import sqlite3
 2:
 3: # DB 연결
 4: conn = sqlite3.connect('./output/sample.db')
 5: cur = conn.cursor( )
 6:
 7: # Product 테이블의 id=1인 행 레코드를 삭제
 8: cur.execute('DELETE from Product where id=1')
 9: conn.commit( )
10:
11: # 변경 내용 확인
12: cur.execute('SELECT * from Product')
13: rows = cur.fetchall( )
14: for row in rows:
15:     print(row)
16:
17: # DB 연결 종료
18: conn.close( )
```

라이브러리를 불러온다. ◆ 1

'sample.db' 데이터베이스에 연결 객체(conn)를 생성한 후 커서 객체(cur)를 생성한다. ◆ 4~5

Product 테이블의 id가 1인 행 레코드를 삭제하는 SQL 쿼리를 작성한다. execute( ) 메소드의 매개변수로 전달하여 실행한다. ◆ 8

SQL 쿼리에 따른 변경사항을 데이터베이스에 반영한다. ◆ 9

Product 테이블의 모든 필드 값을 가져오는 SQL 쿼리를 실행한다. ◆ 12

13 fetchall( ) 명령을 사용하여 가져온 행 레코드를 rows 변수에 저장한다.

14~15 각 row에 저장되어 있는 행 레코드를 출력한다. 삭제된 id가 1인 행 레코드를 제외하고, 기존에 입력했던 4개의 레코드가 출력된다.

18 데이터베이스 연결을 종료한다.

```
(2, '제품 2', 5000, '/product2.html')
(3, '제품 3', 3000, '/product3.html')
(4, '제품 4', 2000, '/product4.html')
(5, '제품 5', 2000, '/product5.html')
```

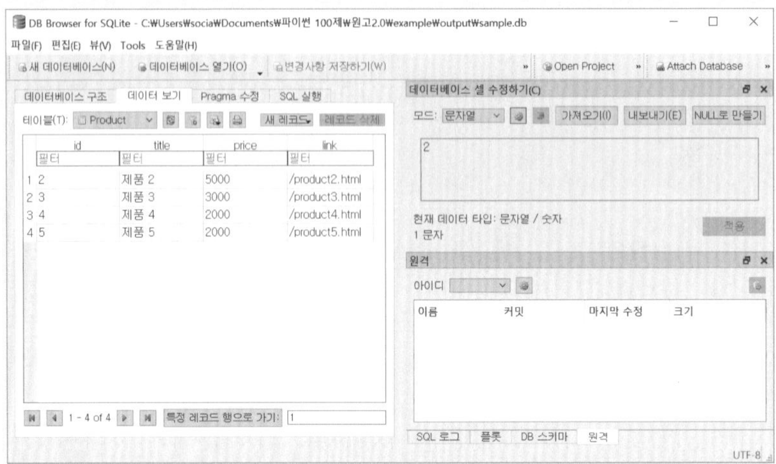

| 그림 5-18 | SQLite Browser로 확인

판다스 데이터프레임 활용 ①
SQL 쿼리 결과를 데이터프레임으로 저장하기

개발 091

• **학습 내용 :** 데이터베이스로부터 읽어온 행 레코드를 판다스 데이터프레임으로 변환한다.
• **힌트 내용 :** 판다스 read_sql_query() 함수를 이용하면 SQL 구문을 직접 처리할 수 있다.

소스 : 091.py

```
1: import sqlite3
2: import pandas as pd
3:
4: # DB 연결
5: conn = sqlite3.connect('./output/sample.db')
6:
7: # SQL 쿼리를 이용하여 데이터프레임으로 저장
8: sql = 'SELECT * from Product limit 3'
9: df = pd.read_sql_query(sql, conn)
10: print(df)
11:
12: # DB 연결 종료
13: conn.close()
```

라이브러리를 불러온다. ◆ 1~2

'sample.db' 데이터베이스에 연결 객체(conn)를 생성한다. 판다스 함수를 사용할 예정이므로 커서 객체를 따로 만들지 않아도 된다. ◆ 5

Product 테이블의 모든 필드 값을 가져오는 SQL 쿼리를 준비한다. 'limit 3'은 최대 3개까지 행 레코드를 가져온다는 뜻이다. ◆ 8

판다스 read_sql_query() 함수에 앞에서 작성한 SQL 쿼리 구문과 데이터베이스 연결 객체(conn)를 입력한다. SQL 쿼리의 실행 결과로 가져오는 행 레코드의 값들을 데이터프레임으로 변환하게 된다. 변수 df에 저장한다. ◆ 9

데이터프레임의 내용을 출력하여 확인한다. ◆ 10

13 데이터베이스 연결을 종료한다.

	Id	title	price	link
0	2	제품 2	5000	/product2.html
1	3	제품 3	3000	/product3.html
2	4	제품 4	2000	/product4.html

판다스 데이터프레임 활용 ❷
테이블 만들기

개발 092

- **학습 내용 :** 판다스 데이터프레임을 데이터베이스의 테이블로 지정한다.
- **힌트 내용 :** 판다스 to_sql( ) 메소드에 생성하려는 테이블 이름을 지정한다.

소스 : 092.py

```
1:  import sqlite3
2:  import pandas as pd
3:
4:  # DB 연결
5:  conn = sqlite3.connect('./output/sample.db')
6:
7:  # 데이터프레임을 이용하여 테이블 정의
8:  df = pd.DataFrame(
9:          [[1, 'James', 'M', 25],
10:          [2, 'Wendy', 'F', 22]],
11:          columns=['id', 'name', 'sex', 'age']
12:         )
13:
14: print(df, '\n')
15:
16: ndf = df.set_index('id')
17: print(ndf)
18:
19: # DB에 변경사항 저장
20: ndf.to_sql('User', conn)
21:
22: # DB 연결 종료
23: conn.close( )
```

라이브러리를 불러온다. 1~2

'sample.db' 데이터베이스에 연결 객체(conn)를 생성한다. 5

데이터베이스에 추가할 테이블의 구조와 값들을 판다스 데이터프레임 형태로 정리한다. 예제 091에서 본 것처럼 데이터프레임의 각 열은 데이터베이스의 필드와 대응하고, 각 행은 데이터베이 8~12

스의 행 레코드와 일대일 대응한다. 'id', 'name', 'sex', 'age' 열은 4개의 필드 이름이 되고, 2개의 리스트는 각각 행 레코드가 된다.

14 데이터프레임의 구조와 내용을 출력해본다.

16~17 'id' 열을 데이터프레임의 행 인덱스로 지정한다. 새롭게 만들어지는 데이터프레임 객체를 변수 ndf에 저장한다. 구조 및 내용을 출력하여 확인한다.

20 데이터프레임(ndf) 객체에 to_sql() 메소드를 적용하면 데이터베이스의 테이블로 변환된다. 이때 to_sql() 메소드의 매개변수로 'User'라는 테이블 이름과 연결하려는 데이터베이스 연결 객체(conn)를 입력한다.

23 데이터베이스 연결을 종료한다.

결과

```
   id   name sex  age
0   1  James   M   25
1   2  Wendy   F   22


     name sex  age
id
1   James   M   25
2   Wendy   F   22
```

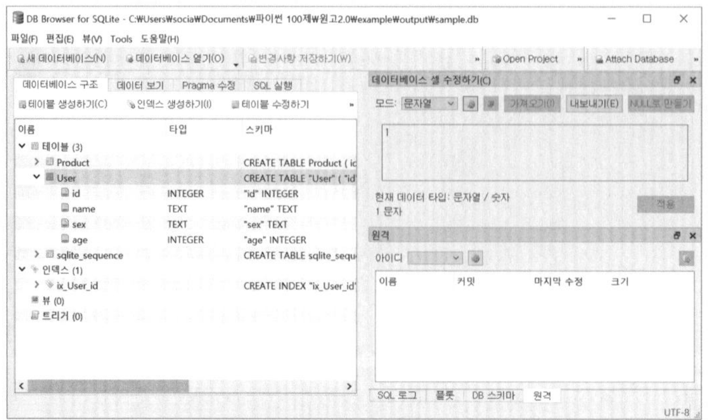

| 그림 5-19 | User 테이블 생성 결과

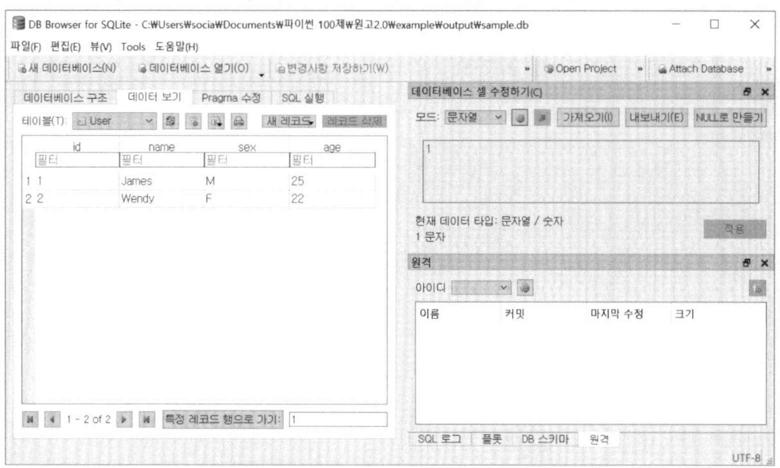

| 그림 5-20 | User 테이블의 행 레코드 확인

개발

093 판다스 데이터프레임 활용 ③ 테이블 변경하기

- **학습 내용 :** 판다스 데이터프레임을 변경하여 데이터베이스 테이블에 변경사항을 업데이트한다.
- **힌트 내용 :** to_sql( ) 메소드의 if_exists 옵션을 'replace'로 지정하면 테이블을 새로 만들지 않고 기존 테이블의 내용을 변경한다.

소스 : 093.py

```
1: import sqlite3
2: import pandas as pd
3:
4: # DB 연결
5: conn = sqlite3.connect('./output/sample.db')
6:
7: # SQL 쿼리를 이용하여 데이터프레임으로 저장
8: sql = 'SELECT * from User'
9: df = pd.read_sql_query(sql, conn, index_col='id')
10: print(df, '\n')
11:
12: # 행 추가
13: df.loc[3] = ('Adam', 'M', 30)
14: print(df)
15:
16: # DB에 변경사항 저장
17: df.to_sql('User', conn, if_exists='replace')
18:
19: # DB 연결 종료
20: conn.close( )
```

1~2 ◆ 라이브러리를 불러온다.

5 ◆ 'sample.db' 데이터베이스에 연결 객체(conn)를 생성한다.

8 ◆ 예제 092에서 추가한 User 테이블의 모든 데이터를 가져오는 SQL 쿼리를 정의한다.

9 ◆ 판다스 read_sql_query( ) 함수에 8번 라인에서 정의한 SQL 쿼리를 입력하여 실행한다. index_col 옵션을 적용하면 데이터프레임의 행 인덱스로 사용할 데이터베이스 필드를 지정할 수 있다. 예제에서는 'id' 필드의 값들이 행 인덱스로 지정되도록 정의했다.

데이터프레임을 출력하여 확인한다. ◆ 10

데이터프레임의 3번 인덱스에 새로운 행 배열을 추가한다. 추가된 행을 데이터프레임을 출력하여 확인한다. ◆ 13~14

to_sql() 메소드의 매개변수로 'User'라는 테이블 이름과 연결하려는 데이터베이스 연결 객체를 전달한다. if_exists 옵션에 'replace' 값을 지정하면 기존 테이블을 대체한다는 뜻이다. 따라서 데이터프레임 df의 값들이 기존 User 테이블을 내용을 덮어쓰는 방식으로 업데이트된다. ◆ 17

데이터베이스 연결을 종료한다. ◆ 20

결과

```
     name  sex  age
id
1    James   M   25
2    Wendy   F   22

     name  sex  age
id
1    James   M   25
2    Wendy   F   22
3    Adam    M   30
```

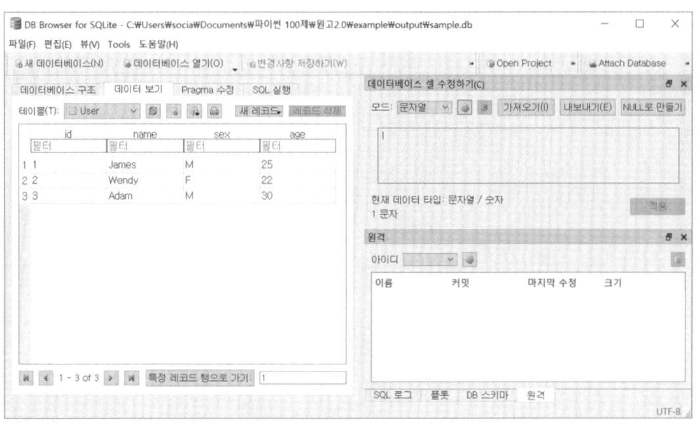

| 그림 5-21 | User 테이블의 행 레코드 변경 내용 확인

Flask 웹 개발 환경 준비하기

- **학습 내용 :** Flask는 파이썬 기반의 웹 프레임워크 중에서 매우 가벼운 편에 속한다. 간편하게 웹 애플리케이션을 개발할 수 있도록 기본적인 핵심 기능에 집중하는 편이다. Flask 기반의 개발 환경을 준비하고 애플리케이션의 디렉터리 구조를 만들어본다.
- **힌트 내용 :** 가상환경을 사용하여 각 애플리케이션 고유의 개발 환경을 갖추는 것이 일반적이다.

① 아나콘다에서 가상환경 만들기

Environments 화면에서 [Create] 버튼을 누르고, 가상환경 이름(예: flask)을 입력한다. 파이썬 버전을 3.6으로 선택한다.

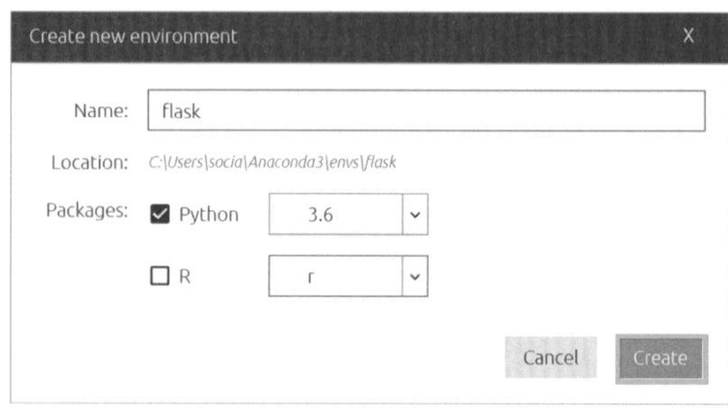

| 그림 5-22 | 가상환경 만들기

② flask 설치

아나콘다 내비게이터에서 추가한다. 또는 Anaconda Prompt 실행 – activate flask(가상환경 이름)으로 가상환경을 실행하고, 'pip install –U flask' 명령을 입력한다.

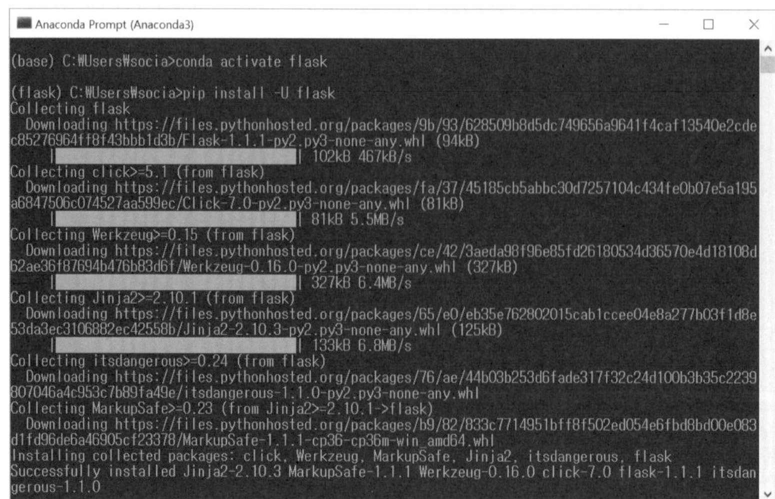

| 그림 5-23 | flask 설치

❸ 예제에서 활용할 다른 라이브러리 설치

python−telegram−bot, selenium, beautifulsoup4, pandas, lxml 라이브러리를 설치한다. 아나콘다 내비게이터에서 추가하거나, Anaconda Prompt에서 PIP 명령으로 설치한다. 이때, 앞에서 만든 가상환경을 실행하고 설치해야 한다.

❹ Selenium 폴더를 생성하고, chromdriver 파일을 저장한다(자세한 방법은 예제 012 참조).

❺ 아나콘다 내비게이터의 홈 화면에서 flask 가상환경을 실행하고, 스파이더(Spyder) 설치한다.

소스 : /flask/094.py

```
 1: import flask
 2: import sys
 3: import os
 4:
 5: # 가상환경 확인
 6: print(sys.executable)
 7: print("\n")
 8:
 9: # 애플리케이션 디렉터리 구조 정의
10: cwd = os.getcwd( )
11:
12: app_root = os.path.join(cwd, 'my_flask_app')
13: app_static = os.path.join(app_root, 'static')
14: app_templates = os.path.join(app_root, 'templates')
15:
16: os.makedirs(app_root)
17: os.makedirs(app_static)
18: os.makedirs(app_templates)
19:
20: folder_list = os.listdir(app_root)
21: print(folder_list)
```

라이브러리를 불러온다. ◆ 1~3

sys 모듈을 활용하여 현재 적용 중인 가상환경 실행 파일의 위치를 출력한다. "Anaconda3\envs\flask\"와 같이 아나콘다 가상환경 'flask'에서 실행 중이라는 것을 확인할 수 있다. ◆ 6

10 현재 파이썬 실행 파일이 존재하는 디렉터리(폴더)를 확인하고 변수 cwd에 저장한다.

12 현재 디렉터리의 서브 디렉터리인 'my_flask_app'을 나타내는 파일 경로를 정의한다.

13~14 변수 app_root에 저장한 'my_flask_app' 디렉터리의 서브 디렉터리(static, templates)를 나타내는 파일 경로를 정의한다.

16~18 os 모듈의 makedirs() 함수를 사용하여 앞에서 정의한 파일 경로에 해당하는 디렉터리를 실제로 만든다.

20~21 os 모듈의 listdir() 함수를 사용하여 변수 app_root(my_flask_app 폴더)에 위치하는 모든 디렉터리와 파일 목록을 출력한다. 앞에서 생성한 2개의 디렉터리 이름이 출력된다.

```
C:\Users\socia\Anaconda3\envs\flask\pythonw.exe


['static', 'templates']
```

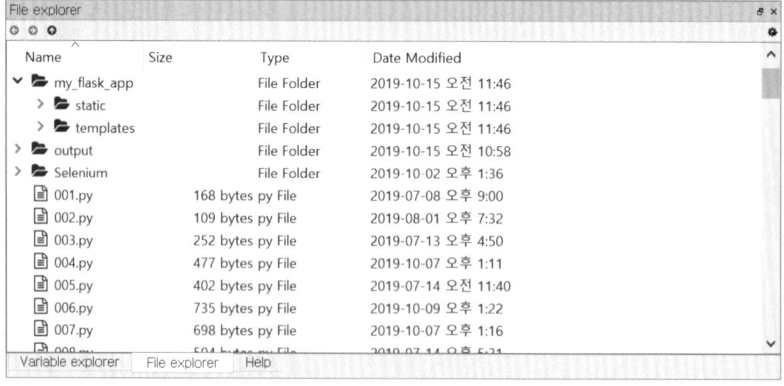

| 그림 5-24 | 디렉터리 생성 결과(Spyder 에디터 우측의 File Explore 탭에서 확인)

간단한 웹 애플리케이션 만들기 ①
"Hello" 메시지를 출력하는 애플리케이션

개발 095

- **학습 내용 :** 'Hello, flask~!'라는 메시지를 출력하는 애플리케이션을 만들어, Flask 웹 프레임워크의 구동 방식을 이해한다.
- **힌트 내용 :** 웹 페이지를 구성하는 HTML 파일을 만들지 않고 간단한 텍스트를 직접 렌더링할 수 있다.

소스 : ./my_flask_app/095_hello_app.py

```
 1: from flask import Flask
 2:
 3: app = Flask(__name__)
 4:
 5: @app.route('/')
 6: def index( ):
 7:     return 'Hello, flask~!'
 8:
 9: if __name__ == '__main__':
10:     app.run(debug=True, use_reloader=False)
```

flask 라이브러리에서 Flask 클래스 함수를 가져온다. ◆ 1

Flask 클래스 함수를 사용하여 애플리케이션 객체를 만들고 변수 app에 저장한다. 매개변수의 '__name__'은 파이썬에서 모듈의 이름을 나타내는 특수 변수이다. 파이썬 코드를 실행하면 '__name__' 변수의 값은 '__main__'이 되고, 현재 디렉터리에서 다음 코드가 실행된다. ◆ 3

데코레이터(@)를 이용해서 다음에 작성하는 함수가 어떤 URL에서 실행되는지 지정한다. 따라서 6~7번 라인에 정의하는 index( ) 함수는 루트('/')에서 실행되어 웹페이지를 호출한다. ◆ 5

index( ) 함수를 정의한다. 'Hello, flask~!'라는 메시지를 반환하는 함수이다. ◆ 6~7

run( ) 메소드는 app 객체를 구동하여 애플리케이션을 실행한다. 개발 환경에서는 debug 옵션을 True로 지정하는 것이 일반적이다. 애플리케이션은 로컬 서버에서 실행되는데, 실행 결과에 보이는 로컬 서버의 URL(http://127.0.0.1:5000/)을 웹 브라우저 주소창에 입력하면 웹 페이지를 확인할 수 있다. ◆ 9~10

[IPython 콘솔에 표시되는 실행 결과]

```
* Serving Flask app "095_hello_app" (lazy loading)
 * Environment: production
   WARNING: This is a development server. Do not use it in a production deployment.
   Use a production WSGI server instead.
 * Debug mode: on
 * Running on http://127.0.0.1:5000/ (Press CTRL+C to quit)
```

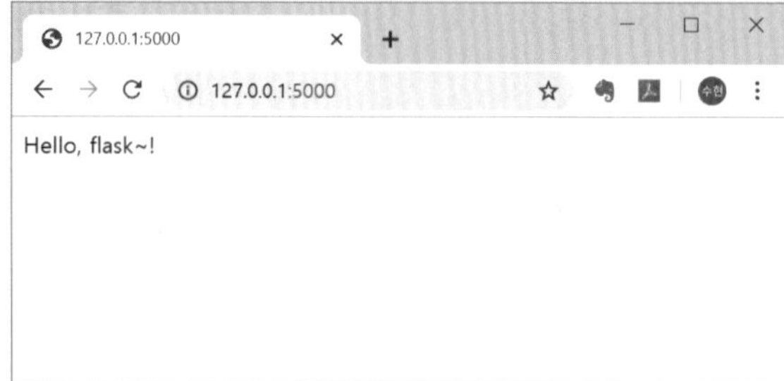

| **그림 5-25** | URL(http://127.0.0.1:5000/)을 웹 브라우저에 입력하여 웹 페이지 호출

[IPython 콘솔에 표시되는 Debug 모드 실행 내용]

```
* Serving Flask app "095_hello_app" (lazy loading)
 * Environment: production
   WARNING: This is a development server. Do not use it in a production deployment.
   Use a production WSGI server instead.
 * Debug mode: on
 * Running on http://127.0.0.1:5000/ (Press CTRL+C to quit)
127.0.0.1 - - [15/Oct/2019 12:13:07] "GET / HTTP/1.1" 200 -
```

간단한 웹 애플리케이션 만들기 ❷
데이터베이스 스키마 설정하기

개발
096

• **학습 내용 :** 다나와 관심상품 목록을 웹 페이지에 보여주는 애플리케이션을 만들기 위해 데이터베이스 구조를 먼저 정의한다. SQLite를 이용하여 데이터베이스 파일을 생성하고 상품 정보를 담는 테이블을 추가한다.
• **힌트 내용 :** 웹 페이지에 게시하려는 데이터 필드를 갖는 테이블을 만든다(예제 086 참조).

소스 : ./my_flask_app/096.py

```
1: import os
2: import sqlite3
3:
4: # sqlite 데이터베이스 스키마 정의
5: app_root = os.getcwd( )
6: conn = sqlite3.connect(os.path.join(app_root, 'danawa.sqlite'))
7:
8: cur = conn.cursor( )
9:
10: sql = '''
11: CREATE TABLE Product (
12: id integer primary key autoincrement,
13: title text not null,
14: price integer,
15: link text)
16: '''
17:
18: cur.execute(sql)
19: conn.commit( )
20: conn.close( )
21:
22: file_list = os.listdir(app_root)
23: print(file_list)
```

라이브러리를 불러온다. ◆ 1~2

애플리케이션 파일이 위치하는 현재 디렉터리를 app_root 변수에 저장한다. ◆ 5

6 ◆ sqlite3의 connect( ) 함수를 이용하여 현재 디렉터리(app_root)에 'danawa.sqlite'라는 데이터베이스에 연결하고, 연결 객체(conn)를 생성한다. 'danawa.sqlite'는 파일명이 기존 폴더에 존재하지 않기 때문에 새로운 데이터베이스 객체로 파일이 만들어진다.

8 ◆ 데이터베이스에 SQL 쿼리를 보내거나 받을 수 있는 커서 객체(cur)를 생성한다.

10~16 ◆ SQL 쿼리를 작성한다. 'CREATE TABLE Product' 명령은 Product라는 이름을 갖는 테이블을 생성한다는 뜻이다. 모두 4개의 컬럼(id, title, price, link)에 대한 자료형(integer:정수, text:문자열)을 지정하여 추가하고, id 컬럼을 primary key로 설정한다.

18 ◆ 커서 객체(cur)에 execute( ) 메소드를 적용하여 SQL 쿼리를 데이터베이스에 실행한다.

19 ◆ 데이터베이스 연결 객체(conn)에 commit( ) 메소드를 적용하면 SQL 쿼리에 따른 변경사항을 데이터베이스에 최종 반영한다.

20 ◆ 데이터베이스 연결을 종료한다.

22~23 ◆ app_root 변수에 지정한 디렉터리에 들어 있는 모든 파일과 폴더의 리스트를 file_list 변수에 저장하고 출력한다. 방금 생성한 'danawa.sqlite' 파일이 있으면 정상적으로 데이터베이스가 생성된 것이다. 실행 결과의 [그림 5-26]과 같이 SQLite 브라우저를 실행하여 확인하는 방법도 있다.

```
['095_hello_app.py', '096.py', '097.py', 'danawa.sqlite', 'static', 'templates']
```

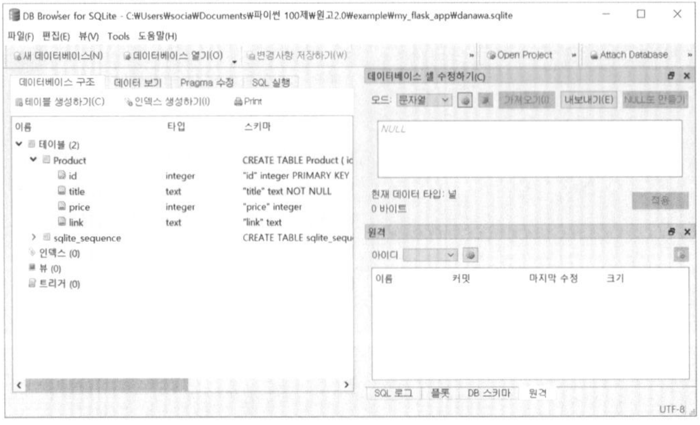

| 그림 5-26 | 데이터베이스 테이블 생성 결과

간단한 웹 애플리케이션 만들기 ③
다나와 관심상품 목록을 데이터베이스 테이블에 추가하기

개발

097

• **학습 내용 :** 예제 013의 다나와 관심상품 목록을 가져오는 함수를 이용하여 각자 등록한 상품 목록을 가져온 다음 예제 096에서 만든 데이터베이스 테이블에 추가해본다.

• **힌트 내용 :** 데이터베이스 테이블에 데이터 값을 업로드하기 전에, 오류를 수정하거나 표현방식을 다듬는 등의 사전 처리 작업을 거쳐야 한다.

소스 : ./my_flask_app/097.py

```
from selenium import webdriver
from bs4 import BeautifulSoup
import pandas as pd
import re

def read_danawa_wishlist( ):

    driver = webdriver.Chrome("../Selenium/chromedriver")
    driver.implicitly_wait(3)
    driver.get("https://www.danawa.com/")

    # 다나와 메인화면의 로그인 버튼을 누르는 작업 실행
    login = driver.find_element_by_css_selector('li.my_page_service > a')
    login.click( )
    driver.implicitly_wait(3)

    # 아이디/비밀번호를 입력하고 로그인하기 버튼을 누르는 작업 실행
    my_id = "----본인 아이디 입력하세요----"
    my_pw = "----본인 패스워드 입력하세요----"

    driver.find_element_by_id('danawa-member-login-input-id').send_keys(my_id)
    driver.implicitly_wait(2)
    driver.find_element_by_name('password').send_keys(my_pw)
    driver.implicitly_wait(2)
    driver.find_element_by_css_selector('button.btn_login').click( )
    driver.implicitly_wait(2)

    # 관심상품 목록 HTML 페이지 가져오기
    driver.find_element_by_css_selector('li.interest_goods_service > a').click( )
```

```
    driver.implicitly_wait(2)
    html_src = driver.page_source
    driver.close( )

    # 관심상품 목록 HTML 페이지를 BeautifulSoup으로 파싱하고, 데이터프레임으로 정리하기
    soup = BeautifulSoup(html_src, 'lxml')

    wish_table = soup.select('table[class="tbl wish_tbl"]')[0]
    wish_items = wish_table.select('tbody tr')


    titles=[ ]; prices=[ ]; links=[ ];

    for item in wish_items:
        title = item.find('div', {'class':'tit'}).text
        price = item.find('span', {'class':'price'}).text
        link = item.find('a', href=re.compile('prod.danawa.com/info/')).get('href')

        titles.append(title)
        prices.append(price)
        links.append(link)

        result = {'title':titles, 'price':prices, 'link':links}

    data = pd.DataFrame(result)

    return data

data = read_danawa_wishlist( )
print(data, '\n')

for idx in data.index:
    data.loc[idx, 'id'] = idx + 1

print(data, '\n')

print(data.price)
data.price = data.price.str.replace('원','')
data.price = data.price.str.replace(',','')
data.price = data.price.astype('int')
```

```
70: print(data.price)
71: data.id = data.id.astype('int')
72: print(data.id)
73: print('\n')
74:
75: update_db = data.set_index('id')
76: print(update_db, '\n')
77:
78: # 데이터프레임을 DB에 업로드 (테이블 추가)
79: import sqlite3
80: import os
81: db_file = os.path.join(os.getcwd( ), 'danawa.sqlite')
82: conn = sqlite3.connect(db_file)
83: update_db.to_sql('Product', conn, if_exists='replace')
84:
85: # DB 테이블 내용 확인
86: cur = conn.cursor( )
87: cur.execute('SELECT * from Product')
88: rows = cur.fetchall( )
89: for row in rows:
90:     print(row)
91:
92: # DB 연결 종료
93: conn.close( )
```

예제 013을 참조하여, 다나와 관심상품 목록을 가져와서 데이터프레임으로 정리해주는 read_danawa_wishlist( ) 함수를 정의한다. ◆ 1~56

read_danawa_wishlist( ) 함수를 이용하여 각자 등록해둔 관심상품 목록을 가져온다. 'title', 'price', 'link'의 3개 열로 구성된 데이터프레임을 변수 data에 저장한다. ◆ 58~59

데이터프레임의 행 인덱스 속성(data.index) 값은 정수 0, 1이다. 데이터베이스 'id' 필드에 넣어줄 때는 0부터 시작하는 것이 아니라 1부터 시작할 수 있도록 기존 행 인덱스의 값에 숫자 1을 더한 배열을 데이터프레임의 'id' 열로 추가한다. ◆ 61~62

'id' 열이 추가된 데이터프레임(data)을 출력해본다. ◆ 64

데이터프레임(data)의 'price' 열을 출력한다. '176,570원'과 같이 문자열 데이터로 구성되어 있다. 자료형을 나타내는 dtype 값은 object(문자열)이다. 67~69번 라인에서 숫자형 데이터로 변환한다. ◆ 66

67 '176,570원' 문자열에서 '원'을 공백 없음('') 값으로 치환하면 결과는 '176,570'이 된다.

68 '176,570' 문자열에서 ' , (쉼표)'를 공백 없음('') 값으로 치환하면 결과는 '176570'이 된다. 이제 순수한 숫자로 구성된 문자열이 남게 된다.

69 astype() 메소드를 적용하여 자료형을 바꾼다. 'int' 옵션을 지정하여 정수형 데이터로 변환한다.

70 데이터프레임(data)의 'price' 열을 다시 출력해본다. 자료형을 나타내는 dtype 값이 int32(정수형)으로 변경된 것을 볼 수 있다.

71~72 'id' 열의 값들도 자료형을 정수형으로 변환한다.

75~76 'id' 열을 행 인덱스로 설정한 데이터프레임을 변수 update_db에 저장한다.

79~80 라이브러리를 가져온다.

81~82 예제 096에서 정의한 'danawa.sqlite' 데이터베이스에 연결 객체(conn)를 생성한다.

83 데이터프레임(update_db) 객체에 to_sql() 메소드를 적용하면 데이터베이스의 테이블로 변환된다. if_exists 옵션을 'replace'로 설정하면, 데이터베이스에 있는 같은 이름의 테이블이 존재하는 경우 새로운 테이블로 치환한다. 따라서 기존 'Product' 테이블을 대신하여 데이터프레임(update_db)의 내용으로 변경된다.

86~90 데이터베이스에 값들이 잘 저장되었는지 확인하기 위하여 SELECT 구문으로 값을 불러와서 출력해본다. 실행 결과의 [그림 5-27]과 같이 SQLite 브라우저를 실행하여 확인하는 방법도 있다.

93 데이터베이스 연결을 종료한다.

```
                                      title  ...                                             link
0              삼성전자 갤럭시 버즈 SM-R170 (정품)  ...  http://prod.danawa.com/info/?pcode=7133293
1  APPLE 에어팟 2세대 무선충전 MRXJ2KH/A (정품)  ...  http://prod.danawa.com/info/?pcode=7658086

[2 rows x 3 columns]

                                      title  ...   id
0              삼성전자 갤럭시 버즈 SM-R170 (정품)  ...  1.0
```

```
1  APPLE 에어팟 2세대 무선충전 MRXJ2KH/A (정품)  ...  2.0

[2 rows x 4 columns]

0    176,570원
1    186,990원
Name: price, dtype: object
0    176570
1    186990
Name: price, dtype: int32
0    1
1    2
Name: id, dtype: int32


                                          title  ...                                         link
id                                               ...
1               삼성전자 갤럭시 버즈 SM-R170 (정품) ...  http://prod.danawa.com/info/?pcode=7133293
2   APPLE 에어팟 2세대 무선충전 MRXJ2KH/A (정품) ...  http://prod.danawa.com/info/?pcode=7658086

[2 rows x 3 columns]

(1, '삼성전자 갤럭시 버즈 SM-R170 (정품)', 176570, 'http://prod.danawa.com/info/?pcode=7133293')
(2, 'APPLE 에어팟 2세대 무선충전 MRXJ2KH/A (정품)', 186990, 'http://prod.danawa.com/info/?pcode=7658086')
```

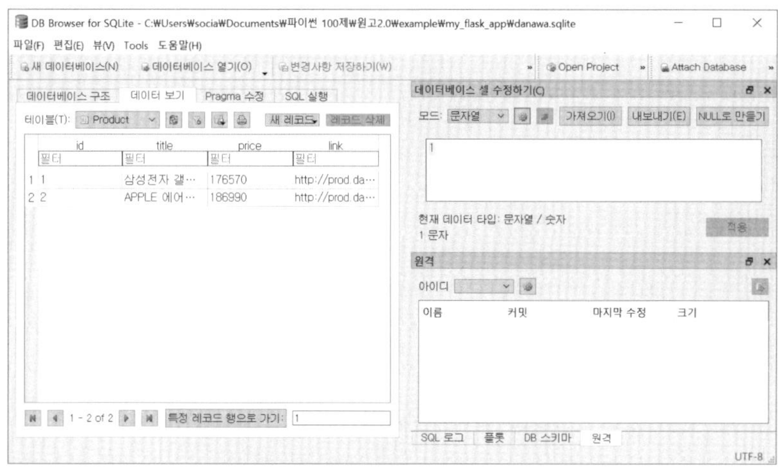

| 그림 5-27 | SQLite 브라우저로 데이터 내용 확인

간단한 웹 애플리케이션 만들기 ❹
데이터베이스에서 목록을 가져와서 HTML 웹 페이지로 보여주기

- **학습 내용 :** HTML 템플릿을 이용하여 데이터베이스의 값을 HTML에 전달하여 웹 페이지를 구성한다.
- **힌트 내용 :** Flask에서 지원하는 Jinja2 템플릿 엔진을 사용한다.

소스 : ./my_flask_app/098_app.py

```
1:  import sqlite3
2:  import os
3:  from flask import Flask, render_template
4:
5:  app = Flask(__name__)
6:
7:  root_dir = os.path.dirname(__file__)
8:  db = os.path.join(root_dir, 'danawa.sqlite')
9:
10: @app.route('/')
11: def show_wishlist( ):
12:     with sqlite3.connect(db) as conn:
13:         cur = conn.cursor( )
14:         cur.execute('SELECT title, price, link from Product order by id desc')
15:         items = cur.fetchall( )
16:         return render_template('my_app.html', items=items)
17:
18: if __name__ == '__main__':
19:     app.run(debug=True, use_reloader=False)
```

1~3 ◆ 라이브러리를 불러온다.

5 ◆ Flask 클래스 함수를 사용하여 애플리케이션 객체를 만들고 변수 app에 저장한다.

7 ◆ 파이썬 실행 파일의 전체 경로 중에서 디렉터리 경로를 변수 root_dir에 저장한다.

8 ◆ 데이터베이스 파일의 이름을 조합하여 데이터베이스 파일 경로를 변수 db에 저장한다.

10 ◆ 데코레이터(@)를 이용하여 다음에 나오는 show_wishlist( ) 함수가 실행될 URL을 지정한다. 지정한다. 루트('/') 디렉터리에서 실행되어 웹페이지를 호출하게 된다.

show_wishlist() 함수는 데이터베이스에서 관심상품의 데이터를 templates 폴더에 위치하는 HTML 템플릿 파일('my_app.html')에 보내고 웹 페이지 화면으로 표시하는 함수이다. templates 폴더는 예제 094에서 만든 서브 디렉터리의 하나로, 웹 페이지를 구성하는 템플릿 파일이 위치한다. 11~16

데이터베이스 연결 객체를 생성한다. 12

커서 객체(cur)를 생성하고, 데이터를 가져오는 SQL 쿼리를 실행한다. Product 테이블의 title, price, link 필드에 해당하는 값들을 추출한다. id 값을 기준으로 내림차순 정렬한다. 13~14

앞에서 커서 객체(cur)로부터 추출한 데이터를 가져와서 items라는 변수에 할당한다. 15

Flask는 HTML 템플릿을 사용하여 웹 페이지에 출력하는 형식을 지정한다. render_template() 명령은 templates 폴더에 위치하는 HTML 템플릿 파일을 화면에 출력해준다. 데이터베이스에서 추출한 다나와 관심상품 items 값을 매개변수로 입력하면 HTML 템플릿 파일에 items 변수로 전달된다. 따라서 데이터베이스의 값들이 HTML 템플릿 파일에서 지정한 items 변수의 해당 위치에 출력된다. 16

예제는 다음 [그림 5-28]의 Jinja2 템플릿(./my_flask_app/templates/my_app.html)을 활용한다. HTML의 body 부분에 보이는 {% %}, {{ }} 표시가 Jinja2 문법의 유형이다. {% for item in items %} ~ {% endfor %} 부분은 for 반복문을 나타낸다. 이 템플릿에 전달되는 items 변수의 개별 item에 대하여 반복문을 실행한다. {{ item[0] }}은 item의 첫 번째 원소 값(title 필드 값)을 이 위치에 표시한다는 뜻이다. item[1]은 price 필드 값이고, item[2]는 link 필드 값에 해당된다. HTML 템플릿 파일을 웹 브라우저에서 실행하면 [그림 5-29]와 같이 각 item별로 출력되는데, for 반복문에 의해 나열되는 방식으로 템플릿이 확장된다.

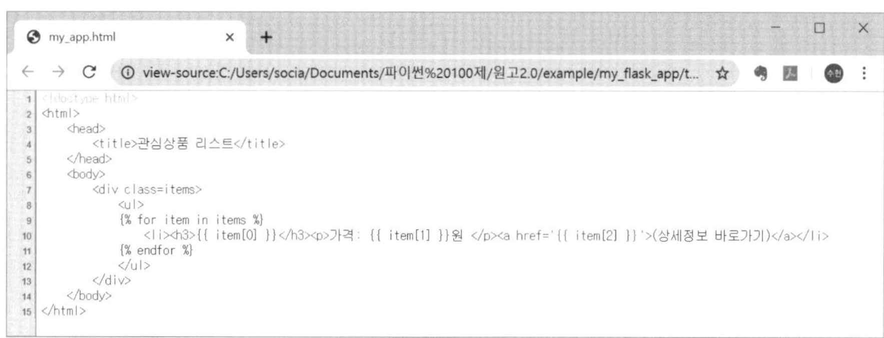

| **그림 5-28** | Jinja2 템플릿 소스코드(./my_flask_app/templates/my_app.html)

| **그림 5-29** | Jinja 템플릿 실행 결과(웹 브라우저 출력화면)

18~19 ◆ 이 파이썬 실행 파일을 직접 실행하는 경우에만 app 객체에 run() 메소드를 적용하여 애플리케이션을 시작한다. 로컬 서버의 URL(http://127.0.0.1:5000/)을 웹 브라우저 주소창에 입력하면 HTML 템플릿 파일에 변수 값이 출력되는 것을 확인할 수 있다.

```
* Serving Flask app "098_app" (lazy loading)
 * Environment: production
   WARNING: This is a development server. Do not use it in a production deployment.
   Use a production WSGI server instead.
 * Debug mode: on
 * Running on http://127.0.0.1:5000/ (Press CTRL+C to quit)
```

| **그림 5-30** | 웹 브라우저에 로컬 서버 주소(http://127.0.0.1:5000/)를 입력한 결과 출력 화면

간단한 웹 애플리케이션 만들기 ⑤ CSS 스타일 적용하기

개발 099

• **학습 내용 :** Jinja2 템플릿에 CSS 스타일을 적용하여 HTML 문서의 스타일에 변화를 주는 방법을 살펴본다.
• **힌트 내용 :** CSS 스타일을 지정한 파일을 만들고, HTML 템플릿에 적용한다.

소스 : ./my_flask_app/099_app.py

```
1: import sqlite3
2: import os
3: from flask import Flask, render_template
4:
5: app = Flask(__name__)
6:
7: root_dir = os.path.dirname(__file__)
8: db = os.path.join(root_dir, 'danawa.sqlite')
9:
10: @app.route('/')
11: def show_wishlist( ):
12:     with sqlite3.connect(db) as conn:
13:         cur = conn.cursor( )
14:         cur.execute('SELECT title, price, link from Product order by id desc')
15:         items = cur.fetchall( )
16:         return render_template('css_app.html', items=items)
17:
18: if __name__ == '__main__':
19:     app.run(debug=True, use_reloader=False)
```

16번 라인을 제외하면, 예제 098의 코드와 같다. 달라진 곳은 16번 라인의 render_template( ) 함수에 전달하는 HTML 템플릿 파일을 CSS 스타일이 적용된 'css_app.html'로 바꾼 부분이다.

[그림 5-31]의 Jinja2 템플릿(./my_flask_app/templates/css_app.html)을 보면, 헤더(〈head〉~〈/head〉) 부분에 'stactic' 폴더에 위치한 'style.css'라는 CSS 스타일 파일을 연결하는 링크가 있다. 'stactic' 폴더는 예제 094에서 만든 서브 디렉터리의 하나이다.

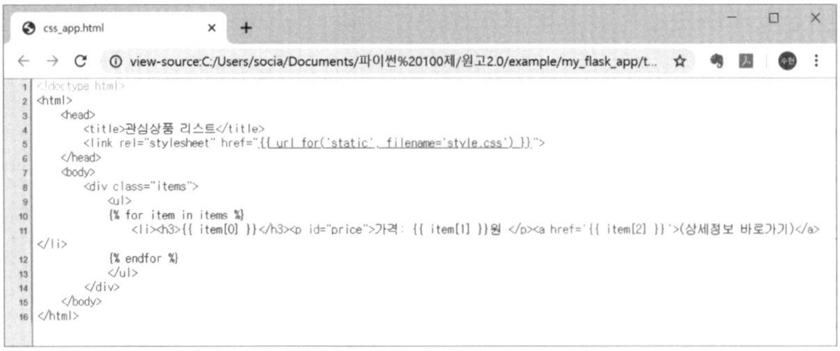

css_app.html

view-source:C:/Users/socia/Documents/파이썬%20100제/원고2.0/example/my_flask_app/t...

```
<!doctype html>
<html>
    <head>
        <title>관심상품 리스트</title>
        <link rel="stylesheet" href="{{ url_for('static', filename='style.css') }}">
    </head>
    <body>
        <div class="items">
            <ul>
            {% for item in items %}
                <li><h3>{{ item[0] }}</h3><p id="price">가격: {{ item[1] }}원 </p><a href='{{ item[2] }}'>(상세정보 바로가기)</a>
</li>
            {% endfor %}
            </ul>
        </div>
    </body>
</html>
```

| **그림 5-31** | Jinja2 템플릿 소스코드(./my_flask_app/templates/css_app.html)

CSS 파일은 HTML 템플릿의 여러 요소에 대하여 스타일을 지정하고 있다. h3 태그, price 아이디 선택자(#), items 클래스 선택자(.)에 대한 스타일 서식을 지정했다. 기본적으로 폰트 스타일, 색, 크기를 나타낸다. h3 태그는 title 값을 가리키는 item[0]의 서식이고, 실행 결과의 [그림 5-32]를 보면 관심상품의 제목이 굵은 이탤릭 서체임을 볼 수 있다. 글꼴 색이 녹색인 이유는 h3 태그의 상위 태그인 div 태그에 items 클래스 선택자가 지정되어 있어서 해당 스타일(녹색, 15px)가 하위 태그에도 적용되기 때문이다. 가격을 나타내는 p 태그에 price 아이디 선택자가 적용되어 상위 태그인 div 보다 우선 적용되기 때문에 녹색이 아닌 빨간 글씨가 출력된다(스타일 서식 지정 방법은 이 책의 범위를 벗어나는 관계로 상세한 설명은 생략한다).

소스 : CSS 파일(./my_flask_app/static/style.css)

```
h3 {
    font-style: italic;
    font-weight: bold;
}

#price {
    color: red;
    font-size: 13px;
}

.items {
    color: green;
    font-size: 15px;
}
```

```
* Serving Flask app "099_app" (lazy loading)
 * Environment: production
   WARNING: This is a development server. Do not use it in a production deployment.
   Use a production WSGI server instead.
 * Debug mode: on
 * Running on http://127.0.0.1:5000/ (Press CTRL+C to quit)
```

| 그림 5-32 | 웹 브라우저에 로컬 서버 주소(http://127.0.0.1:5000/)를 입력한 결과 출력 화면

간단한 웹 애플리케이션 만들기 ⑥ 웹 애플리케이션 배포하기

- **학습 내용 :** 예제 099에서 만든 웹 애플리케이션을 공개 서버를 통해 배포한다.
- **힌트 내용 :** 무료 웹호스팅 서비스인 Pythonanywhere를 이용한다.

배포를 위한 메인 애플리케이션 파일 수정

소스 : ./my_flask_app/100_app.py

```
1:  import sqlite3
2:  import os
3:  from flask import Flask, render_template
4:
5:  app = Flask(__name__)
6:
7:  root_dir = os.path.dirname(__file__)
8:  db = os.path.join(root_dir, 'danawa.sqlite')
9:
10: @app.route('/')
11: def show_wishlist( ):
12:     with sqlite3.connect(db) as conn:
13:         cur = conn.cursor( )
14:         cur.execute('SELECT title, price, link from Product order by id desc')
15:         items = cur.fetchall( )
16:         return render_template('css_app.html', items=items)
17:
18: if __name__ == '__main__':
19:     app.run( )
```

기본적으로 예제 099에서 작성한 코드와 동일하다. 다만 19번 라인 run( ) 함수의 매개변수 옵션을 제거했다. 공개 서버에 배포할 때는 debug 옵션을 Flase로 지정해주어야 한다. Default 옵션이 Flase 이므로 입력하지 않는다.

웹호스팅 서버를 통해 배포하기

❶ 웹 애플리케이션을 서비스하려면 웹호스팅 업체를 통해 서버를 배포해야 한다. 여기서는 무료 웹호스팅을 제공하는 서비스인 Pythonanywhere(https://www.pythonanywhere.com/)를 이용하는 방법을 설명한다.

| 그림 5-33 | Pythonanywhere 홈페이지

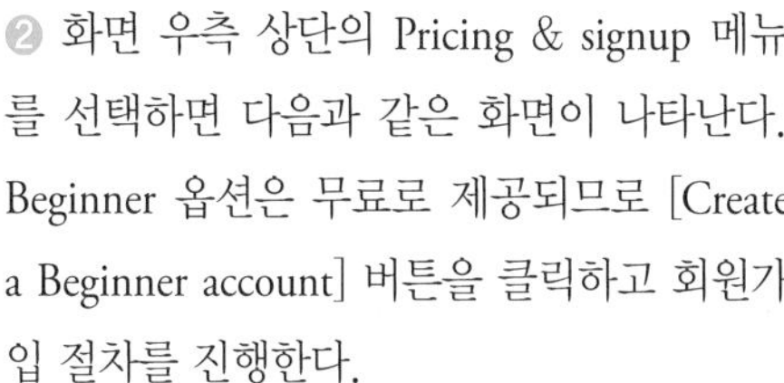

❷ 화면 우측 상단의 Pricing & signup 메뉴를 선택하면 다음과 같은 화면이 나타난다. Beginner 옵션은 무료로 제공되므로 [Create a Beginner account] 버튼을 클릭하고 회원가입 절차를 진행한다.

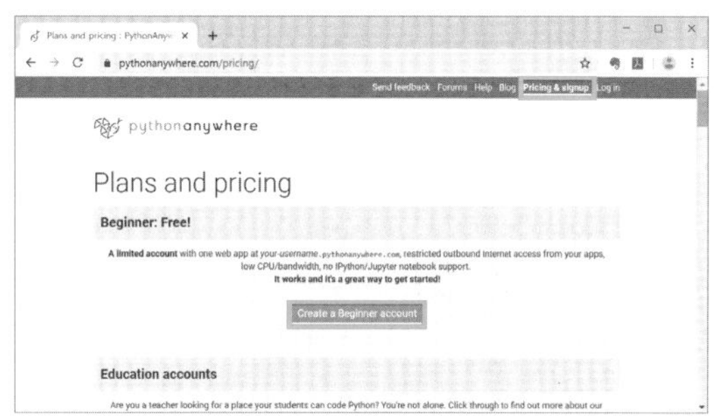

| 그림 5-34 | 요금제 선택

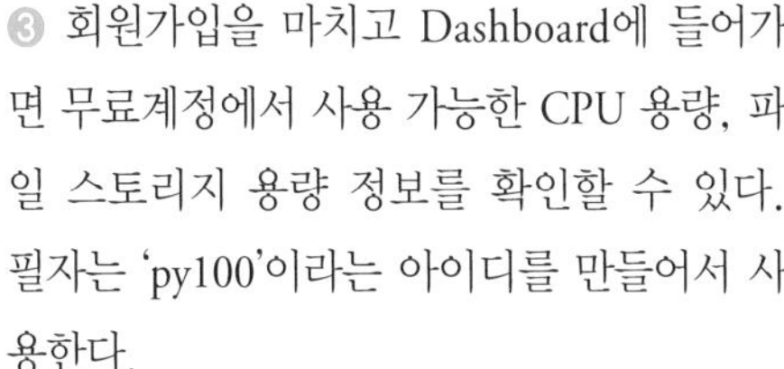

❸ 회원가입을 마치고 Dashboard에 들어가면 무료계정에서 사용 가능한 CPU 용량, 파일 스토리지 용량 정보를 확인할 수 있다. 필자는 'py100'이라는 아이디를 만들어서 사용한다.

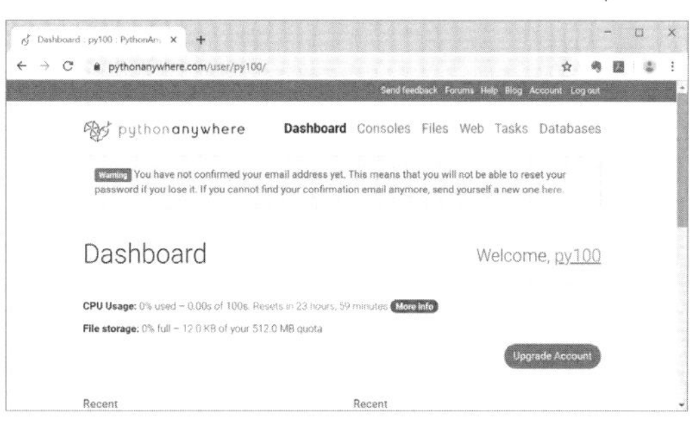

| 그림 5-35 | 대시보드 화면

④ 애플리케이션을 업로드하기 위해 Web 메뉴를 선택한다. 아직 업로드한 애플리케이션이 없다는 메시지가 보인다. [Add a new web app]을 클릭한다.

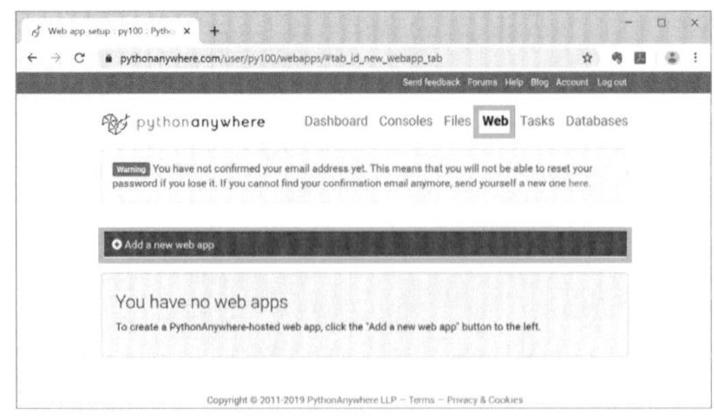

| **그림 5-36** | 애플리케이션 업로드

⑤ 무료 계정에서는 '사용자ID@pythonanywhere.com'이라는 도메인이 적용된다. 필자는 'py100'이라는 ID를 사용하므로, 'py100@pythonanywhere.com'이 된다. [Next] 버튼을 클릭하면 다음 단계로 진행된다. 도메인을 별도로 사용하기 위해서는 요금제를 업그레이드해야 한다.

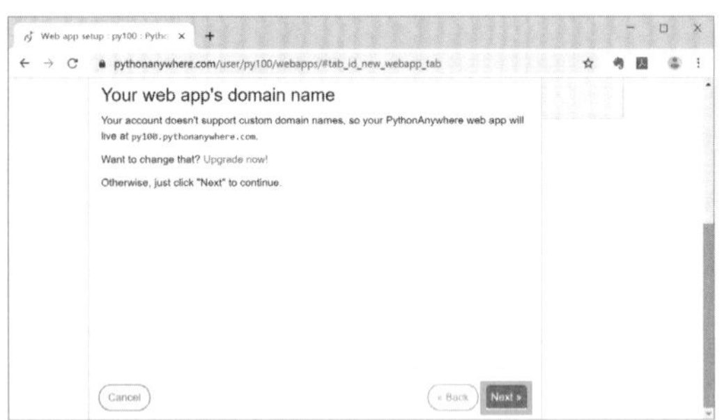

| **그림 5-37** | 서비스 도메인 안내

⑥ 파이썬 웹 프레임워크를 선택하는 화면이다. Flask를 선택한다.

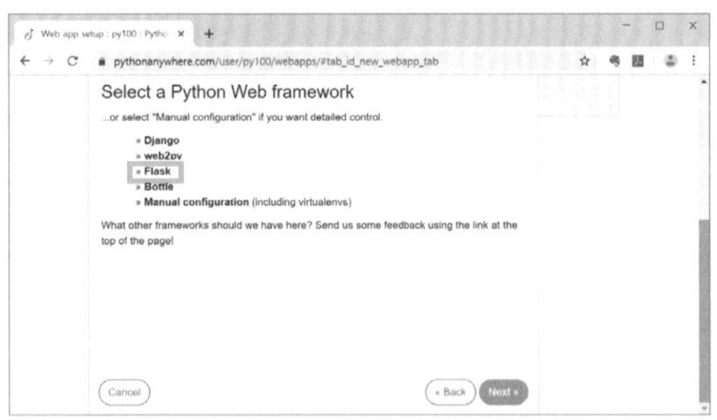

| **그림 5-38** | 웹 프레임워크 선택

⑦ 파이썬 버전을 선택한다. 애플리케이션 개발에 사용한 3.6 버전을 선택한다.

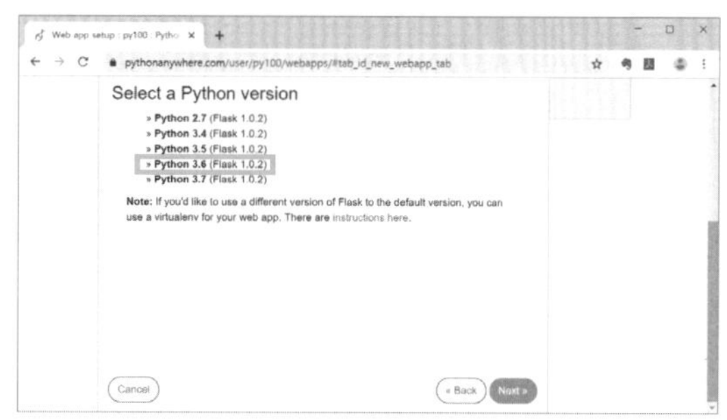

| 그림 5-39 | 파이썬 버전 선택

⑧ 도메인 설정이 완료되면 다음과 같은 화면이 표시된다.

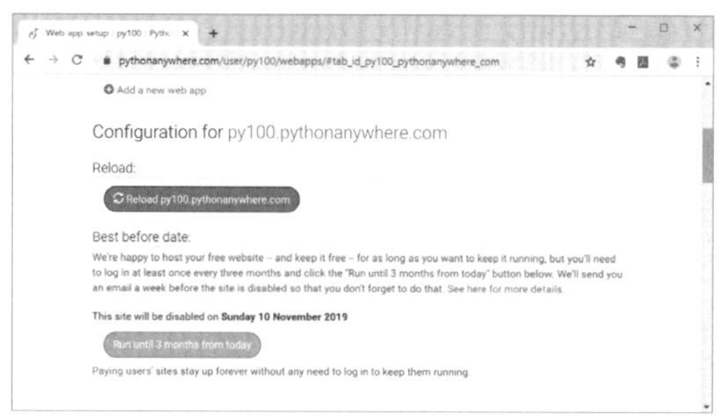

| 그림 5-40 | 도메인 설정 완료

⑨ 파이썬 실행 파일을 웹호스팅 서버로 업로드하는 단계이다. 다음 그림의 화면 왼쪽 중간 부분에 웹 서버의 홈 디렉터리(/home/py100)가 보일 것이다. py100은 필자의 사용자 ID이다. 2개의 서브 디렉터리가 기본 생성되는데, 'mysite/'에 각자 작성한 파이썬 애플리케이션 코드와 폴더를 업로드하면 된다. 'mysite/' 디렉터리가 로컬에서 작성한 'my_flask_app' 폴더와 같다고 보면 된다.

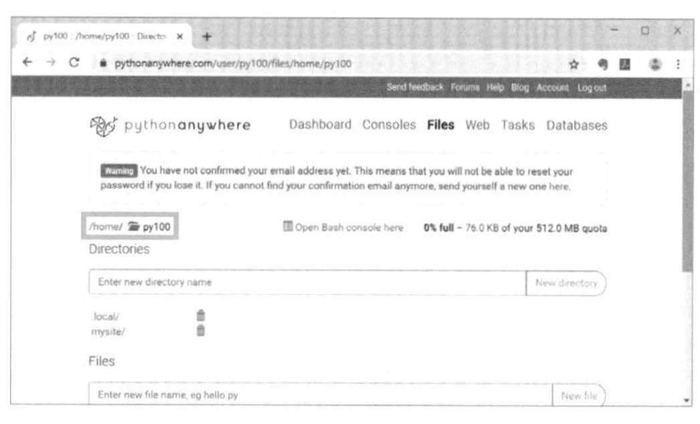

| 그림 5-41 | 파일 업로드 화면

⑩ 'mysite/' 링크를 클릭하면 해당 디렉터리로 이동한다. 생성하려는 디렉터리의 이름을 입력하고 [New directory] 버튼을 클릭한다. 로컬 환경인 'my_flask_app' 폴더의 하위 폴더인 static과 templates를 복제한다는 생각으로 static과 templates를 생성한다.

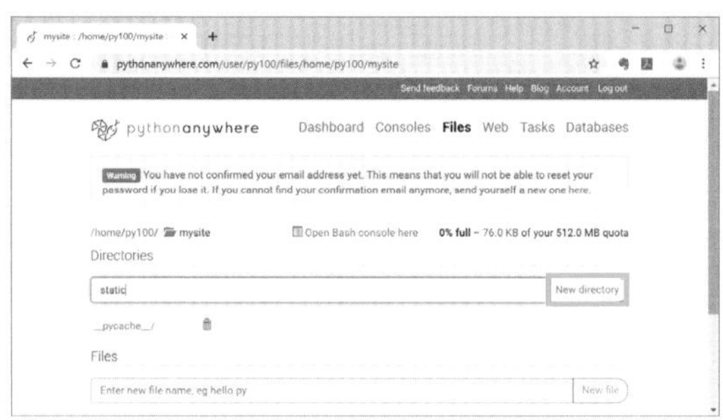

| 그림 5-42 | 서브 디렉터리 추가

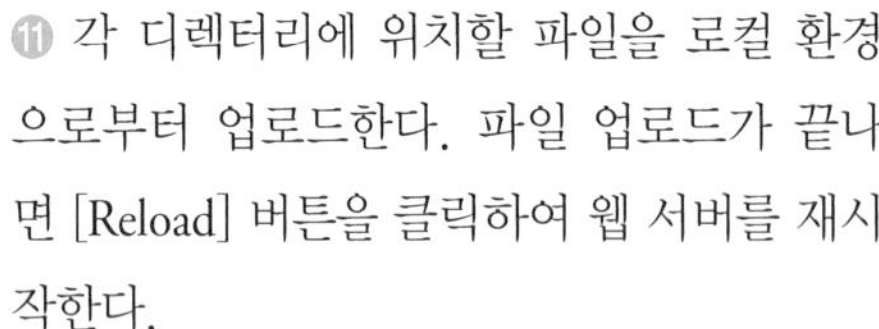

⑪ 각 디렉터리에 위치할 파일을 로컬 환경으로부터 업로드한다. 파일 업로드가 끝나면 [Reload] 버튼을 클릭하여 웹 서버를 재시작한다.

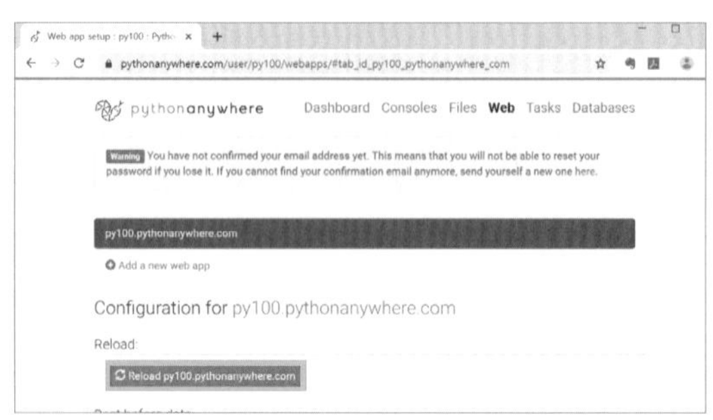

| 그림 5-43 | 웹 서버 Reload

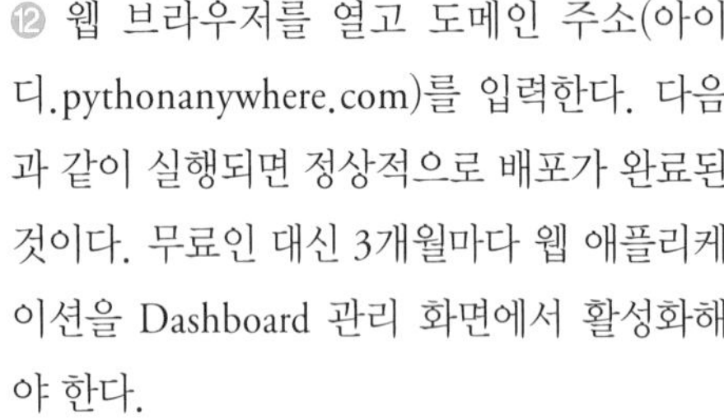

⑫ 웹 브라우저를 열고 도메인 주소(아이디.pythonanywhere.com)를 입력한다. 다음과 같이 실행되면 정상적으로 배포가 완료된 것이다. 무료인 대신 3개월마다 웹 애플리케이션을 Dashboard 관리 화면에서 활성화해야 한다.

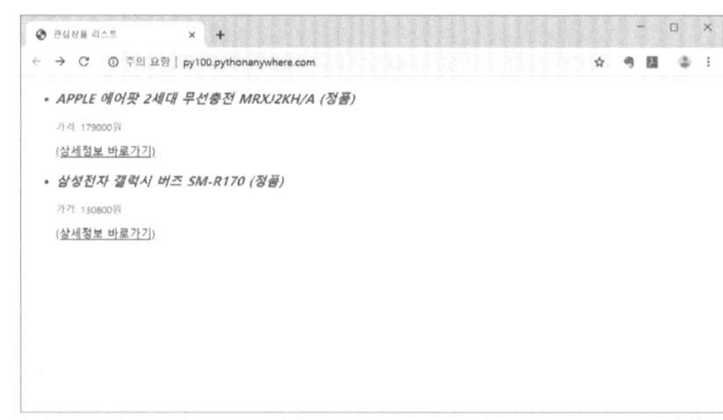

| 그림 5-44 | 웹 서비스 화면

찾아보기

찾아보기

찾아보기

찾아보기